수전 조지의 **Another world**

ANOHTER WORLD IS POSSIBLE IF...
First published by Verso 2004
Copyright ⓒ Susan George 2004
All rights reserved.

Korean Translation Copyright ⓒ 2008 by Sanzini Books
Korean translation rights arranged with Susan George
through EYA(Eric Yang Agency).

이 책의 한국어판 저작권은 EYA(에릭양 에이전시)를 통한
저자 Susan George와의 독점 계약으로 한국어 판권은 산지니가 소유합니다.
신 저작권법에 의하여 한국 내에서 보호를 받는 저작물이므로
무단전재와 무단복제를 금합니다.

수전 조지의 Another world
폭압적 신자유주의 세계화에 대한 실천적 제안서

첫판 1쇄 펴낸날 2008년 6월 1일

지은이 수전 조지(Susan George)
옮긴이 정성훈
펴낸이 강수걸
펴낸곳 산지니
등록 2005년 2월 7일 제14-49호
주소 부산광역시 연제구 거제1동 1493-2 효정빌딩 601호
전화 051-504-7070 | 팩스 051-507-7543
sanzini@sanzinibook.com
www.sanzinibook.com
편집 권경옥 · 김은경 | 디자인·제작 권문경
인쇄 대정인쇄

ISBN 978-89-92235-42-6 03300

값 16,000원

* 이 도서의 국립중앙도서관 출판시도서목록(CIP)은
  e-CIP 홈페이지(http://www.nl.go.kr/cip.php)에서
  이용하실 수 있습니다.(CIP 제어번호 : CIP 2008001901)

수전 조지의 Another world

폭압적 신자유주의 세계화에 대한 실천적 제안서

수전 조지 지음·정성훈 옮김

산지니

Another world is possible if...

CONTENTS

들어가며   7

PART 1 ● 더 나은 세계를 위한 현실인식   15

   1장   문제의 인식   17
   2장   환경파괴와 미래   49
   3장   세계화의 행위자   81
   4장   적수의 파악   127
   5장   유럽과 미국의 대결   153

새로운 세계를 향한 실천적 제안   185

PART 2 ● 더 나은 세계를 위한 제안   219

   6장   시민운동을 위하여   221
   7장   지식과 실천   251
   8장   교육자의 역할   269
   9장   버려야 할 착각   287
   10장   비폭력의 의미   305

결론, 그리고 2003년 포르토 알레그레 연설   331

주   349

들어가며

언론은 집회 참가자들이 '반세계화 운동'에 참여한다고 하는 반면, 참가자 스스로는 자신들이 '사회운동', '시민운동', 혹은 '지구촌 정의실천 운동'을 벌인다고 말한다. 지면이 제한된 경우라면 '반세계화'라는 부정적이고도 잘못된 표현 대신 '대안적 세계화의 방안 모색' 정도의 표현에 만족하고 넘어갈 수도 있다.

우리의 운동이 세계화를 '반대'하는 것은 아니다. 오히려 우리의 운동은 전 세계를 대상으로 하며, 지구와 이 지구상에서 살아가고 있는 모든 사람의 운명과 밀접한 관련을 맺고 있다. 이 운동에 참여하는 사람은 여러 가지 실천적 계획도 준비하고 있기 때문에 이 운동을 적대시하는 사람보다 오히려 더 '친(親)세계화적'이라고 볼 수도 있다. 이 모든 것은 '세계화를 어떻게 정의할 것인가?', 그리고 '누구를 위한 세계화인가?'라는 질문과 관련되어 있다.

스스로가 이 운동에 참여하고 있다고 생각하는 사람은 실로 다양할 수 있지만, 이 모두를 하나로 묶어주는 것은 '지금과는 다른 세상이 가능하다'는 신념이다. 이 대중적 슬로건은 포스터에, 현수막에, 그리고 티셔츠에까지 등장한다. 나 같은 사람도 집회에서 연설을 마무리할 때 이 슬로건을 사용하고, 브라질에서는 삼바 리듬에 맞추어 이 구호를 외치기도 한다.

하지만 지금과는 다른 세상을 만드는 일이 정말 가능할까? 나는 가능하다고 믿는다. '만약'이라는 단어에 우리가 희망을 갖는다면 말이다.

이 책의 목적은 모든 것을 변화시킬 수 있는 힘을 가진 이 '만약'이라는 한 단어의 의미를 살펴보는 것이다.*

1960년대 말, 이런 활동을 별다른 수식어 없이 그저 '운동'이라고만 부르던 시절에 나는 활동을 시작했다. 그때는 "미국은 베트남에서 철수하라!"라고 외치면 듣는 사람도 우리가 요구하는 바가 무엇인지 쉽게 알아들었다. 하지만 35년이란 세월이 흐른 지금은 "구조조정을 그만두라"거나 "서비스교역에 관한 일반협정을 철폐하라"고 주장하면(이제 더 이상 구호를 외치는 것은 효과가 없다) 대개의 경우 돌아오는 것은 무슨 소리인지 이해할 수 없다는 눈빛뿐이다. 지금과 다른 세상을 만들기 위해서 이제 시민들은 특별한 지식을 갖추어야만 한다.

나는 이 책이 베테랑 활동가에게도 도움이 되기를 바라지만, 적어도 책의 일정 부분은 '세계화와 지구촌 정의실천 운동에 대한 입문서'의 성격을 띠고 있다고 생각한다. 현실정치와 지식 사이의 간극은 계속 커져가고 있고, 많은 사람이 변화의 필요성은 인식하면

---

* 원서의 각 장 제목은 모두 '만약'이라는 의미의 'If'라는 단어로 시작되고 있으나 번역 과정에서 다른 형태로 바꾸어 번역하였다.―옮긴이

서도 이를 위한 정치참여는 엄두를 못 내고 있는 듯하다.

떨어져만 가는 투표율 또한 많은 사람이 대의정치에 대해서도 희망을 갖지 못하고 있음을 보여준다. 이런 사람들은 정치인은 '하나같이 다 똑같다'거나, 심지어 '모두 다 썩었다'고 말하며 기존 정치인에 대한 혐오를 드러낸다. 정치인이나 현재의 정당정치가 자신과는 아무 상관이 없다고 생각하는 사람도 있다. 그런 사람은 사회활동에는 관여하기를 거부하고 개인 생활만을 즐기려 하기도 한다.

이런 태도의 문제점은 이들의 개인 생활이 더 이상은 외부세계, 개인 생활을 둘러싸고 있는 더 넓은 영역의 세계와 따로 떨어져 존재할 수 없다는 점을 간과하고 있다는 것이다. 정치는 우리 삶의 모든 부분으로 파고들어와 있다. 세계화는 더 이상 단순한 구호나 이데올로기가 아니다. 갈수록 많은 문제가 개인이나 지역 차원에서, 심지어는 국가 차원에서조차 점점 더 해결하기 어려워지고 있다. 그리고 실제적 권력은 일반인의 손길이 닿지 않는 곳으로 넘어가버려 시민계층의 목소리는 멀고도 희미하게만 들릴 따름이다. 이런 현실을 의식, 무의식적으로 인식하게 되면 사람들은 더 큰 좌절감과 무력감을 느끼고, 결국 점점 더 현실과 거리를 두는 악순환에 빠져버린다.

이 책에서 나는 이와 같은 더 확장된 영역의 세계, 우리의 손이 닿지 않는 듯 보이는 세계에 대하여 설명하려 한다. 또한 이 책은 변화를 희망하며 이에 대한 믿음을 갖고 노력하는 수많은 사람들을 위한 책이다. 세계적 차원의 정의실천 운동에 여러분 자신이 직접 참여하기 전에는 얼마나 많은 이들—명석하고 용기 있으며 정열적인—이 당신과 같은 신념을 갖고서 그런 믿음을 위해 투쟁하고 있는지 알 수 없다. 적어도 운이 좋았던 내 경험으로는 그러했다.

또한 이 책은 어디에서부터 시작해야 할지 모르는 사람, 그리고 변화의 가능성에 대해 회의하며 아직 주저하고 있는 사람을 위한 책이다. 이 책은 우리가 행동하는 이유, 우리의 세계 인식과 희망, 목표 등 지구촌 정의실천 운동과 우리를 움직이는 것들에 대해 설명하고 있기 때문에 지구촌 정의실천 운동을 단순히 새로운 정치현상으로, 혹은 세계무대의 또 다른 행위자로 이해하려는 이에게도 도움이 될 수 있다.

나의 연설에 뒤이어 열린 토론회 중간에 손을 들고 "바보 같은 질문인지는 모르겠습니다만······." 이라며 질문하던 사람('바보 같은 질문'이란 있을 수 없으며 많은 현상이 실제로 파악하기가 매우 어렵다), "아탁(Attac)*의 성명서를 읽었지만 무슨 뜻인지 이해할 수 없었어요."라고 말하던, 분명 똑똑해 보이던 세 명의 학생, 사람들 사이에 오고가는 대화를 따라가지 못해서 대안적 세계화 모색을 위한 지역모임에 참석하기를 그만두었다던 한 여성. 나는 이런 사람들을 위해 이 책을 썼다. 기존 정치에 대한 분노와 혐오를 느끼면서도 다른 대안은 찾지 못하고 있는 사람, 흔히 '적정한 교육 수준은 갖추었지만 전문적 지식은 없는 일반 독자층'이라고 지칭되면서도 의심의 여지없이 허구적 집단인 일반 시민도 이 책의 대상이다.

여러분이 위에서 소개한 집단에 속하건 숙련된 활동가이건 간

---

* 실천 중심적 대중 교육 운동인 '국제금융거래과세연합(Attac, 이하 '아탁')'은 1998년 프랑스에서 설립(나도 현재 이 조직의 부회장직을 맡고 있다)되었으며 2003년 중반 현재 51개국에서 활동 중이다. 단체의 이름 'Attac'은 '시민지원을 위한 국제금융거래과세연합(Association to Tax financial Transactions to Aid Citizens)'을 의미하며, 세계적 차원의 소득 재분배를 위해 금융시장 및 다국적기업에 대한 과세를 목표로 하고 있다. 주로 조세피난처와 제3세계 부채에 관련된 문제 해결을 위해 노력하고 있으며, 지구촌의 문제의 개선을 위해 주요 국제기구(세계은행, IMF, WTO 등)의 근본적 구조 개선을 요구하고 있다.

에, 만약 이 책을 여기까지 읽고 있다면 아마도 나와 마찬가지로, 세계 경제의 복잡한 양상 앞에서 위축감을 느끼고, 매일같이 터지는 고위직의 만연된 부패 소식에 충격을 받고, 대기업이 회계감사관, 은행, 그리고 소위 정부 감독기구의 묵인 하에 수십억 달러에 달하는 금액을 '잘못 처리' 하는 모습을 지켜보며 환멸을 느낀 바 있을 것이다. 실업률과 비정규직이 증가하는 가운데 특히 젊은 층이 큰 어려움을 겪고 있고, 환경은 심각한 위기에 처해 있으며, 극심한 이상고온, 태풍, 홍수, 곡물수확량 감소, 엄청난 생태계 파괴, 심지어 인류의 멸종까지 예상하게 만드는 여러 현상을 초래하는 기후변화가 우리를 위협하고 있다.

여러분은 또한 수억의 인류를 고통에 빠뜨리고 있는 빈곤의 확대에 대해 염려하고 있을 수도 있고, 이러한 상황이 테러리즘 및 전쟁과 연관되어 있다고 생각할 수도 있다. 또한 여러분은 수백만 명이 막으려 했으나 막지 못했고, 그 장기적 결과에 대해 현재로서는 그 누구도 예측할 수 없는 전쟁까지 벌이며 멋대로 행동하고 있는 세계 유일 초강대국의 야망을 보았을 것이다. 즉, 세계화는 여러분과 여러분의 가족, 친구, 지역사회, 여러분이 속해 있는 국가의 경제와 사회, 세계 평화와 안보, 지구 전체에 이미 매우 커다란 부정적 영향을 끼치고 있다. 이 모든 과정에 대한 우리의 통제는 정말 불가능한 것일까? 일반인들의 생각이 어떤 변화를 초래할 수 있을까? 언제나 제기되는 질문이지만, '무엇을 어떻게 해야 할까?'

위의 질문에 대한 나의 답변은 현재와 다른 세계가 실제로 가능하다는 것이다. 하지만 그러한 세계는 다양한 배경과 관점, 각기 다른 역량을 갖춘 최대한 많은 사람이 함께 노력할 때에 가능하다. 세상의 변화는 많은 사람이 꾸준히 목표를 향해 노력할 때 일어난다.

이 과정에서 소외되는 사람이 있어서는 안 되고, '내가 보탬이 될 수 있는 일이 없다'고 느끼는 사람이 있어서도 안 된다. 지금보다 나은 세상을 꿈꾸는 사람이 지식이 부족하다거나 다른 사람과 연대가 없다는 이유만으로 이 과정 바깥에 방관자로 머물러서는 안 된다.

나는 이 책을 통해 나의 부족한 지식과 연대의 끈을 독자들과 공유하려 한다. 내 자신이 경제학자가 아니므로 독자들 또한 이 책을 읽기 위해 경제학, 혹은 다른 어떤 학문적 배경이 필요한 것은 아니다. 하지만 나는 경제학에도 많이 의존하는 까닭에, 때로는 황량한 초원을 가로지르는 것 같기도 하고 또 때로는 빽빽한 정글 속을 헤매는 것 같기도 한 경제학 연구가 어떤 것인지는 알고 있다. 현재와 같은 세계의 작동 방식을 이해하거나 변화시키는 일이 불가능하다는 잘못된 믿음을 가진 이들을 그러한 탐구 과정을 거치며 이해하게 되었다. 나는 사람들이 현재의 세계를 이해하는 것은 물론 바꾸어나갈 수도 있을 것이라는 사실에 확신을 갖고 있다.

우리가 흔히 저지르는 실수를 피하고 상대를 정확히 파악하여 적절한 전략을 구사한다면, 현재와 다른 세계를 만드는 일은 가능해진다. 내가 이 책에서 세상 모든 문제에 대한 해답을 제공하려는 것은 아니다. 하지만 나는 지난 수십 년간 더 나은 세상을 목표로 저술가, 연설가, 활동가로서 경험을 쌓아왔기 때문에 적어도 문제를 제기하고, 나아갈 방향을 제안하고, 몇 가지 논평을 할 수 있을 정도의 자격은 갖추었다고 생각한다. 앞으로 이어질 글을 통해 나는 독자들에게 도움이 되리란 생각이 들 경우 주저하지 않고 나의 개인적 경험을 독자들과 공유할 것이다.

우리는 현재 역사적으로도 유례없는 순간을 맞고 있다. 그리고 이 난관을 타개하기 위한 해결책은 오로지 민주적 논의를 통해서만 도출할 수 있다. 국제관계에서 민주화를 이루는 일이나 전 세계 모든 사람의 인간적 삶을 보장하려는 시도는 지금껏 이루어진 적이 없었다. 이러한 목표가 더 이상은 허황된 꿈이 아니며, 이제는 현실적인 전망의 범위 안에 들어와 있다. '지금과는 다른 세상이 가능하다'는 선언을 할 수 있는 것은 현실적으로 그러하기 때문이다.

연설이 끝난 뒤 '너무나 명쾌한 설명'이라며 고마움을 표해주셨던 분들께 감사드린다. 그분들은 내가 그러한 명쾌함을 글로도 전할 수 있으리라는 희망을 주셨다. 책의 전반에 걸친 여러 견해는 오로지 나의 것이며 '아탁(Attac)'이나 '트랜스내셔널 협회(Transnational Institute)'* 등 특정 조직의 견해를 반영하는 것은 아님을 밝혀둔다.

---

* 1974년에 설립된 국제조직으로서 본부는 네덜란드에 위치하고 있다. 민주화, 환경, 경제적 평등의 문제 등을 포함한 세계화와 관련된 각종 문제의 연구와 대안 모색을 목표로 하고 있다. — 옮긴이

part 1

•

더 나은 세계를 위한 현실인식

Another world is possible if

1장 문제의 인식

'세계화' 와 또 다른 거짓말들

나는 기자들이 '반세계화 운동(Anti-globalization movement)'에 대한 인터뷰를 요청하면 먼저 그런 표현을 사용하지 말아줄 것을 정중히 부탁한다. 그 다음에 우리가 '신자유주의 세계화(Globalization of neo-liberalism)'라는 표현을 통해 의미하려는 바가 무엇인지에 대해 설명한다. 이 책에서 나는 우선 몇 가지 표현을 정리해보고, '세계화' 라는 일반적 표제 하에 포함되는 것이 무엇인지를 명확히 함으로써 이 운동에 참여하는 이들의 목표가 무엇인지 분명히 밝히고자 한다.

어떤 때는 사람들이 나에게 '세계화' 라는 말이 제목으로 들어가 있는 책을 거의 하루걸러 한 권 꼴로 보내오기도 한다. 새봄에 피어나는 꽃 마냥 수많은 자료가 주변에 널려 있다. 하지만 이와 마찬가지로 터무니없는 정보 또한 쉽사리 퍼져나간다. 나는 이 책이 그와 같은 또 하나의 잘못된 정보가 되지 않기를 바란다. 나는 이 책에서 단 몇 개의 이정표만을 제시하고자 한다. 완벽한 연구서를 만들겠다는 야심 따위는 접은 채 몇 가지 논평만을 하려 한다.

2002년, 독일 대통령 요하네스 라우는 연설을 하면서 1990년대 말까지만 하더라도 독일인 가운데 절반이 '세계화'라는 말을 들어본 적도 없었는데 2002년에는 거의 모두가 이 말을 알고 있다고 언급한 바 있다. '세계화'에 해당하는 단어를 사전에서 찾아보았다. 1980년판 라후스(Larousse) 불어사전에서는 단어를 찾을 수 있었지만 1976년판 옥스퍼드 영어사전에서는 찾을 수가 없었다. 너무나 자주 사용되고 있고 생활 곳곳에 파고들어 있는 이 단어를 우리는 주변 어디에서나 쉽게 마주하게 된다. 과연 이 '세계화'라는 단어는 무엇을 뜻하는 걸까?

사실 이 단어 자체가 많은 걸 의미하는 것은 아니다. 우리는 바로 이 지점을 출발점으로 삼아야 한다. 어떠한 현상을 설명하는—때로는 오히려 현상에 대한 오해를 불러일으키거나 사실을 은폐하기도 하지만—단어를 면밀히 살펴보는 일은 언제나 꼭 필요한 작업이다. 단어의 엄밀한 정의를 따져보는 일은 우리에게 주어진 권리이자, 사실상 의무에 해당하는 작업이라고도 할 수 있다. 누군가 여러분에게 여러분이 살고 있는 지역에서 수백 개의 일자리가 사라지고 있는 것이 '세계화'로 인한 현상인데, '세계화는 돌이킬 수 없기 때문에' 여기에 저항하는 것은 불가능한 일이고, 오로지 이런 현실에 '적응'해야만 할 뿐이라고, 그럴싸하게 말한다고 가정해보자. 사실 우리는 이런 주장을 매일같이 듣고 있다. 내가 현재 거주하고 있는 프랑스 대통령도 "우리가 적응해야 한다."는 말을 쉬지 않고 되풀이하고 있다. '세계화'란 마치 우리를 짓누르는 중력처럼 우리의 운명을 지배하는 힘과 같은 것으로 묘사되고 있으며, 그 힘이란 미약한 우리 인간으로서는 도저히 상대할 수 없는 그 무엇처럼 느껴진다.

이처럼 불분명하면서도 잘못된, 그리고 혼란을 부추기는 의미로 '세계화'라는 단어를 사용하는 사람들은 '세계화란 각국의 경제가 밀접한 관계로 맺어져 있다든가, 또는 세계 각지의 상품을 우리가 살고 있는 동네 가게 진열대에서 너무나 쉽게 볼 수 있게 되었다는 사실만을 의미할 뿐이다'라고 말하기도 한다. 정말 이외에 다른 뜻은 없는 걸까? 이것이 전부라면 세계화를 굳이 새로운 현상의 출현으로 보기는 어려울 것이다. 예를 들어 다음 글을 살펴보자.

> 지구상 모든 지역에 걸쳐 서로 다른 민족 간의 교류가 널리 퍼져 있기 때문에 전 세계가 사실상 마치 하나의 도시, 즉 모든 종류의 상품을 구할 수 있고 누구나 집을 떠나지 않고서도 돈이라는 매개체를 통해 땅과 동물과 인간의 노동으로 생산된 모든 것을 구하여 즐길 수 있는 상설 시장이 열려 있는 도시가 되었다고도 할 수 있다. 이 얼마나 놀라운 일인가![1]

이 글은 17세기 중반에 쓰인 것이다. 여행 및 교역에 대한 인간의 성향을 입증해주는 고고학적 사료까지 굳이 언급하지 않더라도 이 글보다 훨씬 오래된 비슷한 글을 쉽게 찾아볼 수 있다. 한 예로, 고고학자들은 상인들이 적어도 기원전 2500년 무렵부터 고대 세계 전역에서 일상적으로, 최소 열 가지 이상의 서로 다른 도량형을 사용하여 거래를 하고 있었음을 보여주는 증거를 발견한 바 있다. 그와 같은 상인들의 수완이 있었기에 주석, 구리, 금, 은, 청금석과 같은 값비싼 상품이 북아프리카에서 인도로 활발하게 수출될 수 있었다. 고대인은 금융 분야의 세계화에 대한 지식도 일부 갖추고 있었다. "상인들은 (외국 화폐의) 환산을 쉽게 할 수 있었기 때문에 자신들이 손해 보는 것은 아닌지 금세 알 수 있었다. 당시 상인들의 그런 능력은 교역이 편리하게 이루어질 수 있도록 하는 극적 효과를 지닌 것이었다."라고 고고학 연구팀의 일원은 적고 있다.[2)]

근대 유럽의 선진금융기법은 14세기 이탈리아 르네상스 시대 은행가들이 개발한 정교한 네트워크, 신용거래 제도, 지불방식 등과 더불어 시작되었다. 대영제국이 전성기를 맞이했던 시기에는 자본과 화폐, 노동력이 얼마든지 자유롭게 이동할 수 있었기 때문에 오히려 그 당시가 21세기보다 경제적 측면에서는 더 통합되어 있는 상태였다고 말하는 연구자도 있다.

가난한 유럽인 수백만 명이 이주를 시작하면서 이주민을 받아들인 미국, 캐나다, 호주, 아르헨티나 등은 엄청난 부와 인구 증가를 이룰 수 있었다. 오늘날에는 자판을 한 번 치는 것만으로도 자유롭게 국경을 넘어 자금이 이동할 수 있고, 대부분의 상품과 서비스에 대한 무역 장벽이 전례 없을 정도로 낮아져 있는 상태인 반면 유독 인적 이동은 매우 제한되어 있다. 남반구에서 북반구로 옮겨가는 이민자 대부분은 도움이 되는 존재라기보다는 오히려 위협적인 존재, 혹은 정치적 문젯거리로 인식되고 있다. 이러한 관점에서 보면 현재의 세계화는 19세기나 20세기 초반보다 훨씬 더 축소된 것이다.

'세계화'라는 표현으로만 본다면 이 말은 모든 나라와 민족, 그리고 모든 계층이 하나의 경제 체제로 통합되어 다함께 손을 잡고 약속된 희망의 나라로 나아가게 될 것임을 의미하는 듯 보인다. 하지만 현실은 그와 정반대다. 각기 다른 발전 단계에 놓인 국가가 세계 경제로 통합하는 과정에서 극도로 상이한 조건을 부여 받으며, 북반구와 남반구 모두에서 경제적 과정으로부터, 그리고 결과적으로는 사회로부터 전례 없는 배척 현상이 발생하고 있다. 수백만에 달하는 사람들이 어느 순간 갑자기 생산과 소비 과정에서 쓸모없는 존재가 되고 마는 경험을 하고 있는 것이다.

진보적 사람들은 지금까지 '착취'에 대항하여왔지만 오늘날에는 착취당할 수 있다는 것마저도 거의 특권이 되고 말았다. 적어도 아직까지는 직업이 있어 일정 역할을 맡고 있음을 의미하기 때문이다. 세계적으로 이제는 잉여인력이 되어버리고 만 수많은 사람이 있는데, 이들은 실체를 상실한 존재가 되고 말았다. 세계화는 부(상품이나 서비스)의 '생산자'와 상품 구매력을 가진 '소비자'에게만 영향을 끼치기 때문에 이 잉여인력들에는 아무런 역할도 주어지지 않는다. 세계화는 오직 최고의 것만을 취하고, 나머지는 그대로 버려둔다.*

각국 정부와 정치인은 이런 문제를 명확히 밝히는 작업에는 거의 도움이 되지 않는다. 2002년 봄에 프랑스에서 있었던 선거전은 현실 인식을 완전히 거부한 듯 보였다. 모든 후보자의 공약과 태도는 프랑스가 세계적 현실, 심지어는 유럽이 현실미저도 신경 쓸 필요 없이 홀로 존재하고 있는 듯한 착각을 불러일으키는 것이었다. 범죄 문제에 대해 지나칠 정도의 관심을 표출한 것을 제외한다면 국민 생활에 영향을 끼치는 사안 대부분은 토론 과정에서 거의 누

---

* 이들 수백만의 잉여인력을 어떻게 해야 할 것인지에 대한 가상적 제안이 실려 있는 졸저 『루가노 리포트』를 참고.

락되었으며, 간혹 언급되었다 하더라도 오직 소수 정당 후보자들이 문제제기를 해서 다루어졌을 뿐이다.

　지금까지 '세계화'라는 단어 하나에만 너무 매달려 있었으므로 이 단어가 뜻하는 바의 진면목을 더욱 잘 파악하기 위해 몇 개 수식어를 단어 앞에 붙여보자. 세계화의 악영향에 대항하여 투쟁하는 사람들은 '세계화'라는 단어 앞에 흔히 '기업 주도의(corporate-led)', '금융권 중심의(finance-driven)', '신자유주의적(neo-liberal)' 등의 형용사를 붙이곤 한다. 미국에서는 '신보수주의적(neo-conservative)' 세계화라는 표현이 쓰이기도 한다.

몇 가지 정의(定議)

　'기업 주도의 세계화'는 정확한 표현이다. 국경을 초월하여 움직이는 다국적기업은 수십 년 넘게 있어왔지만 이런 다국적기업이 현재와 같이 많았던 적도, 이렇게 많은 부를 축적하며 활발한 활동을 벌인 적도 없었다. 또한 이런 다국적기업이 유럽위원회의 지시사항과 세계무역기구(World Trade Organization, 이하 WTO) 체제 하의 각종 협정, 그리고 여러 유엔 회의의 결과보고서 상당 부분을 실제로 작성하기에 이를 정도로 적극적인 정치 참여를 보인 적도 일찍이 없었다. 이들이 지금처럼 막대한 금액을 해외에 투자한 적도, 자국 이외의 국가에서 이렇게 많은 기업을 사들인 적도 없었다.

　상당수 다국적기업의 연간 매출은 많은 국가의 국민총생산

(GNP)을 상회한다. 예를 들어 엑슨 모빌(Exxon Mobil)의 연간 매출은 파키스탄의 국민총생산을 능가하며, 제너럴 모터스의 매출은 페루나 알제리의 국민총생산을 상회한다. 포드와 크라이슬러-다임러의 매출 또한 나이지리아나 모로코의 국민총생산을 넘어서고 있다. 이러한 비교는 언뜻 적절치 않아 보일 수도 있지만, 이런 비교를 통해 이 기업들의 영향력을 가늠해볼 수 있다. 2000년을 기준으로 유엔이 작성한, 전 세계 상위 100대 경제 주체 명단에는 29개의 초대형 기업이 올라 있다.[3]

'금융권 중심의 세계화' 또한 적절한 표현이다. 1980년대 말 서구 국가들은 자본의 흐름에 장애가 되는 장벽을 거의 철폐하였고, 베를린 장벽 붕괴로 이러한 자본 이동은 남부 및 동부 유럽까지 가속화되었다. 24시간 실시간으로 계속되는 커뮤니케이션의 발달도 금융거래의 양을 엄청나게 증가시켰다. 은행 및 증권가 사람들의 끝없는 상상력 덕분에 파생상품, 스왑거래, 선물옵션 등 셀 수 없이 많은 금융 '상품'이 탄생했고, 이들은 모두 기존의 주식 및 채권의 범주를 훌쩍 뛰어넘는 것이다.

'신자유주의적', 그리고 '신보수주의적'이라는 표현은 내가 알기로 대략 20여 년 전 미국에서 만들어진 신조어이고, 이 두 단어는 거의 같은 의미를 갖는다. 지난 수세기 동안 '자유주의'라는 말은 그 의미가 처음과는 반대로 변화했기 때문에 더욱 혼동을 부추기고 있다. 이백년 전의 자유주의자들은 진보적이었다. 그들은 민주주의 확대, 법 앞에서의 평등, 언론과 종교의 자유 등을 주장하였다. 경제적으로는 교역을 국가가 엄격히 통제하는 것보다는 자본주의와 자유무역을 선호하였다. 현재까지도 미국에서 '자유주의자'는 정치적으로 어느 정도 좌파 성향을 가진 사람을 지칭한다.

신보수주의자와 신자유주의자 사이에는 약간의 의미 차이가 있을 따름이다. 미국의 경우 신보수주의자는 보통 문화적 사안에 더 관심을 갖는 인물을 지칭하는 반면, 신자유주의자는 경제적 관점에 더 치중하는 사람을 일컫는다. 흔히 '네오콘'이라고도 불리는 신보수주의자는 이른바 가족적 가치, 도덕과 종교의 전통적 규범, 그리고 이성애를 지키려 한다. 자신이 원하는 삶을 살아갈 개인적 자유에 대한 정부 간섭을 거부하고, 여성, 불우 계층 및 소수 민족에 대한 특별대우(차별 철폐 조처 등)에 반대한다.

신자유주의는 신보수주의자들이 공유하고 있는 경제적 견해로서, 자유경쟁 시장과 가격 기제에 대한 믿음을 근간으로 한다. 즉, 가격결정은 정부의 간섭이나 보조금 등이 아닌 수요와 공급의 원칙에 의해 이루어져야 한다는 것이다. 신자유주의자들은 경제 분야에서의 국가 개입을 반대하고 노동 운동을 반대하며 자유무역을 지지한다. 이들은 복지국가가 제공하는 일련의 사회보장제도가 국가 주도의 절도행위에 지나지 않는다고 인식하고, 따라서 세금의 축소를 원한다.

미국 신자유주의자들의 수장격 인물로 그로버 노키스트를 꼽을 수 있다. 노키스트는 '세제개혁추진협회(Americans for Tax Reform)'를 이끌고 있으며, "우리는 정부가 욕조에 빠질 수 있을 정도의 크기로 축소되길 원한다."는 말을 남기기도 했다. 물론 군사부문과 신설된 국토안보부는 제외하겠지만 말이다.

하지만 엄밀한 의미에서 신자유주의는 때때로 일관성을 상실하는 모습을 보인다. 한 가지 예만 보더라도 그런 모습은 쉽게 드러난다. 신자유주의 신봉자들은 자유무역이 매우 바람직한 것이라고 하면서도 미국의 제철업자나 농민을 관세나 지원금 혜택을 통해 보호하는 정책은 용인한다. 또한 일반적으로 정부 규제는 환영하지 않지만 그것이 기업의 이익을 위한 것일 때에는 바람직한 것으로 인식한다. 세금도 내가 아닌 다른 사람이 내는 한 나쁠 것 없다는 식이다. 이러한 예는 수없이 찾을 수 있다.

'기업 주도'나 '금융권 중심', 또는 '신자유주의적' 등 그 어떤 수식어를 사용하든 간에 이 용어들은 모두 대략 1980년대부터 시작된 세계 자본주의 역사의 최근 단계를 설명하고 있다. 대략 500년 전쯤으로 볼 수 있을 그 태동기부터 자본주의는 세계적 현상으로 존재해왔다. 현재의 자본주의는 그 범위나 행위자의 성격에서 과거와는 다른 양상을 보이고 있다. 오늘날 초대형 기업과 금융기관은 누구에게나 영향을 끼치는 규정을 만들 수 있는 엄청난 힘을 지니고 있는데, 이 세력들은 많은 경우 언론에 대한 통제능력을 이용하여 더욱 공고해진다. 이 조직들은 각국의 정책 및 국가 간 의사결정이 자기들 입맛대로 이루어지도록 하기 위해 지속적으로 더 큰 영향력을 추구한다.

하나의 이해관계로 엮여 있는 기업체, 금융시장 행위자, 그리고 정부는 그 누구도 받아들이지 않을 수 없을 일련의 표준적 '진실'을 만들어놓았다. 예를 들어 그들은 금융시장이 붕괴되는 상황에서도 우리의 퇴직 연금이 주식시장에 안전하게 투자되어 있다고 말할 수도 있다. 그들은 더 나은 일자리가 늘어날 수 있지만 그러기 위해서는 노동시장이 더 '유연해져야 한다.'고 말한다. 즉, 그것은 임금, 근로조건, 각종 수당, 휴가, 고용과 해고에 관한 정당한 절차, 의료보험과 사회보장 등 지난 세기부터 내려온 각종 혜택을 포기해야 함을 의미한다. 그들은 또 노동조합을 위험 세력으로 보고, 노동조합이 없어지면 노동자들은 더 좋은 조건을 누릴 수 있을 것이라고 말한다.

기업체와 금융권 행위자들은 자신들 마음대로 규칙을 만들고 싶어 하지만, 그와 동시에 자신들이 규칙을 만들고 모든 이들을 지배하는 모습이 세상에 드러나는 것은 절대 원치 않는다. 최근에는 기업들이 기업 지배구조 개선을 강조하는 모습을 보이고는 있으나 기업을 움직이는 주요한 힘은 여전히 이윤 추구에 대한 욕구이다.

퍼시 바네빅은 세계화를 다음과 같이 멋지게 정의한 바 있다. 바네빅은 한때 '올 해의 유럽 기업가'로 지명되기도 했으나, 지나칠 정도로 탐욕스런 모습을 보이다가 결국 ABB사에서 불명예스런 조기 퇴직을 당했으며, ABB사는 현재 난관에 봉착해 있다.

내가 경영하는 기업체가 원하는 시점에, 원하는 장소에서 투자할 수 있고, 생산하고 싶은 제품을 생산하고, 원하는 장소에서 거래를 하고, 노동법이나 사회적 관습에서 비롯되는 규제의 최소화를 지지할 자유를 얻는 것, 그것을 세계화라고 정의하고 싶다.[4]

위와 같은 바네빅의 정의가 솔직하기는 하다. 투자의 자유, 자본 이동의 자유, 아무 장애 없이 국경을 초월해서 재화와 용역을 거래할 수 있는 자유 등 다국적기업과 금융업체들이 원하고 필요로 하는 자유의 삼위일체가 무엇인지를 보여준다. 이들은 자신의 기업 활동이 우연히 자리 잡게 된 지역사회나 노동자에 관련된 성가신 법률이나 규범 등을 모두 없애버리자고 말한다.

이 문제를 다르게 표현한 최고경영자도 있었다. 다른 사람과 마찬가지로 그들은 자유를 원한다. 때로는 한 곳에서 사업을 정리하고 다른 곳으로 이동할 수 있는 자유를 강조하기도 한다. 이러한 이

동의 자유와 관련하여 그들은 그 어떤 것으로부터도, 즉 노동자, 기존 지역에 대한 책임, 심지어는 재산의 소유권에 관련된 그 어떤 문제로부터도 방해받고 싶어 하지 않는다.

    자본에 대한 고전적, 혹은 마르크스주의적 정의와는 달리 오늘날 중요하게 여겨지는 것은 생산수단의 소유권이 아니라 기업 '활동'에 대한 통제권이다. 오늘날에는 운송비용이 매우 낮고, 커뮤니케이션과 정보 흐름에는 별로 비용이 들지 않기 때문에 사실상 기업 활동은 어느 장소에서나 이루어질 수 있다. 제너럴 일렉트릭의 전 회장 잭 웰치가 말했듯이 "공장을 배에 싣고 다니는 것이 가장 이상적인 경우일 것이다." 그리고 "무엇이든 소유하는 것은 바보 같은 일이다."라고 더 간결하게 표현한 경영자도 있었다.

    경영자 가운데 일부는 이런 생각을 가슴 깊이 받아들였다. 유엔이 작성한 '2002년 세계투자보고서'에는 다음과 같은 설명이 있다.

> 대형 다국적기업의 경우까지도 점점 더 많은 역할을 계약을 통해 다른 기업에 넘기는 경향이 늘고 있다. 일부 기업은 제조업체와 계약을 맺어 생산에서는 완전히 손을 떼고 오로지 신제품 개발과 마케팅에만 주력하고 있다.[5]

    기업은 오로지 이윤에만 관심을 가져왔다. 그 사실에는 절대 변함이 없다. 하지만 오늘날 기업 홍보담당자들은 무엇보다 '주주가치'에 중점을 두고 있으며, 이는 기업 주식의 시장가격을 의미한다. 즉, 해당 기업의 근본적 상황보다는 시장에서 평가되는 주식 가치가 더 중요한 것이다. 그렇게 되면 주주가치라는 명분 하에 여러 가지가 희생당하는데, 여기에는 헤아릴 수 없이 많은 일자리의 소멸도 포함된다. 근로자 수가 적을수록 비용이 감소하고, 비용 감소는 주식 가치의 상승으로 연결되기 때문이다.

형식적 정의에 만족하고 넘어갈 수 있다면 세계화란 단지 세계 자본주의와 이를 뒷받침하는 정치적 토대의 가장 최종 단계라고 볼 수 있다. 이러한 정의는 현재와 같은 경제적, 사회적, 정치적 체제를 통해 이득을 보고 있는 사람들의 이해에 가장 적합한 사상체계를 전달한다. 따라서 이것은 이데올로기적이라고 할 수 있다. 그런 사람들은 이 단어를 사용하거나 듣는 이들이 '세계화'란 보편적 현상이며 누구에게나 이득이 되는 현상이라고 믿게 되기를 바란다. 말도 안 되는 소리이지만, 이런 억지스러운 주장이 때로는 일반인의 분노와 저항을 막아내는 힘을 발휘한다.

하지만 다행히 대중의 분노와 저항은 커져가고 있다.

커뮤니케이션의 세계화와 정보 소외층

때로 어떤 사람들은 전자기기를 통한 커뮤니케이션과 인터넷 등 경제통합의 확대를 가능하게 해주는 수단과 세계화를 혼동하기도 한다. 인터넷 사용을 기준으로 하는 정의는 매우 편협한 것이다. 이런 기준을 사용한다면 전 세계 인구 가운데 극소수만이 '세계화' 되었다고 볼 수밖에 없다. 세계은행은 '세계인구의 절반은 전화를 사용해본 적도 없다'는 사실을 상기시키곤 한다. 어느 정도 변화는 있겠지만 대부분의 사람들에게 인터넷은 전화보다 더욱 접하기 어려운 수단이다.

이른바 '디지털 디바이드(Digital Divide)' 현상은 다른 영역에서 나타나는 빈부격차를 다시 반영하고 있다. 컴퓨터 사용 인구는 놀라울 정도로 급격히 증가해왔다. 사회학자 마뉴엘 카스텔스에 의하면, 1995년에는 인터넷 사용자가 9백만 명이었고, 2002년에는 대략 7억 명으로 늘었으며, 2005년에서 2007년경이면 20억에 달할 것이라고 한다. 인터넷 사용자가 이렇게 놀라운 속도로 증가하고 있음에도 불구하고 여전히 엄청난 불균형이 존재하며 이러한 불균형은 앞으로도 계속될 것으로 보인다. 인터넷을 가장 쉽게 접할 수 있는 사람이 가장 부유한 지역 사람이라는 사실은 그다지 놀라운 일도 아니다. 미국에서는 인구의 절반 정도, 대부분의 유럽 국가에서는 20~30% 정도가 인터넷을 사용하고 있는 반면, 아프리카나 남아시아 지역의 인터넷 사용 인구는 1%에도 미치지 못한다.[6]

인터넷 상의 정보 제공자도 기술적으로는 세계 어느 곳에서나 같은 작업을 수행할 수 있음에도 불구하고 북반구의 대도시 지역에 모여 있는데, 이는 이곳에 정보와 첨단 기술 전문가, 그리고 이들이 여가를 즐길 만한 것이 집중되어 있기 때문이다. 취업과 관련해서 보더라도 세계 어느 곳에서나 인터넷을 사용하지 못하는 사람은 불리한 처지에 있다. 미국을 필두로 부유한 북반구 국가에서는 최근 바람직한 현상이 나타나고 있는데, 이는 빈곤층과 소수집단도 점점 더 첨단 커뮤니케이션 도구를 사용하기 시작했다는 점이다. 하지만 이러한 현상도 제3세계 국가의 실정과는 거리가 멀다.

하지만 커뮤니케이션 분야의 혁명이 현재와는 다른 세계화를 위한 대안을 제시하려는 이들에게 도움을 주고 있다는 점, 그리고 관련 기술이 이들의 적들뿐 아니라 이들에게도 쓸모가 있다는 점에는 의심의 여지가 없다. 남반구에서도 신자유주의에 대항하는 이들은 대부분 인터넷에 접근할 수 있는 단체에 속해 있다. 이들은 예전과는 비교할 수 없을 정도로 서로 간, 그리고 북반구 동료들과 긴밀한 관계를 유지할 수 있게 되었다.

하지만 '세계화'라는 단어를 사용할 때에는 여성을 비롯한 세계 인구의 대부분이 문맹 상태에 놓여 있고, 컴퓨터는 말할 것도 없고 종이나 연필조차 구할 수 없으며, 우체국에도 가본 적이 없는 처지에 놓여 있다는 사실을 잊지 말아야 할 것이다. 자유의 삼위일체를 요구하는 사람은 같은 이유로 곧잘 "현재 아프리카의 문제는 과도한 세계화로 인한 것이 아니라 세계화의 부족으로 인한 것이다"라는 말을 하기도 한다. 분명 맞는 말이지만, 동시에 아무런 도움이 되지 못하는 생각이기도 하다.

세계화와 나

세계화를 구성하는 주요 부분과 이를 옹호하는 자들에 대해 자세히 살펴보기 전에, 외제 알람시계로 잠을 깨는 아침부터 미국 시트콤을 보고 잠자리에 들기까지 여러분의 하루일과, 그리고 여러분의 생활과 여러 걱정거리까지를 세계화를 중심에 둔 관점에서 한번 살펴보기 바란다. 의복, 먹거리, 자동차, 아이들이 관심을 갖고 있는 최근 유행에 이르기까지 그 어떤 것이나 예가 될 수 있다.

여러분이 일하고 있는 다국적기업이 어느 날 여러분의 국가에서 활동을 정리하고 더 좋은 조건의 다른 나라로 사업을 옮길 수도 있다. 어쩌면 여러분은 지금 강한 민영화 압력을 받고 있는 공공분야의 노동자일 수도 있다. 또 저축의 일부를 신탁이나 주식에 투자하고 있을 수도 있고, 어쩌면 21세기 초에 발생했던 시장 폭락으로 다른 사람들처럼 손실을 보았을 수도 있다.

여러분의 아이들은 여러분보다 더, 혹은 여러분만큼이라도 잘 살 수 있을까? 이 아이들은 양질의 무상교육을 계속 받을 수 있을까? 영어를 못하면 여러 측면에서 손해를 볼 텐데, 우리 아이들은 유창하게 영어를 하게 될까? 보건, 교육, 상하수도, 교통 등을 포함한 모든 분야를 기업이 관리하는 것이 곧 일반적인 상황이 될까? 여러분은 태풍이나 홍수 등 이상기후로 직접적인 영향을 받은 적이 있는가?

이러한 질문을 계속 던져본다면 세계화가 자신에게 어떤 영향을 미쳤는지 알게 될 것이다. 다음 부분에서는 좀 더 보편적인 경우에 대해 살펴보려 한다.

워싱턴 컨센서스 (Washington Consensus)

신자유주의적 세계화란 최근의 현상인가? 이는 그 누구도 통제는커녕 예상할 수도 없었으며 이전의 모든 것을 일소해버리는 일종의 역사적 힘인가? 사실은 전혀 그렇지 않다. 현재와 같은 형태의 세계화는 세계 체제 속에서 가장 큰 영향력을 가진 행위자들이 20년이 넘는 기간에 걸쳐 내린 세세한 정치적 결정의 산물이다.

이들이 선호하는 일련의 정책적 결정은 '워싱턴 컨센서스'라는 용어로 압축되곤 하는데, 이는 미국이 이러한 세계관의 근원 노릇을 하고 있기 때문이다.[7] 미국 정부의 지지를 받으며 국제기구에 의해 구체화되고 현실화되는 신자유주의 강령은 전 세계를 상대로 쉬지 않고 강요되어왔으며, 그 결과 21세기의 풍요로움과 지식에 걸

맞지 않는, 아니 오히려 강한 대조를 이루는 노골적 불평등을 만들어냈다.

그렇다면 이 신자유주의 강령들이 어떻게 강요되었다는 것인가? 때로 이 과정은 부채(負債) 메커니즘을 통해 이루어지기도 한다. 엄청난 부채를 안고 있는 남반구의 개발도상국과 예전의 공산주의 국가(구소련 연방 및 위성국가)들은 국제통화기금(International Monetary Fund, 이하 IMF)의 지시에 따르지 않으면 파산에 직면할 상황이었다. IMF는 워싱턴 컨센서스를 실행에 옮기는 주요 기구 가운데 하나다. 이러한 부채를 빌미 삼아 IMF는 세계의 경찰 노릇을 하면서 본디 주권국가로서 대접받아야 할 국가에 명령을 하달하고 있는데, 이는 이 국가들이 IMF의 승인 없이는 공공기관이나 민간의 그 어떤 기관으로부터도 자금을 빌릴 수 없기 때문이다. 워싱턴 컨센서스를 뒷받침하고 있는 다른 조직으로는 세계은행(World Bank)과 WTO가 있는데 이들의 정책은 미국 재무부의 정책과 놀라울 정도로 흡사하다.

워싱턴 컨센서스의 여러 정책이 채무국을 대상으로 적용되면 이는 '구조조정 프로그램' 이라고 불리게 되는데, 사실상 '충격요법' 이라는 표현이 더 정확할 것이다. 워싱턴 컨센서스의 기본 원칙은 신자유주의적 세계화의 경제적, 정치적 교과서라고 할 수 있는데, 그 내용은 다음과 같이 요약할 수 있다.

1. 모든 분야, 모든 단계에 경쟁을 장려한다. 각 민족, 기업, 지역, 국가는 서로 경쟁 관계에 놓여 있다. '적자생존', '느린 자에게 주어지는 것은 없다', '발전이 없으면 도태되기 마련이다' 는 등의 모든 옛말을 틀림없는 것으로 받아들인다. 과학자들은 종족과 자연계

의 보존을 위한 개체 간 협력의 역할에 갈수록 더 중요성을 부여하고 있는 상황인데, 이에 반해 주류 경제학자와 기업가들은 '만인에 대한 만인의 투쟁'을 받아들이며, 그 어느 때보다도 더 원시적인 다원주의적 모습을 보인다.

하지만 야만적 경쟁을 중심으로 하는 이 원칙들로부터 벗어나 있는 예외적 존재는 바로 초대형 다국적기업들이다. 가격에 기초한 이들 간의 경쟁은 갈수록 약화되고 있다. 강자가 약자를 소멸시켜 감에 따라 많은 분야에서는 소수의 다국적기업이 장악하고 있는 긴밀한, 혹은 느슨한 형태의 비공식 카르텔 형성이 일반적인 경우가 되어가고 있다.

2. 인플레이션을 저지한다. 즉, 화폐의 구매력 감소로 이어지는 임금과 물가의 동반상승을 견제한다. 인플레이션의 기미가 조금이라도 보이면 해당 국가의 금리를 인상시킨다. 이러한 조치는 대출을 감소시키고 통화 공급을 둔화시킨다. 유럽중앙은행의 '유일한' 임무는 인플레이션 통제다. 완전고용이나 경제발전은 유럽중앙은행의 설립 목적과는 하등 관련이 없다. 고용은 금리 하락을 통해 장려되는데, 금리가 하락하면 기업과 개인은 돈을 더 쉽게 빌릴 수 있기 때문이다. 특히 자동차나 가전제품 등 고가 상품을 구매하기 위한 대출이 증가하고, 이런 현상은 경제 활성화와 더 많은 일자리 창출에 기여한다.

하지만 여러 국가는 때로 인플레이션이 없는 상황에서 경제활동이 둔화되거나 축소되는 경기 침체를 겪기도 한다. 많은 사람이 미국과 유럽에서 이루어진 금리 인하가 그 폭이 너무 작았고 시점도 늦었다며 이런 정책으로 인해 경제 불황과 일자리 감소가 초래되었다고 주장한다. 이 점과 관련해서 보자면 유럽중앙은행은 특히나 비협조적인 태도를 보인다. 어떤 경우든 신자유주의적 워싱턴 컨센서스를 지지하는 자들에게는 정부개입을 설파했던 영국 출신의 뛰어난 경제학자 존 메이나드 케인스의 이름은 혐오의 대상으로 남아 있다.

3. 수출에 역량을 집중시키고 교역량을 증대시켜라. 교역은 그 자체로 항상 좋은 것이다. 환경을 망치든 해당 지역의 제조업을 붕괴시키든 문제가 되지 않는다. 다시 한 번 강조하는 바이지만 이들은 결국 '적응'하게 되어 있다. 진정한 대안이 마련되어 있든 아니든 말이다. 그리고 결국 모든 것은 최선의 결과를 낳게끔 되어 있다. 일부 예외가 있기는 하지만 교역은 자유롭게 이루어질 수 있어야 한다. 이들 예외 가운데 다수는 남반구 지역의 수출로부터 북반구를 보호하기 위한 것이다. 모든 협상은 교역을 더욱 자유롭게 만들기 위한 것이다. 한국, 대만, 싱가포르, 말레이시아와 같은 아시아의 '호랑이', 그리고 이 가운데 가장 성공적인 경우라 할 수 있는 중국, 그리고 때로는 인도도 뛰어난 수출 국가다. 불과 수십 년 사이에 이들은 저가품 생산국에서 고가품 생산국으로 변화했고, 선진공업국의 시장에 물품을 공급하기 시작했다.

이러한 발전을 이루기 위하여 이들 국가는 성장 단계에 있던 자국 산업을 수입품으로부터 보호하고자 높은 관세정책을 사용하였고, 현재는 워싱턴 컨센서스와 대립되는 여러 정부개입 정책을 실시하였다. 미국, 영국, 프랑스, 독일, 일본처럼 현재 선진국이 되어 있는 국가들은 이보다 앞선 시기에 정확히 이와 동일한 정책을 실시한 바 있다. 이 국가들은 모두 여러 보호주의 정책을 실시하였으며 경제 발전을 위해 정부의 개입을 이용했다. 현재의 워싱턴 컨센서스에 따르면 보호주의와 정부개입은 모두 용인되지 않는다. 이러한 현실이 초래하는 결과는 모든 국가가 세계화라는 게임에 참여하기 이전에 차지하고 있던 위치에서 벗어날 수 없게 된다는 것이다. 이러한 체제가 이미 정상의 위치에 올라 많은 부를 축적한 국가에 훨씬 유리하다는 사실은 분명하다.

4. 단기투기성자본을 포함한 모든 자본이 국경을 넘어 자유롭게 이동하도록 한다. 이와 같은 자본의 자유로운 이동이 결국엔 재정적 위기, 그리고 이에 뒤이은 사회적 위기를 초래한다는 사실이 여러 차례 반복적으로 입증되었음에도 불구하고 말이다. 어느 한 국가의 주식과 채권에 투자된 단기투기성자본은 뉴욕이나 런던의 유력 거래업자가 불안을 느껴 컴퓨터 자판을 두드리기만 하면 수 초 이내로 그 국가에서 빠져나올 수 있다. 그렇게 되면 해당 국가에서는 수백 개 기업이 쓰러지고, 수천 명의 노동자가 직장을 잃는다. 1997~1998년에 발생한 아시아의 금융위기 기간 동안 말레이시아와 중국은 자금유출을 막기 위한 통제정책을 펼쳤고, 따라서 주변국에 비해 외환위기의 영향을 훨씬 덜 받을 수 있었다. 이들 국가는 IMF에 많은 채무를 지고 있지 않았으며 IMF의 지시를 받는 상태에 있지 않았기 때문에 워싱턴 컨센서스의 강령을 무시할 수 있었다. 하지만 그런 국가는 소수에 불과했고, 멕시코, 브라질, 태국, 인도네시아, 한국, 러시아, 아르헨티나를 포함한 많은 국가는 값비싼 대가를 치르고 교훈을 얻어야만 했다.

5. 기업과 부자에 대한 세금을 감소시켜라. 워싱턴 컨센서스의

강령은 그렇게 할 경우 이들의 세금 감소분이 투자로 연결되어 더 많은 일자리가 창출될 거라고 주장한다. 하지만 감면된 세금이 단기성 투자자금으로 이용되거나 역외 조세피난처로 빼돌려진 경우가 더 많았다.(다음을 보라.)

6. 하지만 많은 기업과 부자들이 자신의 자금에 조세기관의 감시가 닿지 않도록 하기 위해 이용하고 있는 조세피난처를 폐쇄해서는 안 된다. 이렇게 되면 갈수록 세금납부는 케이먼 제도나 모나코 등의 조세피난처와는 거리가 먼 봉급생활자, 소비자, 그리고 소규모 기업의 몫이 된다.* 지난 20년 동안 서유럽 국가의 정부 세입 중 기업이 납부하는 세금은 꾸준히 감소한 반면 이에 반비례하여 소득, 소비, 그리고 취업에 관련된 세금은 꾸준히 증가하였다.

7. 민영화, 민영화, 민영화하라. 워싱턴 컨센서스의 기본 원칙 중 하나는 시장의 자율에 맡겼을 때 최선의 경제조건이 보장되고 따라서 국가적으로, 국제적으로 최선의 사회적 결과가 나온다는 것이다. 시장은 효율적인 반면 정부는 그렇지 못하다는 것이다. 이상적으로 보자면 국가는 단지 먼발치에서 감독하는 역할을 하며 기업 스스로가 요구하는 규제만을 부과하고, 오직 시장의 작동이 실패로 돌아가는 예외 상황에서만 개입해야 한다. 정부는 재화, 그리고 소위 '공공서비스'를 포함한 모든 용역의 생산 활동에서 어떤 역할도

---

* 나는 프랑스 최고 부유층인 어떤 사람이 자신의 개인적 세금을 전액 면제해주지 않으면 많은 일자리를 제공하고 있는 자신 소유의 생산 공장을 해외로 이전하겠다는 협상을 정부와 벌였다는 사실을 확실한 소식통을 통해 들은 바 있다. 특정 계층 사람들에게는 이러한 거래가 흔한 것으로 알려져 있으며, 정부는 이런 종류의 협박에 대해 손을 쓰지 못하고 있다.

맡아서는 안 된다.

민영화란 사실 양도, 또는 '헐값에 넘기기'를 점잖게 표현한 말에 불과하다. 민영화되는 공기업은 수백 명, 혹은 수천 명의 노동자들이 수년간 노동 끝에 이루어낸 값진 결과물이다. 민영화 과정을 거치면 이런 공기업은 간단히 부유한 개인이나 기관투자자에게 넘어가게 된다. 수많은 사례 연구, 특히 공기업의 민영화 분야에서 선구적 길을 가고 있는 영국의 경우를 다룬 여러 연구는 품질, 가격, 접근성, 효율성, 안전성 등 그 어떤 기준으로 평가하더라도 민영화는 성공할 수 없음을 입증하고 있다. 영국에서 일어난 열차사고를 떠올려보라.

8. 노동시장을 '유연화'하고 노동자들 사이에 경쟁을 장려하라. 고용과 해임에 관련된 제약조건 등 노동자 보호 법안을 폐지하고 유급휴가나 의료보험, 출산휴가, '과도한' 실업수당, 최저임금 등의 의무적 사회보장제도를 없애도록 한다. 이 모든 제도는 경쟁이라는 명목 하에 사라져야 할, 불필요하고도 부당한 비용을 발생시킨다.

9. 원가에 기반을 둔 정책을 시행하라. 예를 들어 교육이나 의료처럼 예전에는 무상으로 제공되던 서비스에 대해 요금을 부과하는 것이다. 이러한 정책의 결과로 특히 여성에 대한 악영향이 엄청나리라는 점이 잘 알려져 있음에도 말이다.

일부 고용주와 워싱턴 컨센서스에 동조하는 인물은 심지어 자유롭고 제약 없는 인력이동을 옹호하기도 한다. 현실로 입증된 바와 같이 이들은 자유로운 이민이 세계 어느 곳에서나 임금수준과 사회

보장제도를 제3세계 수준으로 급속히 떨어뜨릴 것으로 믿기 때문이다. 이들은 또한 정부에 대한 로비를 펼침으로써 근로기준 완화를 장려하고, 대개의 경우 심각한 저항 없이 그렇게 해올 수 있었다. 하지만 항상 그런 것만은 아니다. 프랑스와 이탈리아를 포함한 여러 나라에서는 노동자와 연금생활자의 권익을 보호하기 위한 대규모 파업과 강력한 사회운동이 전개된 바 있다.

워싱턴 컨센서스의 가능성

워싱턴 컨센서스의 지지자들은 자신들이 주창하는 세계화가 사실상 대다수 사람들의 생활수준 개선에 기여했다고 말한다. 이들은 현세대의 대부분, 그리고 어쩌면 다음 세대까지도 희생해야 할지 모르고, 그 시기가 언제가 될지 아무도 모르지만 결국엔 찬란한 미래가 있을 거라고 주장하기도 한다.

가진 자와 가지지 못한 자 사이에 점점 더 깊고도 큰 간극이 생겨나고 있다는 사실은 대부분의 사람들이 이미 인식하고 있다. 이런 빈부격차 현상은 한 국가 내에서뿐만 아니라 국가 간에도 나타나고 있다. 갈수록 심해지고 있는 환경파괴에 대해서도 많은 사람이 인식하고 있다. 수십 권의 책과 공식 보고서, 그리고 여러 차례의 유엔 회의를 통해 이런 현상에 대한 진단이 내려진 바 있다. 독자 여러분도 지난 20년간 신문, 라디오, TV를 통해 많은 사실을 접해왔을 것이다. 그래서 지금까지 워싱턴 컨센서스를 기반으로 일어난 모든 일을 정리할 필요는 없을 거라고 생각하고, 여기에서는 몇 가지 주요 사례만을 짚어보려 한다.

워싱턴 컨센서스를 기반으로 한 첫 번째 실험은 칠레에서 일어났다. 이 실험은 살바도르 아옌데 대통령의 사회주의 정부를 상대로 미국을 등에 업고 발생한 유혈쿠데타(쿠데타 발생일은 마침 9월 11일이었다)가 아니었다면 일어날 수 없었을 것이다. 일단의 군 장성 및 이들과 손을 잡은 경제학자들—이들 대부분은 미국에서 가장 신자유주의적 학풍으로 유명한 시카고 대학 경제학과에서 학위를 받았기 때문에 '시카고 보이즈(Chicago Boys)' 라고 일컬어진다—은 일거에 행동을 취하였다. 피노체트 장군 치하에서 3천 명 이상이 살해되거나 '실종' 되었고, 훨씬 더 많은 사람들이 빈곤상태에 빠져들었으며, 더욱이 체계적인 자연환경 파괴가 자행되었다.

지난 20년간 지구의 생태계와 그곳에 살고 있는 인류의 조건은 극도로 악화되었다. 다음 장에서는 생태계적 측면을 다루려 한다. 지난 20년은 세계화(앞으로 '세계화' 란 표현은 '기업주도, 금융시장 중심, 신자유주의적 세계화' 를 지칭한다)가 가속화되고 확대되었던 시기와 대체적으로 일치하는 기간이다.

몇몇 용기 있는 학자들이 보여준 바와 같이 신자유주의에 기초한 현재나 미래는 절대로 찬란한 것이 될 수 없다. 워싱턴에 위치한 '경제 및 정책 연구센터(CEPR)' 에서 실시한 한 연구는 전 세계적으로 1960년부터 1980년 사이에 이루어진 발전과 개발이 그 이후 20년 동안인 1980년부터 2000년 사이에 이루어진 것보다 훨씬 더 컸다는 사실을 보여주고 있다. 연구자들은 이 두 시대를 비교한 결과 전 세계 거의 어느 지역에서나 뒤에 이어진 20년 동안 평균성장률이 급속히 감소하였음을 발견하였다. 유일한 예외인 아시아 지역에서만 전 기간에 걸쳐 성장률이 대체로 일정하게 유지되었다.

연구자들이 정확한 방법론을 활용하여 밝혀낸 더욱 반갑지 않은 결과는 문제가 국내총생산(GDP)의 성장둔화에만 국한된 것이 아니라는 점이다. 1960년부터 1980년 사이에는 상당히 두드러진 개선이 이루어졌던 영아사망률, 평균수명, 교육보급률 및 문자해독률 등 여러 분야에서 개선 속도가 현격히 감소된 것이다. 사실 이러한 역행은 세계은행과 IMF가 최빈국에서조차 보건과 교육서비스에 대한 소비자부담 원칙이 준수되어야 한다고 주장한 다음부터 쉽게 예측된 일이었다.[8]

유엔개발계획(UNDP)이 내놓은 '2002년 인간개발보고서'에 따르면 세계인구 중 상위 5%의 소득은 최하위 5% 소득의 114배에 달한다. 미국의 부유층 상위 10%의 소득(2천7백만 명 가량으로 전 세계 인구의 0.5%도 되지 않는다)은 전 세계 인구 중 가장 가난한 43%의 소득과 비슷하다. 다시 한 번 유엔개발계획의 자료를 인용하자면 현재 속도로는 세계 기아문제 해결을 위해 적어도 130년이 걸릴 것이라고 한다.

이와 동시에 부유한 나라는 가난한 나라에 해마다 평균 520억 달러(1997년부터 2001년 사이)에 달하는 자금을 공적개발원조(Official Development Aid)를 통해 제공했다. 하지만 공적개발원조금은 베를린 장벽 붕괴 후 구소련 연방이 더 이상 위협이 되지 않자 급격히 감소했다. 또한 이 자금 중 상당 부분은 구속성 원조인 까닭에 지원국 생산품 구매를 통해 곧바로 다시 회수된다.

동시에 이 부유한 나라들은 농업분야에 대한 보조금 및 지원 명목으로 '매일' 대략 10억 달러에 달하는 금액을 제공하고 있으나 이 금액 가운데 대부분은 자국의 초대형 농장으로 흘러들어간다. 말라리아, 결핵, 그리고 갈수록 늘어가고 있는 에이즈 등이 전 세계 질병문제의 90%를 차지하고 있는데도 불구하고 의학 및 생물학 연구를 위해 전 세계적으로 지출되는 금액의 10%에도 미치지 못하는 부분만이 빈곤층 국가에서 이 질병의 퇴치를 위해 사용되고 있다.

국가 간 빈부격차가 엄청나게 늘어가고 있는 상황에서 한 국가 내에서 나타나는 빈부격차 문제 또한 갈수록 증대되고 있다. 유엔에 따르면 부유한 국가 가운데 오직 덴마크와 캐나다만이 검증된, 진정한 의미의 조세와 재분배 정책을 통해 1979년에서 1997년 사이 자국 내 빈곤문제를 완화시킬 수 있었다(하지만 덴마크와 캐나다 사람들에게 질문을 던져보면 이 수치에 의구심을 보인다). 빈부격차 문제는 신자유주의 정책을 가장 열심히 실천해온 미국과 영국에서 가장 심화되었는데, 이를 우연이라고 볼 수는 없을 것이다.

불평등의 심화

민영화가 진전되고 전통적 결속의 토대가 계획적으로 파괴되면서 걷잡을 수 없는 불평등의 심화가 일어나리라는 점은 예상된 일이었다. 1960년대와 1970년대에 미국 기업총수와 최하위 직원 간 평균급여 차이는 육십 내지 칠십 배 정도였고, 이는 이미 놀랄 만한 것이었다. 어떤 통계를 사용하느냐에 따라 차이는 있으나 오늘날 이 격차는 삼백 내지 사백 배에 달하게 되었다. 1980년대 레이건 정부 시절 최상위 1%의 미국 가구는 소득이 두 배로 증가하였으나 최하위 20%는 얼마 되지 않는 소득 가운데 그나마 15%를 더 잃었다.

비록 그 속도가 조금 느리기는 하나 유럽에서도 임금격차와 불평등이 심화되고 있으며, 이러한 추세는 다른 국가보다 특히 영국에서 심하다. 유럽의 최고경영자들은 연봉, 고액의 퇴직수당, 스톡옵션 등을 미국의 최고경영자들과 동등한 수준으로 요구하기 시작했다.*

여러 유엔 조직이 펴낸 수많은 보고서는 국가 간, 그리고 각 국가 내에서 불평등이 급격히 심화되고 있다는 결론을 담고 있다. 국제노동기구(ILO)는 세계인구의 반에 해당하는 30억이 빈곤 상태에서 살고 있으며, 소득수준을 기준으로 세계 상위 20%와 하위 20% 간의 격차가 지난 40년 간 두 배로 증가했다고 계산하고 있다. 경험적인 이 모든 증거가 동일한 한 가지 결론만을 보여주고 있다. 신자유주의 정책은 언제나 그와 같은 결과를 가져오고, 통제에서 벗어난 시장은 가지지 못한 자에게서 더 많은 것을 가져가며, 이미 많은 것을 가진 자에게는 더 많은 것을 안겨준다는 사실은 전적으로 논리적인 귀결이다.

수학자들은 '파레토의 법칙'이 현실 속에서 놀랄 정도로 많이 나타난다는 사실을 밝혀냈다. 외부 제약이 없을 경우 하나의 체제는 참여자의 20%가 소득의 80%를 가져가고 나머지 80%가 20%의 소득을 나누어 가지는 방향으로 흘러가는 경향을 보이는 것이다.

그러므로 소득 분배에 대해 제약을 가하지 않는다면 20%의 사람 (예를 들어 전 세계적으로나 한 국가 내에서)이 대략 부의 80%를 차지할 것이고 나머지 80%는 단 20%의 부를 나누어 갖게 될 것이다 (오늘날 세계에서는 부의 편중이 이보다 더 심화되어 있다). 대부분

---

* 하지만 마이크로소프트는 수십 명에 달하는 '마이크로소프트 백만장자'를 만들어낸 스톡옵션 제도를 1990년대에 폐지하였다. 현재는 그럴 자격이 있다고 회사가 판단한 직원에게만 주식을 배분하고 있다. 비방디의 경영을 망쳐놓고 퇴사하는 장-마리 메시에 회장이 퇴직금으로 2천만 유로를 받아가자 프랑스 국민들은 이에 심한 반감을 표한 바 있다. 일반인들의 거부반응을 감지한 일부 기업은 조금씩 변화된 태도를 보이고 있기도 하다.

의 국가에서는 성(姓)도 이 법칙의 적용을 받는다. 만약 여러분이 스미스나 윌리엄스처럼 흔한 성이라면 여러분은 20% 정도의 흔한 성을 갖고 있는 80%의 집단에 속해 있는 것이다. 만약 여러분의 성이 흔한 것이 아니라면 여러분은 전체의 80%를 차지하는 흔치 않은 성을 가진 20%의 사람 중 한 사람이다. 내 책을 출판하는 출판사에 따르면 20%에 해당하는 서점이 전체 서적 판매량의 80%를 차지한다고 한다. 전체 배우 가운데 20%에 해당하는 사람이 배역의 80%를 소화하고, 전체 은행 가운데 20%에 해당하는 은행이 전체 은행계좌의 80%를 차지하며, 이러한 예는 이 외에도 너무나 많다. 이 법칙은 지금까지 예상하지 못했던 여러 분야에서도 적용되고 있다. 따라서 부의 분배에 있어서도 같은 법칙이 적용되기를 원치 않는다면 우리는 이를 막기 위한 조치를 취해야 한다.9)

수많은 사회적 투쟁이 발생한 이후 유럽식 케인스 모델이 발전, 채택되었던 것은 바로 이상과 같은 절박한 진실을 사람들이 복잡한 수식을 사용하지 않더라도 인식할 수 있었기 때문이다. 여기서 핵심적인 것은 조세제도와 부의 재분배이며, 노동과 자본 사이 가치의 분배 정도가 제도의 성공 여부를 측정할 수 있게 해주는 하나의 지표로서 작용한다. 프랑스의 일부 경제학자에 따르면 이와 같은 가치의 재분배 정도에 있어서 노동계가 차지하는 비율이 70%에서 60%로 10% 정도 하락했다고 한다.

신자유주의 정책을 옹호하는 사람들은 일반적으로 자신들이 다른 사람들을 빈곤에서 구제하고 있다고 주장한다. 아시아의 신흥공업국들을 예로 들지만 이러한 주장은 모순일 뿐만 아니라 터무니없는 것이다. 아시아 국가들이 지난 수십 년 동안 실질적 생활수준 향상을 이루었지만 이들이 그러한 성공을 거둘 수 있었던 것은 신자유주의적 강령 및 워싱턴 컨센서스와는 완전히 상반되는 정책을 사용하였기 때문이다. 불행하게도 이들 국가의 성공을 모방하려는 다른 국가는 더 이상 이 국가들이 사용했던 성공적인 정책을 적용할 수 없게 되었다.

불평등과 발전

워싱턴 컨센서스에 기반한 정책은 심각한 불평등을 초래하는 것이기 때문에 이를 지지하는 사람들이 주장하는 고성장 정책과는 양립할 수 없다. 유엔대학(UN University) 및 유니세프(UNICEF)에서 근무했던 한 경제학자는 '불평등이 발전에 저해가 되는 요소'임을 주장—이 주장에 발전이 반드시 바람직한 것이라는 함의가 담겨 있는 것은 아니며, 이에 대해서는 추후에 다루려 한다—한 바 있다. 발전이야말로 워싱턴 컨센서스가 추구하는 절대적 목표이기에 이에 동조하는 이라면 지오바니 코르니아와 같은 경제학자에게 귀를 기울이게 되리라는 생각이 든다.[10]

코르니아 교수는 거대 지주가 토지의 대부분을 소유하고 있는 가난한 국가에서는 농업생산량이 하락하고 식량 가격은 인상되며 토지를 거의 소유하지 못한 빈민층이 자신들 소유의 얼마 되지 않는 자연을 남용할 수밖에 없게 된다고 설명한다.* 산림황폐화와 사막화는 지구온난화와 인구밀도의 과중을 초래하며 이는 모든 사람에게 악재로 작용하게 된다.

---

* 여기서도 다시 파레토의 법칙이 작용하고 있음을 확인하게 된다.

빈부격차가 심한 국가에서는 정부가 부유층에 대한 조세 집행 및 부의 재분배를 실행할 능력이 없거나 혹은 이를 실행할 의지가 없기 때문에 교육 및 보건 수준이 악화된다. 그렇게 되면 '인적자본' —즉시 고용할 수 있고, 생산능력을 가진 사람을 경제학자들이 흔히 지칭하는 표현—의 형성이 저해된다. 또한 교육수준이 낮은 여성은 교육 받은 여성에 비해 훨씬 많은 자녀를 출산하므로 소수의 부유층과 훨씬 많은 빈곤층 사이의 비율이 개선되지 못하는 불평등의 악순환이 계속된다.

이들 소수의 부유층은 고가 수입품 소비에 대한 욕구를 갖는다. 달러, 혹은 다른 종류의 경화(硬貨)로 구매해야 하는 물품이 자유롭게 수입되면 국가의 채무는 증가한다. 또한 이런 국가는 대개의 경우 군비 및 원유수입을 위해 엄청난 자금을 지출하고, 일자리와 부의 창출에는 전혀 도움이 되지 않는 과시성 프로젝트에 돈을 투자하는 경우가 많기 때문에 부채규모는 곧 엄청난 수준에 이르게 된다. 정부가 부채에 대한 이자를 지불하기 위한 노력을 벌이면 그 과정에서 국민의 다수를 차지하는 빈곤층은 희생을 강요당하고, 이 과정에서 불평등은 더욱 심화된다.

엄청난 임금격차는 근로의욕을 감소시킨다. 물질적 보상을 받지 못할 것이므로 사람들의 머릿속에는 '열심히 일하면 뭐하나?' 하는 생각이 자리 잡는다. 게다가 교육과 보건 수준이 떨어지고 심한 부채에 허덕이고 있는 국가에 대해서는 해외투자자의 관심도 줄어들게 된다.

코르니아 교수에 따르면 이런 상황과 동전의 양면과도 같은 상황이 바로 '지나친 평등'이 주어지는 경우인데, 이 또한 성장과 생활수준의 개선에는 악영향을 끼친다. 심각한 빈부격차 문제를 안고 있는 제3세계 국가와 마찬가지로 구소련 연방의 영향권 하에 있던 사회주의 국가도 생산성 발달 측면에서는 매우 더딘 모습을 보였다. 코르니아 교수는 이러한 현상이 적어도 부분적으로는 임금의 차이가 상대적으로 매우 적었던 것에 기인한다고 판단한다. 이처럼 더 큰 보상을 받을 가능성이 거의 없는 경우에도 사람들은 열심히 일할 동기를 찾지 못하게 된다. "우리는 일하는 척하였고, 그들은 우리에게 임금을 주는 척하였다"라는 그 유명한 현상이 발생했던 것이다. 정부에 주어진 과제는 코르니아 교수가 '효율적 불평등 상태'라고 이름붙인 조건이 무엇인지를 밝혀내어, 소외되는 사람이 없도록 하면서 동시에 엄청난 부를 축적하여 다른 사람의 머리 위에 군림하는 사람 또한 생기지 않도록 '효율적 불평등 상태'를 유지할 수 있는 정책을 수립하는 것이다.

하지만 열렬한 세계화 주창자들은 코르니아 교수가 제안한 정책을 수용하지 않고 있다. 영국의 대처 내각(1979)과 미국의 레이건 행정부(1981)가 나란히 등장하면서 신자유주의적 세계화는 큰 도약을 하였고, 탐욕은 바람직한 것으로 받아들여졌다. 이로부터 십 년이 지난 뒤 발생한 베를린 장벽 붕괴와 소련 와해는 세계적으로 유일하게 남아 있던 이 주창자들의 경쟁적 경제체제가 사라지는 결과를 낳았고, 워싱턴 컨센서스는 다시 한 번 막대하게 세력을 확장할 수 있었다.**

그 결과는 엄청난 것이었다.

** 나의 견해에 오해가 없기를 바란다. 내가 국가사회주의를 옹호하는 것은 아니다. 하지만 분명 국가사회주의는 동유럽뿐 아니라 남반구 여러 국가에서도 신자유주의의 공세를 막아내는 방파제 구실을 하였다. 국가사회주의 체제의 붕괴 후 러시아에서는 빈곤율이 30% 증가하였으며 남성의 평균수명이 7년 감소하였다.

숫자에 숨겨진 함정

세계은행은 워싱턴 컨센서스에 기반한 정책 덕분에 전 세계적으로 '절대빈곤' 상태에 빠져 있는 사람의 수가 꾸준히 감소하고 있음을 증명하려고 노력해왔다. 세계은행의 주장이 사실이라면 워싱턴 컨센서스는 '바른 길'로 가고 있다고 볼 수 있다. 세계은행이 해마다 발간하는 '세계개발보고서'는 빈곤문제에 대한 수치와 관련하여 많은 사람이 참고하는 자료이며, 세계은행은 세계적으로 가장 많은 전문 연구 인력을 보유하고 있는 까닭에 이들이 발행하는 보고서와 지표는 거의 모든 사람들에게 액면 그대로 받아들여진다.

하지만 모든 사람이 이 자료를 그대로 받아들이는 것은 아니다. 그 일례로 컬럼비아 대학의 산제이 레디 교수와 토마스 포기 교수는 '빈곤층 산출하지 않기'라는 의미심장한 제목의 긴 보고서를 발표한 바 있다. 이들은 세계은행이 발표하는 통계와 이에 적용된 방법론, 이들 통계가 기반으로 삼고 있는 근본 가정 등을 거의 모두 뒤집어버렸다. 이 보고서를 읽고 나면 독자는 '세계빈곤의 정도, 분포, 그리고 동향에 대한 세계은행의 견해가 받아들여져서는 안 되며, 사실상 세계은행이 지구촌의 빈곤 실태를 매우 과소평가하는 잘못을 저지르고 있다'는 저자의 견해에 동의하게 된다.[11]

세계은행은 전 세계 빈곤층의 수를 파악하는 데 있어서 매우 결정적인 몇 가지 요인을 간과하고 있다. 특히 세계은행은 세계인구의 3분의 1을 차지하고 있는 인도와 중국의 빈곤층 파악에 있어서 빈약한 측면을 보이며, 발전을 통해 형성되는 부가 실제로 어떻게 분배되는지에 대해서는 전혀 고려하지 않은 채 발전이 당연히 빈곤층에 득이 될 거라고 가정하고 있다. 레디 교수와 포기 교수가 세계은행의 통계 산출 방식에서 찾아낸 중대 결함은 여기서 끝나지 않는다.

우선 빈곤층이 소비하는 상품의 성격과 종류는 일반 대중이 소비하는 상품과는 매우 다른 양상을 보인다. 게다가 빈곤층은 여러 가지 이유로 같은 상품에 대해 부유층보다 더 많은 돈을 지불해야 하는 게 일반적이다. 빵이나 쌀, 기타 곡물과 같은 가장 기본적 식료품이 이들 빈곤층의 식단에서 차지하는 비중이 매우 크고, 이런 필수식료품은 안 그래도 보잘 것 없는 빈곤계층의 수입에서 상당한 지출을 요구한다.

통계 산출 과정에서 일어나는 방법론적인 오류(여기서 검토하기에 너무 전문적인 문제들은 차치하더라도)를 모두 고려한다면 전 세계 빈곤층 숫자에 대한 세계은행의 계산은 전면 수정되어야 할 것이며, 국가별로 대략 30%에서 60%까지 급증할 것이다. 세계은행의 보고서는 절대빈곤 상태―세계은행의 기준에 따르면 일반적 빈곤 상태와는 다른 개념이며, 일반적 빈곤 상태보다 훨씬 좋지 않은 상태이다―에 빠져 있는 세계인구가 현재 13억에 '불과' 하다고 밝히고 있지만, 이 숫자는 세계인구의 대략 1/3에 이르는 20억까지 상승할 것이다.

워싱턴 컨센서스는 분명 제대로 작동하고 있지 않다고 보는 것이 타당하다. 적어도 가장 취약한 계층에 대해서는 그러하다. 워싱턴 컨센서스는 환경보호 측면에서도 잘못된 경로를 밟고 있다. 세계화된 무대 위에서 활동하고 있는 주요 행위자에게 우리의 시선을 돌리기 전에 다음 장에서는 이 점에 대해 먼저 살펴보려 한다.

2장 환경파괴와 미래

경제와 환경

　기업은 인간이나 사회에 대해 그 자체로는 전혀 가치를 부여하지 않듯, 자연에 대해서도 자신의 명성이나 이윤에 직접적 이득이 되지 않는 한 무관심한 태도를 취한다.
　여기서 더 나아가 나는 요즘 유행하는 표현대로 자본주의와 환경보존이 논리적으로, 그리고 개념적으로 양립할 수 없는 관계임을 주장하려 한다. 환경을 중심으로 한 세계관과 경제를 중심으로 한 세계관, 이 두 관점은 전쟁과도 같은 첨예한 대립관계에 있으며, 이런 현실은 이 점에 대한 일반인의 인식 여부와는 상관없이 전개되고 있다. '인류의 미래가 어떠할 것인가?' 하는 문제, 그리고 심지어는 '인류에게 미래가 있을 것인가?' 하는 문제까지도 이 전쟁의 결과에 달려 있다.
　지나치게 비관적인 전망은 피하고 싶지만, 환경과 경제라는 두

영역 사이의 충돌은 너무나 심각하다. 따라서 이를 간과한다면 우리에게 큰 위험을 자초하는 일이 될 것이다. 1999년 시애틀 시위현장에서 환경보호론자와 노동조합 조합원 사이에 연대가 형성된 적이 있기는 하지만, 지구촌 정의실천 운동의 연구와 실천 대부분에 있어서 자연환경에 대한 고려는 아직 이루어지지 않고 있다.* 안타깝게도 우리가 이 점에 있어서는 우리의 상대자와 별반 차이를 보이지 못하고 있는 셈이다.

경제(economy)와 생태계(ecology)를 의미하는 단어에 공통적으로 포함되어 있는 'eco'는 '가정', '토지', '영토'를 의미하는 그리스어 어근 'oikos'에서 파생되었다. '에코-노모스(eco-nomos)'는 영토를 관리하기 위한 원칙, 혹은 이 원칙들의 집합을 의미한다. '에코-로고스(eco-logos)'는 모든 것의 기저에 자리 잡고 있는 원리, 정신, 이유를 의미하며, 성(聖) 요한이 자신의 복음서 첫 부분에서 "태초에 말씀(Logos)이 계셨다"라고 단언하였을 때 사용했던 의미와 상통하고, 이 '로고스(Logos)'가 성경에서는 보통 '말씀'으로 번역된다. 인간, 동물, 식물, 이들을 둘러싸고 있는 토지와 물, 그리고 이 모든 것들 사이의 상호작용은 하나의 물질적 실체를 구성하고 있고, 이들 모두가 하나의 영역 내에 공존하고 있다.

그리스 어원의 의미를 이해하게 되면 로고스(Logos)가 둘 중에서 더 중요하며 노모스(Nomos)를 대체할 수 있는 것이라고 생각할 수 있다. 보통의 경우 기저에 위치한 원리와 정신이 규칙 및 규정에

---

* 1999년 시애틀에서 벌어진 WTO 반대 집회에서 거북이 복장을 한 환경보호론자들(거북이 보호 장치를 갖추지 않은 어선이 계속해서 바다거북을 희생시켜가며 어업을 하도록 허용한 WTO의 결정에 항의하기 위함이었음)이 트럭운전사 노동조합 및 다른 많은 노동조합원과 더불어 행진한 바 있는데 이는 예전에는 불가능한 연대였다. ─옮긴이

대해 우위를 점하며 이들을 규정한다고 볼 수 있고, 따라서 에코-로고스가 경제를 인도하는 힘이 되어야 한다.

하지만 인간사회에 규칙을 부여하는 세계화된 자본주의 경제의 경우는 상황이 그렇지 않다. 시장의 힘이 우리들 서로의 관계, 그리고 우리와 자연의 관계를 규정짓는다. 에코-노모스, 세계화된 경제, 그리고 시장은 로고스를 포함한 그 어떤 것에도 일인자의 자리를 양보하려 하지 않는다. 노모스는 이 지구상의 모든 것에 대한 권력을 주장하고 있는 것이다.

위험을 알리는 적신호

이미 대다수 사람들이 세계화가 몰고 온 경제적 재난을 인식하였듯 지구온난화, 기후변화, 오존층 파괴, 산림황폐화, 엄청난 생물 멸종, 대기 및 수질오염, 해안선 변화, 사막화, 간척지 개발이나 도시 개발로 인한 자연파괴 등 이루 헤아릴 수 없이 많은 자연적 재앙에 대해서도 익숙해져가고 있다.

유럽 문명의 발상지인 지중해는 좋은 예를 보여준다. 오늘날의 지중해는 보는 이의 마음을 매우 무겁게 한다. 4만 6천 킬로미터에 달하는 지중해 해안선을 따라 1억 3천 명의 인구가 거주하고 있고, 매년 적어도 1억 명의 관광객이 지중해를 찾는다. 지중해 지역이 전 세계 관광객의 1/3을 소화하고 있는 것이다. 이 지역의 거주민과 관광객은 매년 5억 톤의 하수를 배출하고, 일부 지역에서는 이 하수가 아직까지도 제대로 처리되지 않은 채 그대로 바다로 흘러들어간다. 지난 10년간 새로 증설된 하수처리시설은 남부 및 동부 지중해 지역의 인구증가를 따라가지 못하고 있다. 여기에다가 매년 버려지고 있는 6만 톤의 세제, 수천 톤의 중금속, 비료에서 비롯되는 질산염, 육지에서 흘러들어오는 60만 톤 이상의 석유, 그리고 유조선의 기름 잔여물 등을 모두 더해서 생각해보면 이 지역의 오염상태가 어떤지 가늠할 수 있게 된다.

육식성 해조류인 콜러파 택시폴리아는 1980년대 초에 모나코의 한 수족관에서 흘러나온 뒤 해저면을 급속히 잠식하면서 어쩌면 다시 돌이킬 수 없을지도 모를 생태계 오염을 초래하고 있다. 이 식물은 선박의 닻이나 어획 장비에 조금만 붙어서 이동하더라도 새로운 군락지를 형성할 수 있다. 여러 어류와 해양생물이 과다한 어획과 질병으로 위기에 몰리고 있으며, 돌고래는 플라스틱 조각들 때문에 질식사하고 있다. 어부는 고기잡이의 경쟁상대인 몽크 바다표범을 도살하고 있다. 바닷물의 순환도 거의 이루어지지 않고 있다. 나일 강은 거의 모두 관개용으로 이용되며, 지브롤터 해협을 통해 대서양으로 들어오는 해수도 거의 없다시피 한 상태이고, 흑해에서 들어오는 해수는 혹시 있다 하더라도 오히려 대서양보다 더 오염되어 있다.

호메로스와 고대 크레타 문명 시대부터 수많은 시인과 예술가에게 영감을 불어넣었던 지중해의 생태계는 현재 이와 같은 상태지만, 이 해역은 경제적으로는 매우 유용한 기능을 하고 있다. 엄청난 관광산업은 국민총생산에 기여하고, 화학제품, 플라스틱, 세제 생산 산업은 일거리를 제공하며, 질산염과 관개시설은 농부들의 수확량을 증대시키고, 석유는 이 지역의 산업을 움직이는 역할을 하고 있는 것이다.

이런 지중해의 현실에 마음이 무거워진다면 그래도 아직까지는 지중해변의 멋진 생선요리 식당에서 저녁을 먹으며 마음을 풀 수도 있다. 고기가 계속 잡히는 한은 말이다. 그러니 너무 염려할 필요는 없다. 엄청난 수익이 쌓이고 있으니 충분한 돈이 모이고 난 후에는 환경에 대해 염려할 여유도 생길 것이다. 단지 아직 그런 시점이 오지 않은 것뿐이다.

당연한 말이겠으나, 문제는 지중해나 서유럽에만 국한된 것이 아니다. 국가사회주의 체제는 훨씬 더 광범위한 환경파괴를 야기했다. 동유럽의 계획경제는 생태계에 재앙을 초래했고, 아직까지 이런 현실에 큰 변화는 없다. 이 국가들은 산업혁명 및 소위 '근대화'된 농업과 더불어 시작된 탐욕스런 생산성 위주의 서구양식을 모방했지만, 구소련 지역 사람들은 환경보호를 위한 시위나 조직을 구성할 수 없었기 때문에 더욱 악화된 결과만 초래되었다.

탈규제, 혹은 기업주도의 규제

오늘날 에코-노모스는 의기양양하게 시장의 신자유주의적 원칙에 따라 강력한 세계 통합을 진행하고 있다. 세계화와 관련된 어휘 가운데 '민영화' 및 '경쟁'과 더불어 중요한 자리를 차지하고 있는 또 하나의 단어는 바로 '탈규제'이다. 신자유주의 경제학자들은 이 단어를 무척이나 좋아하는데, 그들이 이 단어로 의미하는 바는 자국의 자연환경을 외부의 위험요소로부터 보호하기 위한 법률과 규칙을 국가가 폐지하는 것이다.

'세계화'라는 단어와 마찬가지로 '탈규제'라는 단어에도 함정이 숨어 있다. 수없이 많은 규정이 그대로 존재하는 상황에서, 더 많은 규정이 매일같이 새로 만들어지고 있을 뿐이며, 신자유주의 옹호자는 지구 생태계의 자구 필요성보다 자본과 초국적기업의 요구를 우선시하고 있는 것일 뿐이다. 프랑스와 스페인 인근의 대서양 연안을 광범위하게 오염시켰던 에리카호와 프레스티지호의 기름유출 경우와 같은 재앙적 사건으로 인해 일부 규제사항에 변화가 있기는 했으나, 일부 회의론자는 이런 조치가 더 많은 해양오염 사례를 예방하기에는 역부족이라고 평하고 있다.

이른바 '행위규범' 만으로는 앞으로 발생할 기름유출을 막을 수 없다. 예를 들어 '경제적 이익이 노동자의 안전이나 환경보호보다 우선시될 수는 없다' 라고 주장할 기업체 회장이 어디 있겠는가? 초대형 정유업체 토탈피나엘프의 최고경영자 티에리 데마레스트가 서명한 안전 및 환경 관리 헌장에는 위의 문장이 실려 있었다. 이 헌장에는 다음과 같은 약속도 포함되어 있었다. "본사는 안전 및 환경에 관한 본사의 규정을 준수할 수 있는 능력을 갖추었는지를 협력업체 선정의 기준으로 삼을 것이다." 하지만 그럼에도 불구하고 고장 나고 노후한 에리카호가 토탈피나엘프의 원유를 운반하고 있었다.[12]

기업이 환경보호 규정을 제대로 이행하리라 기대할 수 없는 것과 마찬가지로 기업 이윤의 덕을 보고 있는 정부도 자연스레 그들의 편에 서게 될 것이다. 현실적 탈규제의 예는 모든 분야에서 환경 관련 규제조치를 폐지하고 있는 부시 행정부에서도 찾을 수 있다. 부시 행정부의 환경부 장관은 자신이 할 수 있는 일이 아무 것도 없다는 이유로 사임하고 말았다.

환경보호를 위한 여러 제도는 유럽에서도 세계화의 직접적인 공격에 직면해 있다. 프랑스에서는 새로 집권한 우익정권이 지난 5년간 통과된 환경관련 법안들을 대략 6개월 만에 완전히 폐지시켜버리고 말았다. 이 법안조차도 매우 소극적이고 불충분한 것들이었는데 말이다. 농민 활동가 조셉 보베는 유전자 조작 곡물의 위험을 알리기 위해 엄청난 위험을 감수해야 했고, '사전예방원칙'*이 향후 프랑스 헌법에 정식으로 포함될 거라는 발표가 있었음에도 불구하고 결국 자신의 노력에 대한 대가로 수감되고 말았다.

WTO 창설의 근간이 되는 서류는 부록을 포함하여 2만여 쪽에 이른다. 이 서류에는 기업이 국경을 초월하여 생산, 구매, 판매, 투자할 수 있는 권리, 그리고 생명체에 대한 특허권을 가질 수 있는 권리 등이 매우 자세하게 기술되어 있다. 하지만 이 기업들이 폐기물, 공해, 환경 파괴의 감소를 위해 준수해야 할 의무사항과 관련된 그 어떤 규정도 포함되어 있지 않다(노동자에 대한 적정한 임금 및 휴가 지급, 안전한 근무 조건 제공 등에 대한 규정도 전무하다).

1992년 브라질 리오에서는 '지속가능한 개발'을 주제로 한 유엔 회의가 개최되었다. 하지만 이 회의의 안건은 '지속가능한 개발을 위한 기업협의회'라는 이름 아래 자연스레 세력을 규합한 다국적기업에 의해 조용히 변모되었다. 세계적으로 가장 손꼽히는 환경파괴 기업들이 이 모임에 포함되어 있다는 점을 감안한다면 이 협의회의 명칭은 완전한 언어도단이다. 이 협의회가 리오에서 거둔 가장 큰 승리는 회의기간 내내 기업 활동 규제에 대한 그 어떠한 언급도 막을 수 있었다는 점이다. 이들 기업이 자율적인 규제능력을 갖고 있

---

* 1992년 브라질 리우에서 개최된 '인간환경회의'에서 채택된 '의제21' 중 하나로서, '환경보호를 위하여 각국은 능력에 따라 사전 예방적 접근을 폭넓게 활용하여야 하며, 심각하거나 비가역적인 피해의 위험이 있는 경우 충분한 과학적 확실성이 없다는 이유로 환경파괴를 방지하기 위한 비용지출 및 실질적 조치 실행을 연기해서는 안 된다'는 내용을 담고 있다—옮긴이

다는 가정이 현재로서는 공식적으로 받아들여지고 있으며, 이들은 그 이후 단체 이름을 '지속가능한 개발을 위한 세계기업협의회'로 바꾸고 훨씬 더 많은 회원을 받아들였다.

리오 선언은 '각국의 자국 자원 활용에 대한 주권적 권리'를 인정하였다. 하지만 사실상 자원과 환경을 '이용할 수 있는 권리'를 갖고 있는 것은 이들 국가 내에서 활동을 승인 받은 기업체들이다. 각국은 초국가적 투자자본 유치를 위해 경쟁한다. 저임금이면서도 순응적이며, 높은 생산성을 갖춘 노동력을 제공함과 동시에 최소한의 환경 및 사회적 규제를 제안하는 국가에게 승산이 가장 크기 마련이다. 따라서 1997년 이래 2천7백억 달러의 외국인 직접투자를 유치한 중국이 해외투자 유치에서 가장 성공적인 위치를 차지하고 있는 것은 놀라운 일아 아니다.

자유시장의 기본 논리란 상품, 서비스, 그리고 자연환경까지 포함한 모든 것이 자신의 영역 내부로 편입되어 자유로이 거래될 때까지 확장하는 것이다. 자본주의적 관점에서 보자면 자연환경이란 부동산, 잠재적 건물부지, 원료공급처, 그리고 쓰레기방치장에 불과하다. 미국의 기업경영층에 대한 뛰어난 풍자를 보여주는 윌리엄 해밀턴의 만화 가운데 〈뉴요커〉에 실린 작품 하나에는 다음과 같은 장면이 있다. 기업체 간부 두 명이 회사 전용기 안에서 창밖으로 보이는 땅을 내려다보고 있다. 그리고 한 사람이 다음과 같이 말한다. "이봐 톰, 우리 것이 될 수도 있는 땅이 저 아래에 저렇게나 많은데 말이야, 우리는 너무 조금 가진 거 아닌가?"

국가사회주의 경제 체제가 자본주의 체제만큼이나 환경적으로 잘못된 길을 택하였듯이, 중국과 인도도 19세기에서 20세기를 뛰어넘어 21세기로 직접 진입하기 위해 총력을 기울이고 있는 듯하다.

이들은 서구가 택했던 파괴적 방식을 피하여 21세기로 진입하는 방법을 채택하는 대신 서구의 어리석은 개발 진로를 그대로 답습하길 '원하고' 있다.

환경보호가 기업의 이윤창출에 도움이 된다거나, 회피할 방법이 없는 법적 구속력이 작동하거나, 아니면 기업의 명성에 심각한 타격이 예상되지 않는 한 기업 스스로 환경보호에 관심을 가지리라 기대할 수는 없다. 기업의 지상과제란 시장점유율을 유지, 개선하며 첨예한 경쟁이 펼쳐지는 업계에서 이윤을 창출하는 것이다.

아무리 큰 초대형기업일지라도 기업의 생존을 위해서는 인적, 자연적 손실에 대해 기업이 아닌 다른 누군가가 대가를 지불하도록 만들기 위해 '노력해야만' 한다. 경제학자들은 이를 '생산비용의 외연화'라고 한다. 기업체 외부의 누군가가 이 비용을 지불하거나, 그도 아니면 자연 스스로가 이를 감당하게 되는 것이다. 기업은 이런 비용을 자신이 부담하게 될 경우 제품가격이 인상되고, 그렇게 되면 소비가 감소할 것이며, 경제활동이 위축되고 기업경영이 어려워지면서 실업문제가 더 심각해질 거라는 주장을 펼치며 이 비용의 부담에 대해서는 확고한 거부 입장을 보인다(관련 원칙이 모든 이들에게 공평하게 적용된다면 이러한 주장은 성립될 수 없지만, 신자유주의적 세계에서 그런 경우란 거의 없다).

환경을 최대로 고려한 생산방식이 가장 효율적이며 따라서 가장 큰 수익을 남길 수 있는 방식임을 오늘날 일부 환경 관련 사상가들과 경제학자들이 입증해 보이고 있기 때문에 이를 토대로 소박한 희망을 품어볼 수도 있을 것이다. 하지만 이 같은 메시지가 받아들여지기까지는 많은 시간이 걸릴 것이다. 나는 이 글의 뒤쪽에서 더욱 급진적인 방법 몇 가지를 제시하려 한다.

사회적 결정에 대한 권한

시장이 매우 강력하고 가혹한 효율성을 발휘할 수 있는 효과적 방식이라는 점은 분명하다. 하지만 시장이 우리를 대신하여 사회, 그리고 환경에 관련된 선택을 하도록 해서는 안 된다. 민주적 논의를 통하여 시장에 한계점을 부여하고, 시장에서 판매되고 구매될 수 있는 상품과 서비스의 종류를 결정하고, 오늘날 외연화되어 있는 비용을 누가 책임져야 할 것인지를 판단하는 것은 사회의 몫이다. 이런 문제는 모든 사람의 상황을 결정짓는 권력과 관련되어 있기에 본질적으로 정치적인 사안이다.

우리 시대의 진지한 논의—실제로는 거의 이루어지지 않지만—는 이러한 한계점에 대해 다루어야 하며, 무엇보다도 규칙 제정의 권한이 누구에게 있는지의 문제를 다루어야 한다. 재난이 계속적으로 반복되고 있음에도 불구하고 대부분 경제학자들은 시장이 자원—자연자원, 인간이 만들어낸 것, 그리고 인간까지 포함한—의 가장 효율적인 배분자이므로 시장이 계속 작동할 수 있도록 내버려 두어야 한다는 주장만 여전히 고집하고 있다. 이들은 폐기물 및 환경파괴에 대한 비용을 매우 높게 책정함으로써 결국 시장이 이에 관련된 문제를 인식하고 처리하도록 만들 수 있을 거라고 한다.

신자유주의 이론가들은 종종 수백만 명이 시장에서 각자 자신의 이익을 추구하는 과정에서 의도된 것은 아니지만 유익한 사회적 결과물이 만들어질 거라고 주창했던, 18세기 자유주의를 수립한 위대한 사상가 아담 스미스를 언급하곤 한다. 여기에 덧붙여 이런 이론가들은 시장이 구속으로부터 자유로워진다면 환경적 측면에서도 바람직한 결과를 이끌어낼 거라고 말한다.

아담 스미스를 생각한다면 안타까운 일이 아닐 수 없다. 그는 자신을 윤리철학자로 생각하였을 뿐 경제학자로 여긴 적은 없었다. 그는 인간을 다른 사람의 선량한 견해에 깊은 관심을 지닌, 그 스스로 이름 붙이기로는 '동료의식'을 지닌 사회적 존재로 인식하였다. 비록 경쟁에 대한 이론을 만들어낸 최초의 사상가이기는 하였으나 스미스는 경쟁 참가자들의 행위를 지켜보며 이에 대한 판단을 내리는 '관중'에 대해 경쟁자들이 깊이 인식하고 있기 때문에 이들이 '서로를 밀치거나 쓰러뜨리는 일은 하지 않을 것'이라는 확신을 갖고 있었다. 현대적 의미에서 본다면 이 경쟁 참가자는 여론을 염두에 둘 것이라는 의미로 볼 수 있을 것이다. 하지만 아담 스미스의 예측과는 반대로, 세계화된 21세기에는 모든 사람이 자신의 시장점유율과 수익에 위협이 되는 경쟁자를 밀쳐내고 쓰러뜨리기 위해 혈안이 되어 있는 것이 현실이다. 그리고 언제나 아담 스미스를 언급하곤 하는 신자유주의자들에게 이러한 현실은 지극히 정상으로 받아들여진다.[13]

개인이 각자의 이익을 추구하는 과정은 사회적으로 바람직한 결과를 낳는다는 아담 스미스의 논리가 1776년 당시 영국이라는 조그마한 섬나라에서는 적절한 것이었을지 모른다. 하지만 그의 추론은 세계화되고 경쟁적인 지구촌 상황에서 이루어지는 인간행위와 그 사회적 결과에 대해서는 올바로 적용되지 않고 있다. 특히 '환경적' 결과물에 있어서는 그 유명한 '보이지 않는 손'과 자본주의 시장의 자율규제 체제가 작동하지 않으며, 작동할 수도 없다. 수십 년 전 큰 반향을 불러일으키며 널리 알려졌던 글 '공유의 비극(The Tragedy of the Commons)'에서 개릿 하딘이 보여주었듯, 경쟁적 상황에서 어민은 가능한 많은 고기를 빨리 잡아야 되고, 벌목꾼은 당장 벨 수 있는 한 많은 나무를 벨 수밖에 없게 된다. 자신의 이익을 추구하는 개인 각자가 자연환경에 대해서는 재앙적 존재가 되는 것이다.[14]

하딘은 자산에 대한 협력적 관리가 이루어진다면 이렇게 공유된 지역—영국의 목초지역이 될 수도 있고 카메론의 산림이 될 수도 있으며, 미국 메인주의 바닷가재 어업장이 될 수도 있다—의 지속적 관리가 가능하리라는 점은 간과하였다. 하지만 이러한 방식의 관리가 성공을 거두기 위해서는 관련 규칙의 제정 및 참가자격 부여의 권한이 해당 조직에 참여하고 있는 사람에게만 주어져야 한다. 이런 조건 하에서는 조직으로부터 사회적 압력이 작용하므로 자신의 몫보다 더 많은 걸 가져가려 하는 개인 행위는 억제되게 된다. 공유 지역의 성공적 관리는 공과 사의 긴장관계보다는 소유권을 중심에 둔 조직과 개인 간의 긴장관계에 따라 더 좌우된다. 모든 이들이 서로 대항하여 경쟁하도록 하며 단기적 관점에서 최대수익을 추구하도록 하고, 공동의 자산을 황폐하게 만드는 것은 자본주의적 개인주의다.[15]

상황은 기업의 경우에도 마찬가지다. 자본주의 경제체제에서, 모든 정유회사와 화학제품 회사는 만약 그것이 최저가의 해결책이라면 필요한 경우—그리고 법을 위반하다 적발되어 회사의 평판이 실추될 것을 두려워하지 않는다면—지중해에 폐기물을 버리거나 선박을 청소하는 것이 자신들에게 이익이 된다. 농민 개인적으로는 환경에 대한 고려는 뒤로 한 채 비료를 사용하는 것이 이득이 된다. 실제로 경영학과에서는 법률 준수에 필요한 비용과 비교하였을 때 법을 위반할 경우 얻을 수 있는 이득은 무엇인지, 위법행위가 적발될 확률은 어느 정도인지를 측정하는 방법을 학생들에게 가르치기도 한다.

무임승차

나는 몇 년 전 터키의 이오니아 해안을 방문할 기회가 있었다. 호텔과 고층 아파트를 건설하기 위한 공사현장의 뜨거운 열기에 묻혀 인근 바다와 해안의 청결을 유지하려는 지역의 노력은 전혀 발붙일 곳이 없어 보였다. 지역의 환경을 보호하는 작업은 공적 영역에서든 사적 영역에서든 집단적 공동노력이 반드시 필요한 일이었기 때문이다. 환경보호는 필연적으로 모두가 함께 참여해야 하는 작업이며, 또한 반드시 강제적 규정이 수반되어야만 한다.

그렇지 않을 경우, 그 유명한 '무임승차의 패러독스'가 즉시 나타나기 때문이다. 환경보존을 위해 독자적으로 먼저 나서는 사람은 모든 비용을 혼자 부담하는 반면 이를 통해 발생된 이득은 다른 사람도 공유하기 때문에 경제적 관점에서 보면 어리석은 행위를 하는 셈이 된다. 지역의 주민단체나 권위 있는 기업협의체, 혹은 국가주도의 집합적 주체가 노골적인 자본주의적 기업가 정신의 발로로 인해 초래된 혼란 상태를 정리하기 위한 구체적 결정을 내리지 않는 한, 또는 기업가 스스로 그렇게 하도록 강요하지 않는 한 환경과 일반인의 건강은 고통 받게 될 것이다.

자본이 마음대로 국경을 넘어 공장 수립을 위한 새로운 부지를 모색하고, 자원을 남용하며, 값싼 노동력을 착취하고, 쓰레기를 무단으로 처리할 수 있다면, 이 같은 자본은 자연히 그 어떤 규제도 거부하려 하게 된다. 자본은 본디 야수의 본성을 지니고 있으므로 이에 대한 어떤 도덕적 판단을 하려는 것은 아니다. 하지만 논의의 편의를 위해 모든 사람이 국제적 규제의 필요성을 인식하게 되었다고 한번 가정해보자. 그런 경우에도 이 체제가 작동하려면 모든 기업과 국가, 가진 자와 가지지 못한 자를 포함한 모두가 동일한 규범을 거의 동시에 채택해야만 한다. 그렇지 않을 경우, 환경보호를 위한 비용을 감수하려는 시도를 우선적으로 시행하는 첫 번째 국가나 기업은 경제적 손해를 보게 될 것이다. 장기적 관점에서는 득을 볼 테지만 자본주의 체제 하에서 그런 시간적 여유는 주어지지 않는다.

올바르게 행위하며 단기적 이익을 넘어서는 판단을 내릴 줄 아는 기업이나 국가에 보상을 제공하는 인센티브 제도가 없는 것이 현실이다. 일부 기업은 스스로 그러한 기준에 따라 행동하고 있다고 주장한다. 만약 이런 주장이 신뢰할 수 있는 검증을 거쳐 입증된다면 이러한 행동은 반드시 환영해야 하고, 해당 기업은 이러한 방식으로 행동함으로써 지출하게 된 비용, 특히 초기비용 측면에서 입은 손실을 보전하기 위한 지원을 마땅히 받아야 할 것이다.

자본주의적 공간, 자본주의적 시간

자본주의 관점에서 바라본 자연이 원료 공급처 및 쓰레기 배출을 위한 장소에 불과하였듯이 시장도 자연적 시간과는 상반된 시간틀에 따라 작동한다. (상품의) 생산과 (생물 및 자연환경의) 재생산은 서로 다른 과정이며, 동일한 시간 논리의 지배를 받지 않는다. 자연의 시간은 인간이 재촉한다고 해서 빨라지지 않는다. 자연은 휴식과 소생을 위한 시간을 필요로 한다. 수요와 공급의 시점이 교차하고 그러한 과정 속에서 가격이 결정되는, 언제나 현재 상태로 달려가는 시장의 속도와 자연의 리듬은 서로 극명한 대조를 이룬다.

그리고 시장에서 느리게 움직이는 자는 빠르게 움직이는 자의 희생양이 될 뿐이다.

    시장에서 행위자는 자연적 시간을 단축하기 위해 최선을 다하지 않을 수 없다. 제품을 더 빨리 생산하기 위한 첫 번째 단계는 보통 이 과정에서 인간을 제외시키는 것이다. 하지만 그런 방식이 불가능하거나 바람직하지 않다고 판단될 경우, 노동자의 작업 속도를 더 빨리 하기 위한 방법을 모색하게 된다. 산업혁명 및 테일러주의(Tailorism, 노동자들이 제품 조립 라인에서 매일 같은 동작으로 로봇처럼 '효율적'으로 작업하는 방식)가 처음 도입되었던 시대 이래로 작업 속도를 둘러싼 마찰은 노사 간 대립의 주요 원인이 되어왔다. 태국에서는 한 공장주가 여공들의 작업 속도를 향상시키기 위해 식수에 각성제를 탔다가 후에 이 여공들이 기형아를 출산한 일도 있었다. 시장은 식물이나 동물도 더 빠르게 성장하기를 원한다. 생물 다양성이 위협받고 있으며 광우병이 출현하는 것도 그다지 놀라운 일이 아니다.

    철학적 측면에서 보자면 경제적 시간과 자연적 시간 사이의 대립은 인식론에 해당하는 문제이다. 즉, 세상을 관찰하고 설명하는 방식 간의 근본적 충돌인 것이다. 여기서 핵심어는 '가역성'과 '불가역성'이다. 아담 스미스의 시대 이래로 통상적인 경제학 교과서는 경제적 과정을 본디 가역적인 것으로 다루어왔다. 이 교과서의 설명에 따르면 토지, 노동, 자본 간의 치환, 그리고 투자, 임대료, 임금, 수익, 그 이외의 여러 독립 변수로 추정되는 것들 사이에서 이루어지는 치환은 어느 방향으로나 자유롭게 끝없이 계속될 수 있다. 경제학자들—마르크스주의 계열까지 포함하여—은 이와 같은 방식의 접근법이 너무나도 단순하고 명쾌해서 무척이나 선호한다. 이 모든 변수는 '본래의 상태'로 돌아갈 수 있다.

안타까운 일이지만, 자연은 뉴턴의 기계적 법칙에 따라 움직이지 않는다. 그리고 자연 체계를 본래 상태로 되돌리기란 불가능하다. 이와는 반대로 자연이 겪고 있는 심각한 변화는 보통 영구적으로 남게 되며, 적어도 가련한 인간의 시간적 범주 내에서는 본래 상태로 돌이킬 수 없다. 열대우림은 한 번 채벌되면 다시 소생하기까지 최소한 400년이 걸리고, 그나마도 결과에 대해 확신할 수 없다고 전문가들은 경고한다.

내가 이 글을 쓰고 있는 2003년 여름 현재, 유럽은 기록적인 더위—역사상 최고로 더운 여름은 아닐지라도—를 겪고 있다. 사람들의 대화는 모두 날씨에 대한 것뿐이다. 또다시 최고 기온이 기록되었다는 보도가 있던 오늘 아침 뉴스에는 식구들에 의해 침대에 묶인 채 구타로 숨진 아홉 살 어린아이에 대한 끔찍한 소식도 포함되어 있었다. 사건에 대한 '책임을 지고 있는' 아이의 부모와 삼촌, 할머니는 즉각 구속되었다.

혹서가 몰아친 기간 동안 프랑스에서는 사망자가 급격히 증가했다. 통계적으로 평년에 비해 만 명 이상이 더 목숨을 잃었다. 병원은 환자로 넘쳐났고, 핵발전소는 과열 위험을 모면해야 했으며, 화재 사건이 급증하고 곡식은 말라 죽어갔지만, 이 모든 일에 대해 책임을 지는 사람은 아무도 없다. 지금 당장 일반 사람들이나 특히 정부가 온실가스 배출을 줄이도록 만들려면 어떤 조치가 필요할지에 대한 생각이 머릿속에 떠오른다. 전례 없이 강한 태풍이 빈번히 몰아치고, 기록적인 더위가 발생하는 현재 상황이 인간의 활동으로 초래된 것임은 더 이상의 증거도 필요 없는 명백한 사실이다.

지구온난화에 책임이 있는 사람들에 대해서는 왜 법의 강제력을 최대한 적용하지 않는 것인가? 지구온난화의 책임이 누구에게 있는지 밝혀내는 일은 충분히 가능하다. 화석연료를 기반으로 하는 경제, 건축 관련 법규, 운송 산업 등에 대한 철저한 분석이 있어야만 한다. 개개인들이 아무리 환경을 최대한 염두에 두고 행동한다고 할지라도 결정적인 역할을 수행할 수는 없다. 개인이 배출하는 온실가스는 전체의 1/4도 안 되기 때문이다. 필요한 지식은 이미 모두 우리 수중에 있고, 문제 해결을 위한 작업을 오늘 당장 시작할 수 있는 기술적 준비도 갖추어져 있지만, 불행히도 우리는 무기력함과 기득권 세력의 지배에서 벗어나지 못하고 있다. 독자들에게는 미안한 일이지만 이렇게 더운 날씨에 땀을 흘리지 않는 일이 불가능한 것처럼 내 감정 표출을 자제하는 일도 불가능하게 느껴진다. 나의 이러한 감정 표출은 내 자녀, 손자, 그리고 우리 모두의 후손에 대한, 또한 인류의 모든 문명, 지구상의 모든 생명에 대한 염려 때문이다.*

엄청난 대재앙의 도래만이 사람들의 태도에 변화를 일으킬 수 있을 것이며, 그렇게 되면 이미 때는 너무 늦게 될 것이다. 나는 내 예상이 틀렸으면 하는 바람을 갖고 있기는 하지만, 상반되는 이해관계뿐 아니라 사실상 순전히 논리적인 이유로 인해서 필요한 조치를 취하는 일이 불가능해지는 것은 아닐까 하는 생각을 하게 된다. 지구온난화로 인해 이미 엄청난 경제적 여파가 일어나고 있지만 신자유주의 경제학으로는 문제의 근원을 치유할 수 없다. 우리가 현재 의존하고 있는 경제지표로는 재난 예측이 불가능하다. 시장이

---

* 내가 냉정을 되찾은 후 자료를 확인해본 결과 독일이나 덴마크의 경우와 마찬가지로 영국 또한 풍력을 이용하는 것이 온실가스의 감소뿐 아니라 일자리 창출과 수출 증대에도 기여할 수 있다는 점을 인식한 듯 보인다.

곧 다가올 환경재난에 대해 우리에게 때맞추어 알려주는 일은 절대로 없을 것이다. 하지만 그럼에도 불구하고 우리는 시장이 그러한 역할을 해주리라 기대하며, 또 요구하고 있다.

사실상 모든 경제적, 정치적 결정을 내리기 위해 시장의 여러 지표, 특히 가격 변동에 의존하는 일에 너무나 익숙해져 있는 까닭에, 우리는 환경파괴라고 하는 중요한 영역에 대해서는 시장이 굳게 입을 다물고 말 것이라는 사실을 간과하고 있다. 우리는 자연현상에 대해 정적이고, 기계적이며, 가역적인 방법론들을 계속 적용하고 있다. 실상 자연을 움직이는 것은 동적이고, 예측불가능하며, 불가역적인 힘인데도 말이다. 여기 또 한 가지 예가 있다.

시장 중심적인 일반적 견해를 따를 경우, 하나의 단위―예를 들어 이산화탄소―가 생태계에서 1+1+1과 같은 식으로 일정한 비율로 증가한다면 이를 그래프로 나타낼 경우 멋지게 뻗어가는 일정한 기울기의 직선으로 표현할 수 있을 것이다. 이처럼 이상화된 그래프 상의 직선은 이론적으로는 일정하게 무한대로 계속 뻗어나갈 수 있다. 하지만 실제 자연에서는 이산화탄소의 증가가 어느 순간 갑작스럽게 예측을 벗어난 방향으로 발전하여 이 그래프 상의 직선이 곡선을 그리며 치솟아 오를 수도 있다. 시장은 절대로 우리에게 사전경고를 해주지 않으며, 이미 때늦은 시점이 되어서야 비로소 사태의 심각성을 알려주는 역할을 할 뿐이다.

자연환경은 우리의 초보적 수학 실력으로는 파악할 수 없는 대상이다. 자연은 복잡하기 그지없는 상호작용들의 연결고리, 상대적으로 급작스럽게 느껴질 수도 있는 시스템의 붕괴와 재조직 등으로 특징지을 수 있는 복잡한 존재다. 비주류에 속한 몇몇 경제학자들은 퍼 백(Per Bak)과 같은 과학자들의 말에 귀를 기울이기 시작했다. 그는 거대하고 복잡하며 상호작용하는 여러 체계들의 관계 속에서 예측 불가능한 작은 사건이 체계의 붕괴를 초래할 수 있는 연쇄작용을 만들어내는 상황이 올 수 있음을 보여준 바 있다. 연쇄반응 효과는 때로 '모래성 효과'로도 설명되는데, 잘 쌓여 있던 모래더미라 하더라도 마지막에 올려놓는 아주 적은 모래로 인해 무너져 내리는 현상을 빗대어 설명한 것이다.

심지어 시장의 가격기제로는 통상적 경제학의 토대를 이루는 재화의 가치에 대한 파악도 불가능하다. 어떤 대상이 가치를 갖고 있다는 것은 그 대상의 판매 및 구매가 이루어질 수 있음을 의미한다. 어떤 대상이 가치가 없다면 가격이 형성될 수 없고 따라서 시장의 형성도 당연히 불가능하다. 시장이 만들어낸 '오염배출 허가권' 제도가 매우 유사한 형태를 지니고는 있으나 현재까지 공기를 판매할 수 있었던 사람은 없었다.

이론적으로 재화는 희소성이 있을수록 가격이 높아진다. 하지만 지구 남반구에서는 매우 많은 사람들이 수출을 통한 이익을 얻기 위해 서로 경쟁하고 있으며, 제한된 종류의 동일한 원자재들을 수출하고 있다는 사실을 상기해보자. 이들 품목의 수출이 많이 이루어지고 있다는 점은 이들 품목의 가격이 실제적인 희소성과는 상관없이 낮게 형성될 것임을 의미한다. 공급이 계속되는 한 시장은 어류, 산림, 그리고 토양과 같은 자연자산의 고갈에 대해서는 전적으로 무관심한 모습을 보인다. 어떤 품목이 절대적으로 얼마나 고갈되었는가에 관계없이 물량이 조금이라도 남아 있는 한 수출은 계속될 것이다. 어떤 재화의 비축량이 얼마나 남아 있는지, 그리고 우리가 의존하고 있는 자연계가 얼마나 연약한 존재인지에 대해 시장의 가격기제는 우리에게 어떤 것도 말해주지 않는다.

파괴행위에는 값비싼 대가가 따른다. 아르헨티나는 현재 장기적이고 소모적이며, 사회적으로도 크나큰 해악을 끼치는 재정난을 겪고 있다. 부채 수준이 엄청난 까닭에 아르헨티나는 이 부채에 대한 이자를 갚기 위해 무엇이든 수출해야 하는 상황에 처해 있다. 유엔환경계획(UNEP)의 사무총장은 아르헨티나의 어획량이 1985년 이래로 다섯 배나 증가했으며 관련 기업들은 대략 16억 달러의 수입을 거두었다고 밝혔다. 이를 좋은 소식으로 받아들일 수는 없는데, 유엔환경계획에 따르자면 어류 개체수 손실을 근거로 산정하였을 때 어류의 고갈로 인한 순수 '비용'이 대략 5억 달러에 이르기 때문이다.

주류 경제학자들은 나와 같은 이들이 쓸데없는 걱정을 하는 것이라고 말한다. 이들 대부분은 자연의 한계를 받아들이지도 않을뿐더러 환경을 포함한 인간의 모든 문제를 시장을 통해 해결할 수 있다고 믿는다. 예를 들어 세계은행의 수석 경제학자로 활동했으며 후에 미국 재무부 국제담당 차관을 지낸 래리 서머스의 견해를 한번 살펴보자. 서머스는 미국에서 가장 오랜 역사를 자랑하며 아마도 최고 대학으로도 꼽을 수 있을 하버드 대학의 총재로 재직 중이지만, 그렇다 하더라도 그가 환경문제에 대해 전혀 아는 바가 없다는 사실에는 변함이 없다. 서머스는 "아프리카는 오염이 너무 덜 되어 있으므로 다른 지역에서 폐기물을 수입해 수익을 올려야 한다"는 발언이 외부로 알려지면서 유명세를 타기도 했다. 이후에 서머스는 요점을 분명히 하기 위해 일부러 과장된 표현을 썼을 뿐이라고 해명했다. 하지만 서머스의 다음과 같은 반환경주의적 발언 때문에 그런 변명으로는 비난을 피할 수 없을 듯 보인다.

지구의 포용능력이 가까운 미래에 한계에 이르는 일은 없을 것이다. 지구온난화나 여타의 다른 이유로 인해 인류의 종말이 다가오리란 우려는 필요치 않다. 이 세계가 끝도 보이지 않는 심연의 낭떠러지 위에 놓여 있다는 생각 또한 완전히 그릇된 것이다. 자연의 한계능력을 고려하여 우리의 성장에도 제한선을 두어야 한다는 생각은 절대적으로 잘못된 것이며, 만약 이러한 생각이 영향력을 갖게 된다면 엄청난 사회적 비용을 초래할 것이다.[16]

위와 같은 서머스의 생각은 영국 옥스퍼드의 밸리올 대학 명예교수이며 세계은행 자문역을 맡고 있는 윌프레드 베커만의 반환경적 소논문「작은 것의 오류: 환경론자들에 대한 반론」에서도 잘 드러나 있다. 베커만은 생태주의자들이 멜로드라마에서나 있을 법한 재난상황을 지어내고 있다고 비난한다. 서머스를 포함한 여타의 주류 경제학자들과 마찬가지로 베커만도 환경 관련 문제들에 대한 해답을 경제성장에서 찾을 수 있다고 주장한다.[17]

우리가 부유해질수록 더 많은 자금을 환경 복구와 유지에 사용할 수 있을 것이라고 이들은 주장한다. 또한 설령 이에 필요한 기술이 지금은 없을지라도 우리 후손들은 그 기술을 개발할 수 있을 것이라고도 한다. 게다가 베커만은 경제 발전 자체가 사람들이 환경에 더 큰 관심을 갖도록 하는 데 기여하고 있다고 주장한다. "기본적 욕구 충족에 우선순위를 두었던 사람들의 태도가 환경에 관심을 갖고 환경보호를 위해 더 큰 투자를 하려는 방향으로 선회하게 된 것도 경제성장 덕분이다"라고 베커만은 말한다. 1992년 브라질 리오에서 개최되었던 지속가능한 개발에 대한 회의에서 기업계가 취했던 기본 입장도 위와 같은 것이었다.

경제계, 혹은 생태계

경제를 하나의 완전한 체계로 인식하고서 자연을 포함한 여타의 모든 것들을 경제의 하위에 종속시키는 세계관이 어떤 것인지의 예를 서머스와 베커만은 여실히 보여준다. 하지만 시선을 돌려 창밖만 보더라도 인간이 만들어낸 경제란 인간조차도 하나의 작은 구성원에 불과한 자연세계의 테두리 안에서 작동하고 있다는 사실을 깨닫게 된다.

이 사실은 너무나 간단하면서도 분명하기에 오히려 간과될 때가 많다. 지구촌 경제를 훨씬 더 현실적이고 분별 있는 방식으로 바라보는 것도 가능한 일이다.* 하지만 불행히도 이러한 사고방식은 경제학자들의 복잡한 수식과 정치가들의 의제 속에 아직 자리 잡지 못하고 있다.

인간의 경제활동을 하나의 네모난 상자로 가정해보자. 이 상자는 생태계라는 공간 안에 놓여 있으며, 이 생태계는 넓지만 여전히 한정된 공간이다. 우리가 자원을 절약하고 오염 물질 및 쓰레기의 관리를 더욱 현명하게 하더라도 결국 생태계의 수용능력을 늘릴 수는 없다. 인간의 기술이 아무리 발전하더라도 말이다.

인류가 만들어낸 경제는 생태계로부터 고급 에너지와 원료를 '수입'하고(공급처로서의 생태계) 이들을 생산에 이용하며, 그 후에는 쓰고 남은 형태의 에너지(열)와 쓰레기를 생태계로 '수출'한다(배출구로서의 생태계). 자연이 우리에게 제공해주고, 또 우리로

---

* 이러한 견해는 1970년대 초반 니콜라스 조르제스쿠-로건에 의해 처음 생겨났으며 그 이래로 허먼 달리와 프랑스의 르네 파세와 같은 생태경제학자들에 의해 널리 알려졌다.

부터 받아들일 수 있는 정도는 여기까지다. 공급처로서, 또한 배출구로서 자연의 역량에는 한계가 있다. 무엇보다 중요한 사실은, 생태계를 인간의 경제활동이라고 하는 작은 상자 속에 담을 방법은 없다는 것이다.

경제학에 대한 이 같은 대안적 견해는 열역학 법칙, 물질과 에너지의 순환, 방출되는 열과 폐기물, 그리고 엔트로피 개념 등에 대한 이해를 근거로 삼고 있다. 이러한 사고방식을 일단 채택하면 그 진실성을 도저히 부인할 수 없게 되지만, 경제학자들에게 이 같은 진실을 받아들이도록 만들기란 믿기지 않을 정도로 어려운 일이다.

체계 수준의 분석을 이해하는 사람이라면 하위 체계의 법칙이 전체 체계의 법칙을 지배하지 않는다는 사실에 동의할 것이다. 어쩌면 이런 이유로 경제학자들—존경할 만한 일부 예외적 인물은 제외하고—은 경제라는 조그만 상자 주위에 생태계를 의미하는 원을 그려 넣기를 주저하는 것인지도 모른다. 그렇게 되면 그들은 생태계가 전체 체계이며 인간의 경제활동이란 갈수록 파괴적이 되어가는 하나의 하위 체계에 불과하다는 사실을 인정해야 할 것이기 때문이다.

이러한 인식은 현실적으로 매우 큰 의미를 내포한다. 그중 하나는 경제의 규모가 결정적 중요성을 갖게 된다는 점이다. 경제의 규모를 나타내는 상자의 크기가 생태계의 전체적 수용능력과 비교하였을 때 18세기나 19세기처럼 비교적 작다면 문제가 없다. 그러나 1900년 한 해 동안의 전 세계 총생산량에 맞먹는 물량을 오늘날 우리는 단 2주 만에 만들어내고 있다. 현재 추세대로라면 세계 경제의 규모는 25년 이내에 두 배로 증가할 것이다.

일부 생물학자들에 따르면, 인간은 생물학자들이 '1차 에너지 총량(태양을 이용하여 지구상에서 생성되었거나, 현재 생산되고 있는 에너지의 총량)'이라고 부르는 것의 40%가량을 이미 사용하고 있다. '1차 에너지 총량'의 소비에 대한 분석을 이용하면 식량, 연료, 섬유 및 식물을 통해 얻을 수 있는 기타 생산물에 대한 인류의 소비량이 어느 정도인지, 또한 산림채벌, 어류의 과잉 포획, 사막화 등으로 인해 인간이 생태계의 잠재능력을 얼마나 파괴하고 있는지 측정할 수 있다. 인류에 의한 '1차 에너지 총량'의 소비는 대략 25년을 주기로 두 배씩 증가한다고 추정되고 있다. 만약 이들 수치— 이 점에 대한 자세한 내용을 다룬 과학 논문이 1986년에 발표되었고, 2001년에는 이들 내용을 확인하는 또 한 편의 논문이 발표된 바 있다—가 정확하다면, 현재 추세가 계속될 경우 인간에 의한 '1차 에너지 총량' 소비는 2015년에 80%에 달하게 되고, 2040년에는 160%에 이르게 된다. 그렇게 되면 인류는 지구에게 작별인사를 고하지 않을 수 없게 될 것이다.[18]

게다가, 캐나다 밴쿠버 대학의 윌리엄 리스 교수와 매티스 웨커내글 교수의 연구에 의하면, 현재 전 세계적으로 소득 기준 상위에 속하는 15억의 인구가 자신들만을 위하여 '지구 전체의 생물리학적 생산량을 모두 소비하고 있다'고 한다. 래리 서머스가 사용하고 있는 '지구의 수용능력'이라는 표현은 이미 확연히 그릇된 개념을 내포하고 있는 것이다. 이와 같은 상황에서라면 자연환경의 파괴는 갈수록 더욱 빠르게 진행될 것이다.

밴쿠버 대학의 이 교수들은 이러한 현상을 '생태영향지수'라는 개념으로 표현하고 있는데, 이는 인간이 생태계에 끼치는 영향을 개인별 소득과의 관계 속에서 측정하기 위한 새로운 단위다. 이 기준으로 보면, 자연이 수용하고 있는 인류의 숫자만이 문제가 되는 것은 아니다. 인간 중에는 다른 사람들보다 '더 큰 비중을 차지하는 사람들'이 있기 때문이다. 부유한 사람들은 가난한 사람들에 비해 훨씬 많은 양을 소비하므로 더 많은 공간을 차지하고 '무게'도 더 나간다.[19]

'생태영향지수'라는 새로운 측정 단위에 대한 리스 교수의 표현을 살펴보자.

    '생태영향지수'란, 일정한 숫자의 사람들이 특정한 물질적 생활 수준을 유지하기 위해 필요한 자원을 생산하고 '쓰레기'를 처리할 수 있는, 육지 및 해양 생태계의 면적이다. (강조는 리스 교수에 의한 것)

위의 계산법을 적용한 생태학자 허버트 지라르데는 영국 인구의 12%를 차지하고 있는 런던이 런던 토지 면적의 125배에 달하는 생태영향지수를 나타냈고, 영국 내 생산성 있는 모든 토지에 맞먹는 면적이 이 도시의 유지를 위해 필요하다는 결론을 내렸다. 리스 교수 자신이 살고 있는 밴쿠버도 도시 면적의 174배에 달하는 생태적 공간을 필요로 하고 있으며, 네덜란드도 국토 표면적의 5~7배에 달하는 생태계 면적을 필요로 하고 있다.[20] 인구증가가 현 추세대로 계속되어 지구 전체 인구가 100~110억에 달하게 되면, 앞으로 더 이상의 환경파괴가 일어나지 않는다고 가정하더라도 인류는 5~6개의 지구를 더 필요로 하게 될 것이다.

경제발전의 종착역

이들 생물학자 및 생태학자들이 제시한 수치가 정확한 것은 아니라 할지라도 우리가 직면하고 있는 생태계적 딜레마가 무엇인지는 잘 보여준다. 인류는 다른 동식물들의 존재에 의존하여 살아가고 있으므로 '1차 에너지 총량'을 인류가 독차지한 채 여타의 동식물들이 사용할 것을 남겨두지 않는다면 이는 인류의 자멸을 초래하는 결과를 가져올 것이다. 게다가 기술이 발전하더라도 '1차 에너지 총량'이 상당한 정도로 증가되는 일은 없을 것이다. 다보스 세계경제 포럼이나 빌 게이츠, 또는 그 누구도 이에 대한 관리나 책임은 맡고 있지 않다. 역사상 최초로 인류는 자연적 난관뿐 아니라 수학적이며 논리적인 난관에도 봉착해 있지만, 인류는 이러한 사실을 받아들이지 못하고 있는 듯 보인다.

지속적 성장만이 우리가 직면한 모든 문제에 대한 해답을 제공해줄 것이라는 믿음이 팽배해 있는 상황이므로 경제학자들이 생태주의적 세계관을 거부하는 것도 놀라운 일은 아니다. 하지만 지금은 세상을 떠난 생태주의 경제학자 케네스 보울딩이 우리에게 상기하였듯 '성장하는 것은 커지기 마련'이다. 성장은 해결책이 아니라 해결되어야 할 문제다. 대부분의 경제학자들에게 이러한 생각은 절대적 이단이며, 검토나 토론의 주제로 삼을 수 없을 정도로 충격적인 것이다. 물리적, 생물학적 현실의 부인이 사고와 생활의 한 양식으로 자리 잡고 있는 셈이다.

일부 경제학자들은 인공적 자원이 자연 자원을 대체할 수 있다는 주장으로 딜레마를 피해보려 한다. 즉, 인간이 지구로부터 얼마만큼의 자연 자원을 착취하는가, 하는 문제가 더 이상은 중요하지 않게 될 정도로 기술을 발전시키면 된다는 주장이지만, 이 또한 기만적 발상이다. 대부분의 인공 자원은 아직까지 자연 자원에 직접적으로 의존하고 있다. 허먼 데일리가 제시한 비유를 들어 설명해보자면, 나무가 없다면 제재소가 몇 개가 있든 소용이 없는 것이고, 바다에 고기가 없다면 어선이나 통조림 공장은 아무리 많아도 의미가 없는 것이다. 이산화탄소를 대기 중에 배출하는 경우처럼 자연이 배출구로 기능하는 상황에서 그 어떤 인공 자원이 심각한 기후변화로 인해 초래되는 결과로부터 우리를 구해줄 수 있을 것인가?

우리가 생태주의 경제학자들의 기존과는 다른 시각과 대안적 논리를 받아들인다면, 그리고 자연이 하나의 전체적 체계이며 인간의 경제 활동이란 전체 체계의 지배를 받는 하나의 하위 체계에 불과하다는 사실을 인식한다면 어떻게 될까? 그렇게 되면 편안한 삶과는 이별을 고할 수밖에 없을까? 실상은 전혀 그렇지 않다. 생태계가 전체적 체계이며 경제란 하위 체계에 불과하다는, 그다지 낭만적이지 않은 현실적 관점으로도 우리는 우리가 필요로 하는 모든 것을 얻을 수 있는데, 이는 우리의 삶과 미래가 바로 이 사실에 달려 있기 때문이며, 이러한 관점에 근거한 삶이 실제로도 더 나을 것이기 때문이다.

이 문제를 현실적 차원에서 살펴본다면, 지금과는 다른 시각과 대안적 전제를 받아들일 경우 떠오르는 첫 번째 질문은 '경제가 얼마나 더 성장할 수 있을 것인가?'이고, 두 번째 질문은 '경제가 얼마나 더 성장하는 것이 바람직할 것인가?'이다. 경제 규모가 25년마다 두 배로 성장할 수는 없을 것이다. 이는 너무나 이상적인 바람에 불과하다. 우리가 오늘날 성장이라고 부르는 것의 상당 부분은 소득으로 환산된 자연 자원의 파괴에 지나지 않는다.

게다가, 이른바 '성장'이라고 하는 것의 대부분은 우리를 더욱 가난하게 만들거나, 혹은 과거의 경제적, 사회적 실패를 벌충하려는 헛된 노력에 지나지 않는다. 수감 시설의 건축이나 복원수술, 암 치료, 자동차 도난방지장치, 테러 후 재건축, 전쟁 등의 모든 것이 소위 말하는 발전을 이루는 것들이다. 수감자 수가 늘어나고, 더 많은 절도와 암이 발생할수록 바람직하다는 결론을 내리는 것은 가당치 않을 것이다.

경제성장이 한때 전반적인 복지증대와 매우 밀접한 상호관련을 맺었던 것도 사실이다. 하지만 그것도 이미 수십 년 전의 이야기일 뿐이다. 갈수록 더 많은 경제활동이 이제는 대부분의 사람들에게 불필요한 영역에서 일어나고 있다. 앞으로는 환경오염 개선을 위한 조치들이 경제성장을 이끌어나갈 사업 중에서도 틀림없이 상위에 자리할 것이다. 그런 일을 벌이기에 앞서 환경을 깨끗이 유지하면 될 것 아닌가? 경제성장 없이도 인류의 전반적 복지개선은 가능한 일이다.

통계학자들은 현재의 경제성장 중에서 과거의 잘못을 보상하기 위해 발생하는 성장의 비율이 얼마나 되는지를 측정할 방법조차 모르고 있다(그런 방법을 알고 있다고 하더라도 실제로 측정할 수는 없을 것이다). 국가별 공식보고서에는 부와 복지를 가져다주는 긍정적인, 진정한 의미의 성장과, 우리를 더욱 빈곤하게 만드는 성장이 구별되어 있지 않다. 내가 알기로는 이 두 가지를 구분하려는 진중한 시도가 오직 노르웨이와 네덜란드에서만 있었다. 프랑스에서는 패트릭 비브레가 진정한 부를 구성하는 것이 무엇인지, 그리고 이것을 어떻게 측정할 것인지에 대한 선구적 작업을 진행하고 있다. 하지만 대부분의 경우 우리는 엄청나게 복잡한 경제구조를 허

술하기 이를 데 없는 도구를 이용하여 이해하려 애쓰고 있다.[21]

새로운 세계의 가능성

우리의 세계관을 어떻게 하면 조금 더 세련된 것으로, 아니면 적어도 덜 투박한 것으로 변화시킬 수 있을까? 환경문제에 대한 인식이 널리 확산된다고 하더라도 그 자체만으로는 정책상의 변화를 확실히 이끌어낼 방편은 절대 될 수 없을 것이다. '의식의 제고'는 새로운 세력균형의 형성을 위한 대안이 될 수 없다. 변화를 위해 우리는 지구촌 정의실천 운동의 내부에까지 존재하고 있는 타성과 무관심에 맞서 싸워야 할 뿐 아니라, 앞서 제기한 여러 이유로 인해 자신들만의 이익을 우선시하는 수많은 기득권 세력과도 싸워야 한다. 이 문제에 대해서는 차후에 다시 다룰 것이다.

최초의 환경 관련 정상회담이었던 리오 회의(1972년 스톡홀름에서 개최되었던 선구적 회담을 제외한다면)로부터 10년의 세월이 흐른 2002년에 '지속가능한 개발'을 주제로 한 세계 정상회담이 요하네스버그에서 개최되었다. 요하네스버그 회담은 환경과 빈곤 두 가지 문제를 모두 다룰 예정이었으나, 진보 진영의 우려대로 협상 진전을 미국이 모두 방해함으로써 암담한 실패로 끝나고 말았다.

본격적 개발도상에 있는 국가들이 친환경적 에너지 사용과 친환경적 생산방식을 즉각 채택하지 않는다면 지구상 모든 이들을 빈곤에서 구제하고 인간다운 생활수준을 누릴 수 있도록 하는 일은 불가능해질 것이다. 중국과 인도의 사례에서 볼 수 있듯이 저개발 국가들이 자발적으로 당장 그런 선택을 내리지는 않을 것이다. 비용이 많이 들기 때문이다. 중국과 인도의 20억 인구가 계속해서 화석연료를 사용한다면—현재 추세로는 그러할 것이 분명해 보이는데—의심의 여지없이 참혹한 결과를 가져올 영구적 기후변화는 절대 피할 수 없는 일이 될 것이다. 이런 악순환의 고리는 오직 세계 여러 나라들이 재정 부담을 나누어 짊어짐으로써만 끊을 수 있다.

선진국에서는 생산방식의 변화가 반드시 있어야 한다. 이 일이 기존의 소비습관을 변화시키는 일만큼이나 어렵다고 할지라도 말이다. 윤택한 삶을 포기하지 않으면서도 자연환경을 우선시하는 경제로 변환하는 작업은 충분히 가능하다. 독일 부퍼탈연구소(Wuppertal Institute)의 에른스트-울리히 폰 바이체커가 펴낸 『4배로 잘 사는 법: 자원소비는 반으로, 소득은 두 배로』라는 책은 생활수준을 유지 혹은 개선하면서 환경에 대한 부담은 감소시킬 수 있는 방법에 대한 여러 사례를 보여준다.*

경쟁, 그리고 만인에 대한 만인의 투쟁을 통한 에코-노모스적 자본주의 시장 중심의 세계화 접근 방식으로는 집단적 재앙만이 초래될 뿐이다. 이와는 반대선상에 위치한 에코-로고스적 견해는 사람들 간의 조화, 그리고 사람과 자연과의 조화가 우리의 선택에서 중심 위치를 차지할 수 있도록 한다. 세련되지 못한 다원주의로 무장한 환원주의적 견해는 드디어 도전에 직면해 있다. 인간의 성공이 '적자생존'이란 이름의 법칙에 따라 결정되는 것이 아니라는 사실을 갈수록 많은 사람들이 깨닫고 있다. 인류가 우선 경제적 잉여생산물을 만들어내고 뒤이어 문화와 예술을 만들어낼 수 있었던 것은

---

* 폰 바이체커는 본래 이 책의 제목을 '10배로 잘 사는 법'으로 지으려 했다. 그는 친환경적 방법을 이용함으로써 지구에 대한 인간의 폐해를 그 정도로 감소시킬 수 있을 것이라 확신했기 때문이었다. 하지만 출판사가 이를 받아들이지 않았다.

협동과 협력을 통해서였다.
　이번 장은 일종의 선문답으로 마무리하려 한다. 옥스퍼드에서 출발한 여러분은 런던으로 가려 하였으나 길을 잘못 들어 맨체스터로 향하는 길을 달리고 있다. 그렇다면 해결책은 무엇일까? 맨체스터 방향으로 더 속력을 내어 달리는 것이 아니라, 우선 차를 멈추고 방향을 돌려 다시 런던 쪽으로 향하는 것이다.

3^장   세계화의 행위자

  이번 장에서는 공공 및 민간 부문 양쪽의 세계화와 관련된 주요 행위자를 살펴보고자 한다. 이 가운데 일부에 대해서는 앞에서 이미 간략히 언급하였지만, 이번 장에서는 우리의 경쟁자로서의 그들의 역할에 대해 다시 검토해보겠다.

공공 부문

1. 세계은행과 IMF

  그 규모와 복잡한 구조 및 영향력을 감안한다면 이 두 조직에 대해 여기서 할애할 수 있는 지면은 너무나 제한적이다. 나는 1995년에 세계은행만을 주제로 한 권의 책을 공동으로 저술한 바 있다.[22] IMF 또한 전 세계를 대상으로 자금을 빌려주는 역할뿐 아니라 그 외에도 다른 여러 기능을 수행하고 있다.

쌍생아와도 같은 이 두 조직은 1944년 미국의 뉴햄프셔주 브레턴우즈에서 개최된 그 유명한 회의에서 탄생했다. 이 두 조직의 수립을 위한 기초는 영국의 경제학자 존 메이나드 케인스와 그의 미국 측 상대자였던 해리 덱스터 화이트에 의해 만들어졌다. 이런 이유로 세계은행과 IMF는 때로 '브레턴우즈 체제', 또는 '케인스의 쌍생아'라고도 불린다. 이 두 조직은 설립 당시에는 두려움의 대상과는 거리가 먼 존재들이었다. 설립 당시에는 사실상 두 조직 모두 진보적 기구들이었다. 세계은행—공식 명칭은 '재건 및 발전을 위한 세계은행'이다—은 전쟁으로 파괴된 유럽을 가능한 빠른 시일 내에 재건하는 것이 목적이었다. 세계은행은 전쟁으로 파괴된 유럽의 기반시설 복구를 위해 대출을 제공하였으나, 케인스는 전쟁을 겪은 국가들뿐 아니라 식민지로부터 해방된 국가들까지 염두에 두었고, 그래서 '발전'이란 단어가 은행의 공식명칭에 덧붙여지게 되었다.

IMF는 국제수지에 일시적 문제가 생긴 국가에 대출을 제공하기 위한 기관이었다. 즉 특정 국가가 보유현금의 고갈로 인해 세계무역체제로부터 이탈할 위기에 처했을 때 대출을 제공하는 것이 그 설립 목표였다. 두 기관 모두 특정 국가의 국내 정책에 관련된 문제에 대한 심판관 역할은 맡지 않았으며, 특정 정책의 실행을 조건으로 대출을 제공하지도 않았다.

두 기관의 자금은 부유한 국가의 기부금으로 거의 전액 충당되었고, '1달러당 1표'라는 투표체계가 이런 불균형을 반영하였다. 예를 들어 85% 이상의 찬성을 얻어야 하는 주요 결정에 대해 미국은 거의 언제나 거부권을 행사할 수 있을 정도의 충분한 투표권을 갖고 있었던 것이다.

　IMF와 세계은행은 세계적 공복(公僕)으로서 위임받은 자신들의 역할을 충실히 수행하였다. 20년 내지 30년에 걸친 기간 동안 이 조직들은 대체로 눈에 뜨이지 않았다. 세계은행은 유럽에서 자신의 역할을 마무리한 후에는 발전 도상에 있는 제3세계 국가들을 대상으로 한 대출업무를 시작하였고, 이번에도 대출의 대상이 되는 주요사업은 도로, 항만, 발전시설과 같은 기간산업들이었다. 예견되었던 바와 같이 IMF는 국제수지 관련 문제를 겪고 있는 국가를 구제할 목적으로 대출을 실시하였고 해당 정부가 지불 능력을 회복하면 곧 자금을 다시 회수하였다.

　그러던 중 세 사건을 통해 모든 것에 변화가 있게 된다. 첫 번째 사건은 1968년 로버트 맥나마라가 세계은행의 총재직을 맡게 된 것이었다. 맥나마라는 포드의 회장을 역임한 후 베트남 전쟁 기간 동안 미국 국방장관을 역임한 인물이었다. 맥나마라는 취임 즉시 자신이 새로 맡은 조직에 대한 정비에 착수하였다. 맥나마라는 대출자금을 더 많이 확보하려고 국제자본시장에 세계은행의 채권을 풀었다. IMF와 마찬가지로 세계은행도 법규정상 각국 정부의 우선상환 대상기관이었으므로 세계은행이 발행한 채권은 최상등급으로 거래되었고, 세계은행은 채권 발행을 통해 엄청난 신규자금을 끌어모을 수 있었다.

　오래지않아 세계은행 직원들도 깨닫게 되었지만, 맥나마라의 야심은 가능한 많은 돈을 풀어놓는 것이었다. 직원들은 그 시점부터 자신이 대출을 지원한 프로젝트의 질이 아니라 제3세계 정부를 대상으로 얼마만큼의 자금을 대출하였느냐, 즉 양에 따라 보상을 받게 되었다. 이러한 자금을 마냥 반갑게 받아들인 제3세계 정부들은 설계와 시공을 선진국 기업에 위임하는 대단위 공장건설 사업과 위험성이 높은 여러 사업을 추진하였고, 이 공사와 사업들은 곧 파산하거나 쓸모없는 것이 되고 말았다.

두 번째로 일어난 사건은 1973년 석유수출국기구(OPEC)가 원유가를 네 배로 인상하면서 발생한 석유파동이었다. 비산유국들은 큰 곤경에 빠져들었다. 당시로서는 대체 에너지원을 찾는 일이 쉽지 않았던 까닭에 이들 국가들은 인상된 가격으로 원유를 수입하였고, 그렇게 하기 위해 채무를 지지 않을 수 없었다. 석유수출국기구 회원국들은 그렇게 해서 벌어들인 엄청난 규모의 자금을 구미 국가의 은행에 예치하였고, 은행은 자금을 예치한 국가에 이자를 지급해야만 했다. 은행 예치금에 대해서는 이자를 지급하게 되어 있으니 말이다. 그런 이유로 민영은행 스스로도 새로운 사업기회를 꾸준히 창출할 필요성을 느끼게 되었고, 결국 저개발 국가를 대상으로 한 대출영업을 시작하면서 석유수출국기구 회원국이 예치한 자금을 효과적으로 운용하게 되었다. 그 당시까지도 아직 포화상태에 이르지 않았던 유일한 시장은 저개발 국가들뿐이었던 것이다.

각국 정부가 공공기관과 민간은행으로부터 자금을 대출 받은 목적은 실패가능성이 높은 사업을 추진하기 위한 것만이 아니었다. 무기구매(생산적 투자라고는 전혀 볼 수 없으며 순전히 소비 품목에 해당된다)와 중상류층의 소비를 위한 값비싼 수입품의 결제도 이들 대출의 목적에 포함되었다.

제3세계 국가들이 신중하지 못하고 부패하였으며, 통치방식에 문제가 있을 수도 있고, 그 이외의 여러 결점 또한 갖고 있었던 것이 사실일 수 있다. 하지만 1981년에 발생한 세 번째 사건에 대해 제3세계 국가들은 어떠한 권한이나 영향력도 행사할 수 없었고, 또 어떤 역할도 맡을 수 없었다. 워싱턴 컨센서스의 우선적 원칙 가운데 하나가 철저한 인플레이션 통제였음을 상기할 필요가 있다. 비록 지미 카터 대통령 시절부터 초기적인 일부 움직임이 있기는 했지만 로널드 레이건 대통령의 집권에 참여한 인사들은 정권 초기부터 이 원칙의 실행을 목표로 삼고 있었다. 미 재무부는 저개발 국가들이 어떤 영향을 받게 될 것인지에 대한 고려는 완전히 배제한 채 갑작스럽게 이율을 대폭 인상했다.

그 이전까지는 인플레이션 비율이 부채에 대한 이자율보다 높았기 때문에 남반구의 저개발 국가들은 사실상 대출을 받을수록 이득을 남길 수 있었다. 이들은 평가절하된 화폐로 이자를 갚고 있었던 것이다. 하지만 이들이 맺고 있던 대출계약은 고정금리가 아닌 변동금리였다. 따라서 1981년에 이르면서 이 국가들은 갑작스레 8%~10%의 실질이율에 따른 이자를 지불하지 않을 수 없게 되었다.

그로부터 첫 번째 부채위기가 발생하기까지는 그리 오랜 시간이 걸리지 않았다. 불행히도 멕시코가 그 첫 번째 희생양이 되었고, 그 뒤로도 많은 국가가 같은 운명에 처하게 되었다. 이들 국가는 글자 그대로 수중에 돈 한 푼 남지 않게 된 것이다. IMF, 그리고 곧이어 합류한 세계은행은 이들 국가가 경제적으로 재기하여 채무지불을 할 수 있을 정도의 기반을 이루도록 하기 위한 프로그램을 작성하였다. 이들 프로그램에는 워싱턴 컨센서스의 대표적인 특징들이 모두 담겨 있었으며, '구조조정 프로그램'이라는 명칭으로 불리게 되었다.

만약 이슬람 국가가 대부분인 석유수출국기구 회원국들이 이슬람의 가르침을 진지하게 받아들여 자신들의 자금을 서구 은행에 예치하지 않았다면 20세기의 역사가 얼마나 근본적으로 달라졌을 것인지에 대해 나는 이따금씩 생각해보곤 한다. 이들 국가는 제3세계 국가에 무이자로 직접 대출을 제공할 수도 있었을 것이다. 이슬람에서는 이자를 통해 돈을 버는 행위를 금하기 때문이다. 하지만 그들은 이런 가르침을 따르지 않았고 결국 두 금융조직과 서방 국가들, 특히 미국을 권좌에 앉히는 결과를 초래했다.

이런 부채 위기 덕분에 미국 재무부와 긴밀한 관계를 맺고 있는 세계은행과 IMF는 저개발 국가 및 막대한 채무에 시달리고 있는 국가들을 상대로 힘을 합쳐 신자유주의적 규칙을 강요할 수 있었다. 이 두 조직은 경제 발전 초기단계에 머물러 있는 이들 국가 산업을 보호할 수 있는 기회를 모두 박탈하였고, 수출 위주의 생산을 지향하도록 하였으며, 빈약한 수준의 공공서비스 분야도 모두 민영화하고, 예산 관련 결정에 있어서도 모든 부분에 걸쳐 두 조직의 지시를 따르도록 하였다.

세계은행과 IMF의 '권고사항'은 믿기지 않을 정도로 세세한 부분까지 모든 지시 사항을 전달한다. 브라질과 같은 큰 규모의 채무국은 정책상의 자유를 조금 더 누릴 수 있으나 규모도 작고 힘이 약한 아프리카 국가는 선택의 폭이 거의 주어지지 않는다. 한 협상과정에 참석했던 아프리카 대표는 자국 장관이 보건 관련 예산을 검토하던 중 공공보건 간호사 14명을 채용하겠다는 뜻을 밝히자 세계은행 대표가 "9명만 채용할 수 있다고 말씀드리지 않았습니까?"라고 대꾸했다는 이야기를 밝힌 바 있다.

앞서 강조한 바와 같이, 워싱턴 컨센서스는 제대로 작동하지 않고 있다. 워싱턴 컨센서스는 엄청난 규모의 대출로부터 아무런 이득도 보지 못한 빈곤층이 이제는 그 대출을 갚기 위한 희생을 감내하도록 하고 있고, 교육과 보건을 포함한 정부의 핵심 기능을 약화시키며, 식민정책보다 훨씬 더 효과적인 명령체계를 구축하고 있다.

지난 20여 년간 너무나 큰 고통을 안겨온 저개발 국가들의 채무 문제는 자금이나 재무 분야에 국한된 문제라고 볼 수 없으며 서구 국가들이 경제적·정치적 통제력을 지속적으로 행사해온 현실과 전적으로 관련되어 있다. 이들 서구 국가들이 누릴 수 있는 이점에 대해 생각해보자. 모든 저개발 국가가 동일한, 그리고 제한된 품목의 상품을 수출하기 위해 노력하게 되므로 서구 국가들은 큰 지출을 필요로 하는 식민지 정부나 군대를 유지할 필요도 없이 원재료를 최저가에 구입할 수 있고, 이와 더불어 이자를 통한 수입까지 거둘 수 있다. 이 같은 상황이 이들 선진국에는 이상적인 형태이므로 서구 강대국의 분노한 국민들이, 혹은 채무국들 스스로가 서로 간에 훨씬 더 공고한 연대를 이루어 저항하지 않는 한 서구 선진국들이 현재의 체제에 변화를 일으키는 일은 없을 것이다.

2. WTO(세계무역기구)

현실 세계를 지배하는 규칙을 만들어내는 국제기구의 조합에 WTO는 가장 최근에야 합류했다. WTO의 공식 수립일지는 1995년 1월 1일로 되어 있으나 이 조직은 긴 수태기간을 거쳐야 했다. 케인스는 브레턴우즈 체제가 형성될 당시 세계은행과 IMF에 WTO를 더하여 삼위일체를 형성하기를 희망하였다. 케인스 사후 쿠바의 아바나에서 이 부분에 대한 협상이 이루어졌지만 결국 WTO는 출범하지 못했다. 미국인들이 받아들이기에는 너무나 진보적이었던 아바나 헌장에는 무역을 통한 완전고용을 목표로 할 것, 그리고 심지어

제3세계 국가들이 수출하는 1차 상품에 대해 더욱 공정하고 안정적인 가격을 보장할 것에 대한 합의조항까지 포함되어 있었다. WTO 헌장은 공업 생산품에 대한 한 부분만을 남겨둔 채 자연스레 폐기되었다. 이 부분은 1947년 '관세 및 무역에 관한 일반협정(GATT)'으로 다시 태어난다.

비록 40여 년의 세월이 걸리기는 하였으나 협정 회원국들은 일련의 협상 과정을 통해 40%~50% 수준이던 상품 관세를 4%~5%까지 인하하였다. 1986년에 이들은 우루과이의 푼타 델 에스테에서 이전과는 다른 새로운 협상을 시작하였다. 8년이 지난 후 이 '우루과이라운드'는 '마라케시 협약(1994)의 채택으로 막을 내리게 되는데, 전화번호부 책자 두께의 이 협약문은 WTO의 헌장이 된다.

세계은행이나 IMF와는 달리 WTO는 마라케시에서 협의한 25개 가량의 다양한 협약이 제대로 실천되는지 감독하는 사무국 형태를 취하고 있다. 이 협약에는 공업 생산품에 관련된 내용만 포함된 것이 아니고, 농업, 서비스, 지적재산권(생물 형태에 대한 특허권을 포함) 및 기술표준에 대한 사항도 다루고 있으며, 구속력 있는 결정권을 지닌 '분쟁해결기구'의 수립도 이 협약의 한 부분을 차지한다.

WTO는 다국적기업이 그 수립을 원했고, 이를 위한 로비활동을 하였으며, 또 각종 규정을 개발하는 데 깊숙이 관여했다는 점에서도 다른 기구와 구별된다. '서비스교역에 관한 일반협정(GATS)'의 전직 의장은 다음과 같이 밝힌 바 있다.

미국의 금융업체, 특히 아메리칸 익스프레스나 시티그룹 등과 같은 기업의 엄청난 압력이 없었다면 서비스교역에 관한 일반협정도, 따라서 우루과이라운드나 WTO도 존재할 수 없었을 것이다. 미

국은 서비스 분야를 의제로 삼기 위한 투쟁을 벌였던 것이다……[28]

제약, 생명공학, 소프트웨어, 그리고 연예 분야 기업은 특히 '무역 관련 지적재산권 협정'에 큰 관심을 기울였는데 이 협정의 규정은 해당분야 기업의 구미에 맞도록 만들어진 것이었다. 특허권 보호기간을 전 세계적으로 20년 더 연장한 것은 그중 한 예라고 할 수 있다. 선진국 기업은 특허권 보호에 관한 규정을 이용하여 후발 국가의 신기술 획득을 제한하였고 이들이 경쟁상대로 떠오르는 것을 막을 수 있었다.

WTO를 둘러싼 협상이 비밀리에 진행되었다고는 할 수 없으나 일반 시민과 이들이 선출한 정치인은 그 진행 과정에 대해 전혀 알 수가 없었다. 오랫동안 지속된 협상 기간 동안 당시 알고 지내던 대부분의 사람들과 마찬가지로 나 또한 저개발 국가에서 일어나고 있는 구조조정 문제와 서구 국가들의 신자유주의 팽창 문제에 골몰하고 있었다. 우루과이라운드가 끝나갈 무렵 나는 무역 관련 지적재산권 협정과 생물 형태에 대한 특허권 등에 관련한 항의집회에 그린피스 소속 사람들과 함께 참여한 적이 있었으나 전체적인 WTO 조직이 얼마나 무서운 존재인지에 대해서는 전혀 깨닫지 못하고 있었다. 언뜻 보기에는 전혀 재미없어 보이는 이 기술적 무역협상에 관심을 가진 이는 다국적기업과 기술 관료 자신을 제외하고는 거의 없었다. 우리로서는 크나큰 실수를 저질렀다고 하지 않을 수 없는 대목이다.

이에 반해 다국적기업들은 발 빠른 행보를 보이고 있었다. 이들은 자신이 필요로 하는 것이 무엇인지를 분명히 인식하고 있었다. 그리고 이를 얻어냈다. 세계무역의 적어도 1/3에 해당하는 부분이 통상적 의미로는 전혀 무역이라고 볼 수 없는 기업내부거래(IBM과 IBM 간의 거래, 포드와 포드 간의 거래 등)에 해당하므로 이 같은 현상이 지극히 정상이라고 말하는 이도 있다. 세계무역의 또 다른 1/3은 서로 다른 다국적기업의 계열사 간에 이루어진다. WTO 체제 하에서는 시장의 법칙이 그 어떤 국제법(예를 들어 인권이나 환경에 대한 협약과 같은)에 대해서도 우위를 차지하며 WTO는 '관세 및 무역에 관한 일반협정' 과는 달리 많은 경우 국내법 또한 대체할 수 있다.

2004년 상반기 현재 WTO에는 148개 국가가 참여하고 있다(중국은 포함되어 있으나 러시아는 아직 가입하지 않고 있다). 형식적으로는 한 국가가 한 표를 행사하게 되어 있으나 실제로 투표가 진행되는 일은 없고 결정은 '합의'에 의해 이루어진다. 즉 4강이라고 할 수 있을 미국, 캐나다, 일본, 유럽연합이 어떤 사안에 대해 합의할 경우 나머지 국가는 이에 따르지 않을 수 없는 게 현실이다. 2003년 9월 멕시코 칸쿤에서 개최된 각료회의에서 '20개국 그룹'을 결성하여 힘을 합친 남반구 저개발 국가에게, 이 4강 국가들이 큰 패배를 당했음에도 불구하고 유럽위원회 대표 한 명이 15개 유럽 국가 모두를 대표하고 있다.

다수의 빈국은 스위스 제네바에 있는 WTO에 상주 대사를 파견하지도 못하고 있고, 동시다발적으로 진행되는 여러 복잡한 협상과 위원회 회의를 관리하기 위해 필요한 인력도 갖추지 못하고 있다. 제3세계 출신의 한 관료는 다음과 같이 말한 바 있다. "WTO는 복합상영관과 같다. 모든 영화를 다 볼 수는 없으므로 이 가운데 하나를 선택해야만 한다."

서비스교역에 관한 일반협정(GATS)

WTO 체제 하에 존재하는 여러 협약이 모두 우려의 대상이지만, 나는 '서비스교역에 관한 일반협정'을 우려 대상 1등으로, 그리고 '농업협정' 및 '무역관련 지적재산권 협정'을 근소한 차이의 2등으로 꼽고 싶다. 다른 WTO 문서와 마찬가지로 「서비스교역에 관한 일반협정」도 쉽게 이해할 수 있는 서류는 아니다. 하지만 이 장황한 문서를 일단 독파해보면 이 협정이 실상은 시한폭탄과도 같은 존재이며 일반 시민에게 커다란 위협이 될 수 있음을, 그리고 특히 공공 서비스 분야에 큰 해악을 끼칠 가능성이 있음을 깨닫게 된다.

세계적으로 서비스교역은 전체 교역의 1/5을 차지하고, 금액으로는 15억 달러에 이른다. 그리고 서비스교역의 주체는 거의 미국 및 유럽의 서비스 분야 다국적기업이다. 하지만 '서비스'란 정확히 무엇을 의미하는가? '서비스교역에 관한 일반협정'은 서비스 분야를 12개 주요 분야(그리고 현재 165개 하위 분야)로 나누고 있다. 이 12개 분야는 비즈니스 서비스, 통신, 건설, 물류, 교육, 환경, 금융, 보건 및 사회, 관광, 교통, 연예, 문화 및 스포츠로 구성되어 있으며, 누락된 분야를 대비한 기타 서비스 분야가 존재한다. 예전에 하나의 독립된 항목으로 분류되던 에너지는 현재 기타 서비스 분야에 포함되어 있다.

'서비스교역에 관한 일반협정'은 그 자체로서 완결된 조약이 아니다. '점진적으로 더 높은 수준의 자유화를 목표로 하고 실질적인 시장 접근성을 제공하기 위한 수단'으로서 일련의 협상을 마련하기 위한 기본적 합의틀의 성격을 갖는다(19조). 이러한 협상과정의 끝이 어디일지는 아무도 모르고, 또 알 수도 없다. 이들 일련의 협상과정은 무한정 계속될 수 있는 것이다. '서비스교역에 관한 일반협정'은 '관세 및 무역에 관한 일반협정(GATT)'과는 달리 서비스 기업들이 다른 협정 참여국에 투자할 수 있도록 하고, 또 일시적으로 이들 국가에 인력을 파견할 수 있도록 하는 조항을 마련하고 있다.

'서비스교역에 관한 일반협정'은 공공서비스 분야, 즉 '정부의 직권 행사를 통해 제공되는 서비스'를 매우 제한적으로 정의하고 있기 때문에 각국의 중앙은행, 군대, 경찰 및 사법조직만이 이 협정의 범위에서 벗어날 수 있다. 이를 제외한 다른 모든 분야의 서비스, 즉 상업적 목적으로 제공되거나 다른 공급자와 경쟁 관계 속에서 제공되는 서비스—우편, 철도, 학교, 병원 등—는 모두 '서비스교역에 관한 일반협정'의 지배 하에 포함된다. '서비스교역에 관한 일반협정'을 옹호하는 이들은 각국이 외국 기업과 경쟁 채비가 갖추어진 서비스 분야를 어떤 정해진 시간표에 따라 의무적으로 개방해야 하는 것은 아니므로 걱정할 것이 없다고 말한다. 이론적으로는 맞는 말일 수도 있으나, 도하 개발라운드(Doha Development Round)의 협상과정에서 드러난 것처럼 참여국은 엄청난 개방 압력을 받게 된다. 현재 진행되는 협상에서 어떤 서비스 분야를 개방 대상에서 제외할 경우 그 분야를 다음 협상에서는 꼭 대상에 포함하도록 강력한 주문을 받게 되는 것이다. 낸시 레이건은 이 문제에 대해 "그냥 안 된다고 하세요(Just Say No)"라는 멋진 조언을 하기도 했다.

WTO는 모든 회원국이 다른 회원국을 완전히 동등하게 대우하도록 규정('최혜국 대우' 규정)하고 있다. 예를 들어 과거의 식민지 국가(아프리카, 카리브해 및 태평양 지역 국가)에 혜택을 제공하던 유럽연합 국가들이 그 유명한 바나나 분쟁*을 둘러싸고 미국을 상대로 벌인 무역소송에서 WTO의 '분쟁해결기구'는 미국의 손을 들어준 바 있다. 혹자는 미국이 바나나를 주요 수출품으로 하는 국가가 아니기 때문에 의아해 할 수도 있겠다. 타당한 추론이다. 하지만 미국 기업체인 치키타와 유나이티드프룻이 바나나 수출에 관련된 이권에 개입되어 있었고, 미국은 치키타를 대신하여 에콰도르와 함께 소송을 벌인 것이었다. 치키타의 총수가 공화당과 민주당 의원 여러 명에게 큰 기부금을 제공하고 있다는 사실은 순전한 우연이라고 볼 수 있을까?

WTO는 분쟁해결 과정을 통해 각 국가의 내부 문제에까지 개입할 수 있는 역량을 갖고 있는 것이다. 바나나 분쟁을 둘러싼 문제해결과정에서 WTO는 국가의 대외정책 및 개발정책 범주에 속하는 문제에 대해 결정권을 행사했다. 이 기구는 '서비스교역에 관련된 불필요한 장애물', 또는 '필요 이상으로 번거로운 것'으로 스스로 판단한 정부 조치에 대해 같은 식으로 대응할 수 있다. 무역소송이 제기될 경우 '불필요한 장애물'과 '번거로운 것'이 무엇인지에 대한 결정은 해당 국가가 아니라 WTO의 법정이라 할 수 있을 '분쟁해결기구'가 담당한다. '서비스교역에 관한 일반협정'은 회원국이 '문제가 생긴 서비스 분야 기업의 요청'이 있을 경우 이를 담당할 특별 법정을 수립할 것과, '서비스교역에 영향을 미치는 행정 절차'에 불만을 가진 기업에게 '적절한 해결책'을 제공할 것을 규정

---

* 1993년 유럽연합 회원국들이 과거 자신의 식민지 국가였던 70여 개 국가 이외의 국가로부터의 바나나 수입에 제한을 두기로 결정하면서 발단이 된 사건으로, 중남미 바나나 사업에 큰 이권을 갖고 있는 미국이 이 조치와 관련하여 유럽산 수입품에 대한 보복관세를 부과하겠다고 나서며 이후 유럽과 미국 사이에는 다년간 무역 분쟁이 이어졌다. ─ 옮긴이

하고 있다.

'서비스교역에 관한 일반협정' 체제 하에서 한 국가가 어떤 분야의 개방을 결정한 이후 몇 년이 흘러 새로이 선출된 정부가 그 분야를 개방하기로 했던 과거의 결정 때문에 엄청난 악영향이 초래되었다고 판단한 경우를 가정해보자. 새로 선출된 이 정부는 국가의 이전 결정을 철회할 수 있을까? 이론적으로는 3년이 지난 뒤 개방 철회가 가능하다. 하지만 그렇게 하기 위해서는 개방을 철회하려는 분야와 대등한 가치를 지닌 것으로 다른 회원국이 판단한 분야를 대신 개방해야 한다. 그럴 경우 복잡하고도 지긋지긋한 법적 문제가 끝도 없이 제기될 것이기에 한 분야에 대한 개방 결정은 다시는 돌이킬 수 없을 것이다.

1998년 당시 WTO 사무총장을 맡고 있던 레나토 루기에로는 이런 상황을 다음과 같이 요약한 바 있다.

'서비스교역에 관한 일반협정'은 '관세 및 무역에 관한 일반협정(GATT)'에 비해 훨씬 폭넓은 분야에 대한 규정과 법을 제공하며, 과거에는 교역 정책으로 인식되지 않았던 분야에까지 영향력을 미치고 있다. 나는 '서비스교역에 관한 일반협정'이 공약하고 있는 바가 무엇인지에 대해 정부나 각 기업체가 완전히 인식하지 못하고 있다고 판단하는 바이다.[24]

루기에로 의장의 판단은 협정에 대한 각국 정부의 인식 수준에 관해서는 옳은 것이었을지도 모르지만, 그는 기업체들이 자신들의 활동 및 수익에 관련된 협정의 공약 사항에 대해 놀라울 정도로 잘 인식하고 있었다는 사실은 이해하지 못하고 있었다. 유럽연합의 통상집행위원인 파스칼 라미*의 경우에서 볼 수 있듯이, 관료들은 정부의 공공서비스 분야에 대한 염려는 하지 않아도 된다고 하면서도 단지 자신들 희망대로 일이 진행되기를 바랄 수 있을 뿐이다. '서비스교역에 관한 일반협정'에 WTO의 법체계가 현재까지 수립되어 있지 않은 상황이므로 파스칼 라미도 그 이상의 발언은 할 수 없었을 것이다. 통상집행위원까지 포함한 그 누구도 WTO의 '분쟁해결기구'를 통한 통치가 어떤 식으로 발전할 것인지에 대해서는 예측할 수 없는 상황이다.

잠재된 위험

WTO의 조직 강령 문구 사이사이에는 이 외에도 수없이 많은 위험요소가 도사린 채 숨어 있으며, 우리가 이 모두를 밝혀내기란 불가능하다. 예를 들어 WTO의 규정에 따르면 회원국은 어떤 상품을 그 제조과정 및 제조방식에 근거하여 판단할 수 없게끔 되어 있다. 극악한 조건의 아동노동으로 만들어진 축구공이라 할지라도 노동조합에 가입한 노동자들이 만든 축구공과 '동일하게' 취급해야 한다. 호르몬 주사를 맞은 쇠고기나 그렇지 않은 쇠고기도 동등하게 취급해야 한다. '농업협정'은 소규모 농가의 파산을 초래할 것이다. '무역관련 지적재산권 협정'은 부유한 국가의 다국적기업이 특허권과 투자를 통해 지배력을 강화하도록 하면서 동시에 빈곤한 국가에 해주어야 할 기술이전은 지연시킬 것이다.

또한 WTO는 현재 관할하고 있는 엄청나게 많은 분야 이외의 새

---

* Pascal Lamy. 2005년 5월부터 현재까지 WTO 사무총장을 역임하고 있다.—옮긴이

로운 영역까지 포괄하려 하고 있다. 이들 새로운 영역 중 하나가 투자에 관한 신규협정으로, 여기에는 정부구매에 관련된 절차와 '투자촉진(관세절차 폐지가 주된 내용이다)'에 대한 사항, 그리고 경쟁원리에 대한 정책 등이 포함되어 있다.

대부분의 빈곤 국가는 WTO가 이미 많은 부분에서 영향력을 행사하고 있다고 판단하여 WTO가 새로운 분야에까지 손을 뻗치려 하는 모습에 강하게 반발하고 있다. 하지만 다국적기업, 그리고 특히 유럽연합은 이들 신규 분야를 여전히 강하게 밀어붙이고 있다. 2003년에 나는 프랑스 통상부가 관심 있는 시민을 위해 개최한 어떤 회의에 참석한 적이 있다. 이 회의에서 '프랑스경영인연합회(MEDEF)'와 '유럽경제인연합회(UNICE)'를 대표하던 참석자는 장관에게 다음과 같이 발언했다.

현재 장관께서는 너무나 많은 분야에 우선순위를 두고 계신다고 생각합니다. 그 한 예로써 농업이 프랑스의 국내총생산에서 차지하는 비율은 상대적으로 매우 낮습니다. 다음에 개최될 각료회의(2003년 9월의 멕시코 칸쿤 회의)에 대해 우리가 희망하는 바는 새로운 투자협정과 '서비스교역에 관한 일반협정'에서 진전이 이루어지는 것입니다.

진보적 인물이라면 이 발언만 보더라도 이들이 목표하는 바가 무엇인지 금세 알아챌 수 있을 것이다.

일반적으로 협상회의록은 협상 종료 이후 수개월이 지나도록 공개되지 않기 때문에 수없이 많은 현실적 타협, 혹은 타협과 다를 바 없는 협상이 진행되고 있다. 권력을 향유하는 소수만을 위한 중요

사안의 결정과정에서 약소국은 완전히 배제되기도 한다. 유럽에서는 각국 공무원으로 구성되어 있지만 그 정체가 베일에 싸여 있는 '133위원회(교역분야를 다루고 있는 '나이스협정'의 조항에 따라 이름이 붙여졌다)'가 서비스 분야에 관련된 결정을 내리는데 이들은 회의록을 공개하지 않는다.

활동 과정에서 우리는 우연히 흘러나온 정보를 습득함으로써, 또한 유럽의회의 진보적 의원과 협력을 통해 유럽위원회가 지금까지 공개를 거부해왔던 '서비스교역에 관한 일반협정' 관련 요청(다른 국가들이 개방하기를 희망하는 분야) 및 제안(유럽의회가 개방할 준비를 갖춘 분야) 사항을 마침내 공개하지 않을 수 없도록 할 수 있었다. 이는 주목할 만한 성과이며, 아무리 작은 것이라 할지라도 승리는 당연히 값진 것이다. 하지만 우리의 상대가 본질적으로 비민주적이며, 신자유주의적 주장을 개진하기 위해 모든 노력을 기울이고 있는 조직임을 감안한다면 이러한 승리로는 부족하다. WTO의 모든 면모에 대한 철저하면서도 완전한 분석이 반드시 이루어져야 한다.

3. 경제협력개발기구(OECD)와 G8

경제협력개발기구(OECD)

OECD는 부유한 국가의 모임이다. 기존 회원국이 아니었으나 가입을 요청받은 국가—멕시코, 한국, 헝가리와 같은—는 성공적으로 발전을 이룩하였거나, 혹은 정치적인 가치를 지닌 국가라고 볼 수 있다. OECD는 본래 유럽의 마셜 플랜을 집행하기 위해 수립된 조직이었으나 이후 각종 통계 및 연구 주제를 만들어내는 토의장으로 변모하였다. 이 기구는 또한 '다자간투자협정(MAI)'의 협의를 위한 장소이기도 했다. 다자간투자협정은 시민운동을 통해 1998년에 무력화되긴 하였으나, 다국적기업에 엄청난 힘을 실어주는 한편 국가들이 기업의 요구에 따르도록 만들 수 있는 협정이었다.

OECD는 또 정책의 개발에도 기여한다. 예를 들어 이 기구는 수년째 노동 '유연성'을 강력하게 추진해오고 있다. 또한 다국적기업을 대상으로 하는 구속력이 결여된 행위규범을 만들기도 했고, 조세피난과 자금세탁을 위해 이용되는 것으로 널리 알려진 초소형 국가 명단을 배포하여 그 가운데 일부가 제한적으로나마 개선을 이루도록 하기도 했다. OECD 웹사이트는 특정자료를 열람하려면 한번 살펴볼 만한 가치가 있다. 하지만 기구의 직원들이 작성하여 게시하는 대체로 높은 수준의 연구물이 회원국의 마음에 들지 않을 경우 회원국이 직접 개입하여 검열할 수 있다는 사실은 염두에 두어야 한다.

G8

세계에서 가장 부유하고 가장 큰 영향력을 가진 국가들의 모임은 처음에는 G5로 시작되었다가 G7으로, 그리고 다시 러시아가 참여하면서 G8으로 발전하였다. G7은 캐나다, 프랑스, 독일, 이탈리아, 일본, 영국, 미국이다. 이 모임은 1975년 당시 지스카르 데스탱 프랑스 대통령이 파리 남쪽에 있는 랑부예 성에서 통화문제 등 서구 국가들의 국내 경제문제, 석유수출국기구의 원유가 인상으로 초래된 혼란, 그리고 각국 공통의 의제 등에 대해 논의하기 위해 마련한 매우 소박한 화롯가 회담으로 시작되었다.

프랑스를 시작으로 모든 국가가 돌아가며 회담을 개최하였고, 시간이 지날수록 의제와 회담 자체의 규모가 엄청나게 확대되었다. 이들 5개국(이후 7개국, 그리고 다시 8개국으로 늘어난다)은 전 세계의 모든 문제를 다룰 권한을 스스로 가진 듯 보였고, 회담 자체가 아메리카 북서부 지역 원주민의 요란스런 잔치처럼 변해가기 시작했다.

아메리카 북서부 지역 원주민 잔치는 물질적 소유에 대한 경멸을 표현함으로써 자신의 부를 과시하는 일종의 의식이었다. 정기적으로 벌어지는 이 잔치에서 각 부족은 다른 부족을 능가하는 부를 과시하기 위해, 특히 지난번 잔치에서 가장 멋지게 부를 과시했던 부족을 이기기 위해 자신의 재물을 시위하듯 낭비하고 파괴했다. 이 잔치에 대해서는 인류학자들이 자세한 기록을 남겨두었는데, 최초의 기록으로 보이는 프란츠 보아스의 1897년 기록에는 다음과 같은 설명이 실려 있다.

> 여러 추장과 부족 간의 경쟁관계는 재물을 파괴하는 의식을 통해 가장 극명하게 드러난다. 추장은 담요를 불태우고, 카누나 구리 조각(화폐의 기능을 하였음)을 부서뜨림으로써 파괴된 재물에 대한 무관심을 표현하고, 자신의 정신과 권력이 경쟁자보다 더 강하고 위대하다는 점을 보여준다. 만약 경쟁자가 이에 상응하는 양의 재물을 지체 없이 부서뜨리지 못할 경우 그 경쟁자는 명예를 실추하게 된다.[25]

내가 아는 바로는 G8의 기이한 의식절차를 연구한 인류학자는 아직 없다. 풍부한 연구소재를 찾아낼 수 있을 터인데도 말이다. 콰키우틀 부족, 틀링깃 부족, 하이다 부족이 그러했듯 G8회담의 주최국은 그 앞선 해에 열렸던 회담의 호사스러움과 복잡한 조직형태 및 경비지출 수준을 능가하는 회담을 만들기 위해 노력한다.

이 모든 행사의 결과물이라고는 보잘것없는 성명서 하나뿐인데, 이 성명서도 하루 혹은 이틀짜리 회담을 위해 일 년이란 세월을 보내는 각국 고위공무원이나 외교관이 회담 시작 전에 거의 모든 내용을 미리 작성한다. 과장해서 표현할 뿐인 일반적인 이야기와 여러 가지 진지한 제안은 당연히 신자유주의 정책의 재탕에 불과하고, 빈곤층의 여러 문제(부채, 에이즈 등)에 대해 호의적인 시선을 보낼 것을 약속하지만 실천이 뒤따르는 경우는 거의 없다.

전 세계의 모든 문제를 다 관리하라고 선출된 것도 아닌 이 지도자들의 거짓된 모습에 항의하기 위해 지구촌 정의실천 운동이 G8회담장을 집회장소로 선택하기 시작한 이래로 G8회담의 준비과정은 상대적으로 까다로운 작업이 되었다. 2001년 제노바에서 개최된 회담 당시 이탈리아 경찰이 난폭한 모습을 보이자 캐나다인들은 그 다음해 회담을 로키 산맥의 중턱에 위치한 외떨어진 마을에서 개최했다. 프랑스는 한 면은 호수로, 또 다른 한 면은 산으로 둘러싸여 통제가 용이한 온천휴양지 에비앙을 선택했고, 미국인들은 조지아 주 앞바다에 있는 섬의 호화로운 리조트를 개최지로 결정했다.

집회 참가자들은 이 비공식 모임이 인류학적(혹은 동물생태학적) 연구 대상임을 직감적으로 느낄 수 있었다. G8이 전달하려는 메시지는 과시, 지배, 복종에 대한 것이다. 반면 이에 저항하는 운동이 전달하려는 메시지는 G8이 변칙적 회담이며 아무런 기여도 할 수 없다는 사실이다. 우리가 원하는 것은 8개 국가의 수반만이 아니라 전 세계 모든 이들이 참여하는 회담이며, 우리는 그 일부가 되고자 한다.

민간 부문

1. 다국적기업의 영향력

어떠한 기준으로 보더라도 최근의 자본주의가 가난한 사람에게 너그럽다고는 할 수 없다. 인간과 환경을 올바로 대하고 있다고도 할 수 없다. 그러나 이렇게만 이야기한다면 이는 문제의 일부만을 지적하는 것이다. 사실 신자유주의적 세계화와 인간의 복지는 근본적으로 적대 관계에 놓여 있다. 신자유주의적 세계화와 환경 사이의 관계와 마찬가지로 이 둘 사이의 관계는 이론적, 그리고 현실적 이유로 공존이 불가능한 관계이다. 각국의 국내 경제에서는 경제학자들이 '포디즘(Fordism)'이라고 부르는 체제가 작동할 수 있다. 헨리 포드가 탐욕스런 기업 수장이었다는 점은 확실하지만 적어도 포드는 기업 성공의 비결이 무엇인지는 이해할 수 있는 능력이 있었다. 포드가 등장하기 전까지는 노동자가 지쳐 쓰러질 때까지 혹사시킴으로써 이윤을 창출하던 19세기 산업자본주의 양식이 수십 년간 유지되어오고 있었다. 하지만 포드는 방법을 달리하여 "나는 직원들에게 임금을 지급하여 그들이 내 차를 살 수 있도록 하겠다"고 선언한다. 포드의 근로자들은 당시로서는 괜찮은 임금을 받았다. 그 임금을 얻기 위해 온갖 수모를 감내해야 했지만 말이다(실제로 포드는 근로자들이 '청결한 생활'을 유지하고 있는지 확인하기 위해 사회사업가를 사전 예고도 없이 근로자의 집에 보내기도 하였다).

하지만 포드가 주창한 논리는 국제적 차원에서는 적용되지 않는다. 다국적기업은 많은 경우 현지기업에 비해 더 많은 임금을 지급하기도 하지만 동시에 직접 고용하는 인력을 최소한으로 유지한다. 다국적기업은 매출과 수익이 급상승하였음에도 불구하고 고용 인력은 꾸준히 감소시켜왔다. 유엔의 세계투자보고서(UN World Investment Report)는 세계적으로 그 권위를 인정받고 있으며, 이미 앞에서도 언급한 바 있다. 매년 이 보고서는 다국적기업의 경영상황 변화에 대한 정보를 정리하여 제공함으로써 기업 활동의 세계화를 촉진하고 있는 국제적 기업 합병에 대해 가장 정확한 그림을 보여준다.

상위 100대 기업의 1993년과 1997년 매출 및 직원 수를 비교해 보았다. 그 결과 이들 기업의 매출은 19%가 넘게 증가한 반면 고용자 수는 같은 기간 동안 미세하게나마 오히려 감소(-0.7%)하였음을 확인할 수 있었다. 비교를 위해 선택한 1993년과 1997년의 상위 100대 기업이 동일하지는 않았으므로 나는 두 해 모두 100대 기업으로 기록된 몇 개 기업을 분야별로 선택하여 재검토하였다. 그리고 이를 통해 더욱 놀라운 결과를 얻을 수 있었다.

한 개 분야만을 제외한 모든 업종에서 대량해고와 매출증가―일부 업종에서는 엄청난 매출증가가 있었다―가 동시에 일어났으며 특히 석유, 화학, 제약 분야에서 이러한 경향이 두드러졌다. 식품 및 음료 사업 분야에서 1%나마 직원의 수가 증가한 유일한 이유는 맥도널드와 펩시가 패스트푸드 매장 직원을 고용했기 때문이다.

분야	1993년과 1997년 모두 100대 기업으로 선정된 회사의 수	매출(1993~1997)	고용자 수 (1993~1997)
전자/컴퓨터	20	+16.5	- 4.3
자동차/타이어	11	+25	- 6.8
석유	11	+18.8	- 24.4
식품/음료/담배	6	+8	+ 1
화학	9	+16.5	- 15.4
제약	5	+5.2	- 14.8

 각기 다른 해에 발행된 세계투자보고서를 비교해보면 세계 상위 100대 기업—시대별로 이들 100대 기업의 사업 분야에는 다소간 변화가 있다—이 1993년에는 3조 3천350억 달러어치의 상품을 판매하고 1천186만 9천 명을 고용했으며, 7년이 지나 수백 건의 기업합병이 일어난 후인 2000년에는 4조 7천970억 달러의 매출을 올리고 1천425만 7천 명을 고용했음을 알 수 있다. 따라서 표면적으로 보자면 이들 기업의 매출증가는 44%에 달했던 반면 고용자 수의 증가는 20%에 머무른 것이다.

 사실상 이 기업들의 고용자 수에는 전혀 증가가 없었을 수도 있다. 이 기업들이 인수합병 과정에서 얼마나 많은 노동자를 그대로 유지하였는지에 대한 파악이 전혀 불가능하기 때문이다. 게다가 2000년 이래로 대규모 기업파산과 금융위기 및 대량해고 사례가 발생했으며, 이로 인한 여파는 아직 공식보고서 수치에 반영되어 있지 않다.[26]

 이런 대량해고 사례를 접하고 놀라는 사람이 있다는 사실이 나는 오히려 더 놀랍다. 명석해 보이는 사람도 자본주의 경제의 목표가 일자리 제공이라고 믿고 있는 듯한 경우가 있다. 자본주의 경제의 목표는 수익을 창출하고 주주 가치를 증대시키는 것뿐이며, 그 이상의 목표는 존재하지 않는다. 자본주의 경제체제 덕에 일자리가 창출되는 등 인간의 여러 필요가 충족된다 하더라도 이는 오로지 자본주의 체제의 부산물에 해당할 뿐이다.

마치 나무가 잎을 떨어뜨리듯 기업은 노동자를 해고하고 있다. 기업은 견실하게 수익을 창출하고 있는 상황에서도 대량해고라는 방법을 동원할 수 있는데, 시장 중심적 시각에서 본다면 노동자란 각자 자신의 이름을 갖고 있으며 가족을 거느린 인간으로서가 아니라 회계장부상에서 자산이 아닌 비용으로 처리되는 '노동력', 혹은 '인적자원'에 불과하기 때문이다. 기술 분야에 엄청난 투자가 이루어지고는 있으나 기업에 있어 아직까지 가장 큰 비용이 들어가는 단일항목은 임금 부문이며, 따라서 경비절감을 목표로 할 경우 노동력이 당연히 최우선적 고려 대상이 되는 것이다.

모두가 잘 아는 상품 한 가지를 여기서 예로 들어보자. 나이키는 사업 기지를 1980년대에 미국에서 한국으로 이전하였다. 한국 노동자들이 더 높은 임금을 요구하며 파업을 벌이자 나이키는 다시 인도네시아로 옮기게 되는데 당시 인도네시아의 통상적 임금 수준은 노동자들이 간신히 생존을 유지할 수 있을 정도에 불과했다. 인도네시아 노동자들도 임금인상 파업에 나섰고, 일당이 2.5달러에 이르게 되자 나이키는 생산과정의 일부를 베트남으로 이전했다. 다른 많은 다국적기업의 경우처럼 나이키는 하청계약을 맺고 하청업체는 또다시 다른 회사와 하청계약을 맺기 때문에 실제 생산이 어디에서 이루어지는지는 기업의 외부인으로서 파악이 쉽지 않다.

2002년도 세계투자보고서는 '자동차 업계의 생산능력이 북미에서는 25%, 유럽에서는 30% 초과되었으나 해당분야의 다국적기업은 국내외에서 생산능력을 지속적으로 증대시키고 있다'고 기록하고 있다.[27] 다시 말해 이 기업들은 자신이 생산할 수 있고, 또 실제로 생산하고 있는 차량을 그 어느 지역에서도 모두 판매할 수 없음에도 불구하고 팔리지도 않을 차량 생산을 위해 계속적인 설비투자를 진행하고 있는 것이다. 생산설비에 대한 이러한 과잉투자현상은 다른 산업 분야에서도 흔히 볼 수 있다.

이 기업들이 무언가 착각하고 있는 것일까? 신자유주의 예찬론자들이 늘 강조하는 시장의 판단력이 어리석고도 낭비적인 과잉생산 및 과잉공급 상황을 해결해줄 것인가? 이론적으로는 그렇다. 하지만 자동차 기업들(상황은 다른 분야에서도 다르지 않다)은 서로간의 경쟁 속에서 인력감축, 즉 노동자 해고를 하지 않을 수 없는 상황으로 내몰리고 있다. 따라서 이 기업들은 가장 앞서나가고 있는 기업—도요타는 단지 18시간의 노동력 투입으로 최고급 자동차를 생산할 수 있는 설비를 1997년에 갖추었다—을 따라잡기 위해 값비싼 설비에 점점 더 많은 투자를 하고 있는 것이다. 내가 최근에 접한 보고서에 따르면 모든 자동차 업체가 15시간을 약간 넘기는 노동력 투입으로 완성차를 생산해내고 있었다. 시장점유율을 차지하기 위한 경쟁은 매우 치열하며, 대형 자동차업계의 거물급 인사들도 개인적으로는 향후 10년 이내에 오직 대여섯 개의 다국적 자동차 제조업체만이 살아남게 될 거라고 인정하고 있다.

예를 들어 비슷한 자동차 한 대를 완성하는 데 20시간의 노동력 투입이 필요한 제조업체는 가장 선진적인 업체와 경쟁하는 가운데 어느 순간 도태되고 말 것이다. 비록 어제까지만 하더라도 정상적으로 가동되고 있었는데도 말이다. 이런 상황에서는 비용 측면에서 최선의 효율성을 보이지 못하는 공장을 폐쇄하고 새로운 생산설비를 건설하는 것이 논리적이기 때문에 엄청난 과잉설비투자가 초래되는 것이다.

이러한 경쟁 상황에서는 최고의 효율성만이 의미를 갖는다. 르노자동차가 일본의 닛산자동차를 인수했을 때 르노의 카를로스 곤—원가절감의 대가로 알려진—이 프랑스에서 일본으로 파견된 것도 바로 이러한 이유에서였다. 그가 일본에서 수행한 작업이 바로 원가절감이었고, 이전까지의 일본식 사회 체계 내에서는 잉여인력으로 간주된 적이 없었던 인력을 해고함으로써 이 목적을 달성하였다. 세계화나 수익창출을 향한 길에 지역문화가 설 수 있는 자리는 없었다.

실직자가 늘어나고 임금이 낮아질수록 차를 살 수 있는 사람의 수는 줄어든다. 이러한 현실은 자본주의의 요새라고 할 수 있을 미국에서도 마찬가지이다. 예전에는 미국의 평균적 가정이 일반적인 미국산 차량을 구입하기 위해 18주의 임금에 해당하는 돈을 지불해야 했으나 1990년대 후반에 이르면 이와 비슷한 차를 구매하기 위해 28주의 임금에 해당하는 돈을 지출해야만 하게 되었다.[28] 도로를 주행하는 차량 수가 줄어든다면 생태학적 관점에서는 기뻐해야 할 일이겠으나 직장을 잃은 수천 명을 생각한다면 위안으로 삼을 수도 없는 일이다.

최고의 생산성—단위 인력이 단위 시간당 최대로 많은 생산물을 만들어 내는 것—이야말로 기업이 추구하는 바이며, 이 점에 있어서는 다국적기업이 최고의 성적을 거두고 있다. 예를 들어 2000년에 세계 100대 기업이 전 세계에서 기록한 매출을 이 기업들에 고용되어 있는 전체 노동자의 수로 나누면 최고경영자에서 건물수위에 이르기까지 세계 100대 기업에 고용되어 있는 각각의 노동자가 평균 연 3만 3천 달러의 매출을 만들어냈음을 알 수 있다. 이 수치는 1993년의 2만 8천 달러에서 5천 달러 상승한 것이다. 비록 이 수치가 고정된 달러 가치를 기준으로 계산한 것은 아닐지라도 생산성에서 상당한 증가가 있었음을 알 수 있다.

업종을 불문하고, 국내를 기반으로 삼고 있는 좀 더 작은 규모의 기업이 이런 효율성을 갖춘 조직과 경쟁하기란 사실상 불가능하다. 상황이 그러하기에 2002년도 세계투자보고서에 포함된 '경쟁적 생산업종에 참여하기 위한 시장진입 자격요건이 점점 더 까다로워지고 있다'는 지적은 그다지 놀랍게 받아들여지지 않는다.[29] 이는 중소형기업이 충분한 투자자본을 보유하거나 기술적 후진성을 극복하게 될 가능성이 거의 없음을 의미한다. 심지어 이런 중소형기업에게는 다국적기업과 동등한 역할을 맡는 주요 행위자로 성장할 수 있는 기회조차 주어지지 않을 것이다. 적어도 이미 충분히 성장해 있는 분야에서는 그럴 가능성이 없을 것이다.

유엔의 가장 최근 추산(2001년 기준)에 의하면 전 세계적으로 6만 5천여 개의 다국적기업이 85만 개의 계열사를 거느리고 있다. 이 기업의 매출을 모두 합산할 경우 그 금액은 18조 5천억 달러에 이르고, 이는 대략 전 세계 총생산의 절반에 해당한다. 상위 100대 다국적기업의 매출만 4조 6천250억 달러에 달하며, 이는 다국적기업 전체 매출의 1/4을 초과하는 금액이다. 이들 100대 기업의 영향력이란 거의 상상을 초월하는 수준이다.

싱가포르나 홍콩 같은 소형 국가들을 예외로 할 경우 다국적기업이 제공하는 일자리가 각국에서 차지하는 비율은 상대적으로 낮다.* 또한 이런 대형 기업체가 창출하는 일자리 수에 대해서는 대략적인 추정(유엔은 이런 다국적기업이 해외 계열사를 통해 제공하는 일자리가 5천 4백만 개라고 보고하고 있다. 하지만 유엔은 어찌된 일인지 다국적기업이 본국에서 고용하고 있는 직원 수까지 포함한 다국적기업의 전체 고용자 수는 공개하지 않고 있다)이라도 가능한 반면 이런 대형 기업으로 인해 사라지는 일자리 숫자—어떠한 방식으로 추정하더라도 상당한 규모에 이를—에 대해서는 참고할 수 있는 수치가 전혀 없다.

이런 대형 기업체가 미친 듯이 합병을 거듭하며 더 작고 힘없는 기업을 사들이고 있다는 사실은 잘 알려져 있다. 이러한 기업 인수와 합병 과정에는 거의 예외 없이 일자리 감소가 뒤따른다는 사실도 우리는 잘 알고 있다. 현재 '해외직접투자' 라는 알 수 없는 이름으로 불리고 있는 것의 80% 이상을 차지하는 것도 바로 기업의 인수 및 합병이다. 이는 통상적 의미에서 말하는 투자라고는 전혀 볼 수 없으며, 적어도 일자리를 창출하는 새로운 투자라고는 할 수 없다. 초대형 인수합병 열풍은 2000년도에 정점에 달했던 바 있다.

2000년에는 10억 달러 이상의 국제적 기업 인수합병만 175건이 성사되었고, 그 계약 금액은 8천660억 달러에 달했다(2001년에는 '단지' 113건의 인수합병만 체결되었고, 계약 금액은 3천780억 달러였다). 1992년부터 2001년 사이 10년간 이루어진 국제적 기업 인수합병은 679건에 달하고, 계약의 총금액은 2조 5천억 달러에 달했

---

　　* 다국적기업의 해외 지사가 창출하는 부가가치 및 고용효과와 해외직접투자 등을 근거로 산출되는 유엔의 '초국가지수(Transnationality Index)' 를 보면 독일, 프랑스, 미국, 일본은 10% 이하의 수치를 보이고 있다. 유럽에서 다국적기업에 가장 큰 의존도를 나타내는 국가는 벨기에, 룩셈부르크, 아일랜드, 스웨덴이다.

다. 이 계약금액에 인류의 복지를 목적으로 한 세금이 단 1%만이라도 부과되었더라면 어땠을까 생각해본다.30)

인수합병을 통해 일자리가 창출되지는 않지만 인수를 단행하는 기업의 수익전망에는 분명한 변화가 생기는데, 이 과정을 통해 경쟁이 줄어들기 때문이다. 때로는 경쟁 완화가 기업 인수합병의 유일한 이유이기도 하다. 금융위기로 인해 대량의 기업 도산이 예고되는 지역에서는 자금난을 겪고 있기는 하지만 여전히 경쟁력이 있는 기업을 구매하기 위해 준비하는 사냥꾼이 주변을 배회하는 모습을 볼 수 있다. 1997년부터 1998년 사이 아시아를 강타한 외환위기 후에 〈인터내셔널헤럴드트리뷴〉은 미국과 일본의 다국적기업이 이 지역 일대에서 앞 다투어 기업을 사들이고 있다는 기사를 보도한 바 있다. 해고의 칼날을 피해 살아남은 사람은 어떤 희생을 치른다 할지라도 일자리를 지킬 수 있다는 사실에 그저 감사할 따름이다.

다국적기업은 일반 노동자와는 반대로 아시아, 러시아, 그리고 남미에서 일어난 금융위기 기간 동안 매우 좋은 성과를 거둘 수 있었다. 금융위기가 시작되기 이전의 평온했던 기간 동안 각국 주식시장은 오직 상승만을 거듭했다. 예일 대학의 경제학 교수였던 어빙 피셔가 1929년에 "미국의 주식시장은 이제 다시는 떨어지지 않을 새로운 고지에 접어들었다"*라고 말했던 것과 같은 어긋난 종류의 예측을 사람들이 하고 있었던 것이다.

거품은 터지기 마련이나 영원히 남기를 희망한다. 이제는 '엔론

---

* 피셔 교수의 이런 예측이 있은 뒤 불과 몇 주 후에 미국은 '검은 목요일'로 알려진 1929년 10월 24일의 주가 대폭락을 겪으면서 경제공황에 빠지게 되었다.―옮긴이

(Enron)'*이라는 상징적 한 단어로 표현되고 있는 기업의 부정행위가 알려지면서 시장의 고난은 배가되었다. 수많은 기업이 비슷한 종류의 스캔들에 연루되어 있었고, 특히 미국 기업의 경우에서 관련된 많은 사례를 볼 수 있었다.

2. 금융의 영향력

금융위기의 발생 원인에 대해 우선 살펴볼 필요가 있다. 금융권에서 영향력과 세력을 가진 집단, 즉 연금재단, 상업 은행, 보험사, 증권사 등이 1995년에 고객을 대신하여 관리하던 자금은 28조 달러였다. 비교를 위해 살펴보면 21세기 초 미국의 연간 국내총생산은 10조에서 11조 달러가량이었고, 유럽은 9조 5천억 달러였다〔이상의 수치는 중앙은행의 중앙은행이라고 할 수 있을 '국제결제은행(BIS)'이 제공한 것이다〕. 은행, 증권사, 보험사, 연금재단들이 관리하는 금액에 대한 최근 자료를 제공하고 싶지만 아직 자료를 검토하지 못했다. 1990년대 말에 시작된 금융권 충격의 여파가 아직까지 남아 있기는 하지만 이 엄청난 금액의 규모가 더욱 커졌을 것이라고 추정하는 데에는 무리가 없으리라고 생각한다.

국제결제은행은 1997년부터 1999년 사이에 발생한 여러 건의 금융위기를 다룬 보고서에서 시장운영자들의 쏠림현상에 대해 언급하고 있다. 이들 시장에서 정말 중요한 행위자는 기껏해야 수백 개에 불과하며, 이들은 서로가 서로에게서 눈을 떼지 않고 주시하는

---

* 미국의 7대 기업이었던 엔론은 4년간에 걸쳐 15억 달러에 이르는 회계부정을 저지른 사실과 정치적 스캔들에 연루된 사실이 폭로되면서 2001년에 파산하였다.─옮긴이

숨 막히는 환경 속에 공존하고 있다. 특별히 주목받는 은행이나 투자회사가—예를 들어—태국에서 손을 떼기로 결정하면 나머지 모든 기관도 앞 다투어 같은 길을 택한다. 이들이 운영하는 자금 중 남반구의 이른바 '신흥시장'에 투자되어 있는 금액은 상대적으로 적은 액수에 불과하지만, 이 초대형 기관들이 관리하는 자금의 1%가 일본을 제외한 아시아의 모든 주식시장에 등록되어 있는 회사들 전체 자금의 1/4에 맞먹는다는 점, 그리고 남미의 전체 주식시장에 등록된 모든 기업의 전체 자본가치의 2/3와 동일하다는 점을 인식할 필요가 있다. 즉 이 기관들이 자금을 움직일 때마다 일어나는 여파는 엄청난 것이며, 현재와 같은 상황에서 더 많은 금융위기가 일어나지 않고 있다는 사실이 오히려 놀라울 따름이다.

1990년대 중반까지는 초국적 자본이 잘못된 행동을 벌일 수 없을 듯 보였다. 적어도 부유한 투자가에게는 말이다. 당사국에게는 재난과도 같았던 금융위기도 언제나처럼 제때에 빠져나갈 수 있었거나 IMF의 구제를 받을 수 있었던 대형 기관에게는 위기가 아니었다. IMF는 세금으로 이루어진 3천120억 달러의 구제대출을 1995년부터 멕시코, 태국, 인도네시아, 한국, 러시아, 브라질, 터키, 아르헨티나에 제공했다. 이 자금의 대부분은 직접적인 정부구제보다는 대형투자사를 살리는 데 사용되었다. 자신이 저축한 돈과 직장을 잃은 일반인에게까지 돌아갈 자금이 없었다는 사실은 말할 필요도 없을 것이다.

세계은행의 수석경제학자로 근무했던 조셉 스티글리츠는 '공공' 기관인 IMF가 어떤 방식으로 부유한 국가의 민간 투자자들을 계속해서 위기에서 구해냈는지를 보여주는 값진 책을 저술한 바 있다.[31]

일련의 금융위기를 초래하는 자금은 해외직접투자와 구별하여 '해외 포트폴리오 투자(PEI)'라고 불린다. 해외 포트폴리오 투자는 기본적으로 서류에 불과하다. 이 서류 형태의 자산을 구매하는 이들은 해당 기업이 금전적으로 만족스럽거나 탁월한 성과만 올린다면 자동차를 생산하건, 관(棺)을 만들건, 치즈를 만들건 상관하지 않는다. 금전적 성과가 어떻게 만들어지는가의 문제는 투자자의 관심사항이 아닌 것이다. 이런 자산은 유동성이 매우 높다. 1990년대 이래로 재무 관련 사항(즉 '주주가치')은 제품의 생산을 포함한 여타의 부문보다 기업의 더 큰 관심대상이 되어왔다.

복잡한 금융시장의 또 다른 한 축을 구성하고 있는 것은 외환거래이다. 널리 알려져 있는 토빈세(Tobin Tax)는 달러에서 유로로, 유로에서 파운드로, 파운드에서 스위스 프랑으로, 그리고 또다시 계속해서 이어지는 이들 외환거래에 세금을 부과하자는 제안이었다. 제임스 토빈이 이 제안을 생각해냈을 당시인 1970년대에는 전 세계 외환시장에서 하루에 거래되는 금액이 대략 8백억 달러 정도였다. 많은 금액처럼 보일지 모르지만, 현재 매일 거래되고 있는 1조 5천억 달러에 비하면 보잘 것 없는 금액이다. 외환딜러들은 시장이 각국 화폐의 상대적 가치를 어떻게 평가할 것인지에 대한 판단을 기초로 하여 수익을 내기도 하고 또 손실을 보기도 한다.

외환시장은 유용한 기능을 제공한다. 해외에서 6개월 후에 인도될 기계를 구매한다고 가정해보자. 구매자는 그 기계의 가격이 오늘을 기준으로 얼마인지 알고 싶을 테고, 자신이 지불하게 될 통화를 오늘의 환율을 기준으로 선물환매수한다. 그러면 그 금액이 미리 합의한 날짜에 구매자에게 지급될 것이고, 구매자가 그 금액을 판매자에게 넘기면 거래는 끝이 난다. 이렇게 하면 오늘부터 물건

인도 시점 사이에 발생할 수도 있을 환율변동에 대한 걱정을 덜 수 있다.

하지만 실제 경제 상황에서 이 같은 종류의 거래는 전체 외환거래의 극히 작은 부분(2~4%)만을 차지할 뿐이다. 나머지는 모두 투기목적으로 이루어진다. 케인스가 말했던 것처럼, 강물에 비유할 수 있을 진정한 의미의 경제활동보다는 강물 위에 떠 있는 거품 같은 존재인 금융이 훨씬 더 큰 중요성을 갖게 되었다. 사람들은 실물의 생산이나 분배를 통해서가 아니라 돈으로 돈을 벌고 있는 것이다. 지구촌 정의실천 운동이 두 가지 목표를 갖고 금융거래에 대한 이원화된 과세방식을 제안하고 있는 것은 바로 이러한 이유 때문이다. 베른트 슈판 교수가 제안한 이 과세방식은 우선적으로 투기를 둔화시킬 것이며, 그 다음으로는 아탁(Attac)이 주창하고 있는 바와 같이 '일반인들에게 도움을 제공' 하기 위한 기금의 새로운 출처가 될 수 있을 것이고, 결국 우리가 지금과는 다른 새로운 세계를 향해 한걸음 더 가까이 다가갈 수 있도록 해줄 것이다.

슈판 교수가 제안한 이원적 과세방식이란 일반적 상황에서는 매우 낮은 세율—예를 들면 0.1% 정도의—의 세금만을 부과하고, 통화가치가 요동치는 위기시에는 투기억제를 위해 훨씬 더 높은 세율을 부과하는 방식이다. 뉴욕증권거래소도 비슷한 장치를 갖고 있다. 주식가격이 급락할 경우 시장은 자동으로 거래를 멈추게 되어 있다. 슈판 교수가 제안한 세제는 기술적으로 아무런 문제없이 실현 가능하다.*

---

* 이러한 개선된 금융거래 조세방식에 대해 명쾌한 설명을 제공해준 아탁 과학위원회의 도미니크 플리옹과 브루노 제탱에게 감사를 표하는 바이다.

3. 세계화를 향한 로비 활동

다국적기업과 대형 금융기관들은 IMF와 G8으로부터 자발적인 도움을 수시로 받고 있음에도 불구하고 자신들의 목소리가 정치권에서 확실한 영향력을 발휘할 수 있도록 하기 위한 만반의 준비를 갖추고 있다. 이 점에 있어서는 전통적으로 이들 조직이 일반 시민들보다 훨씬 앞서 있는 셈이다.

예를 들어 유럽의 주요 로비단체 중 하나인 '유럽기업가협의회'는 소규모 사무국을 브뤼셀에 두고서 1982년부터 활동해왔다. 유럽기업가협의회의 영향력은 사무국에 상주하는 직원이 아니라 50여 명가량의 회원으로부터 나오는데, 이 가운데는 브리티시 페트롤리움, 셸, 다임러, 르노, 피아트, 지멘스 등 유럽 지역 다국적기업의 총수들이 포함되어 있다. 유럽기업가협의회가 브뤼셀에 사무국을 둔 것은 유럽위원회(European Commission)와 직접적인 연락을 취하기 위해서였다.

실제로 이 협의회는 유럽위원회의 결정에 여러 차례 영향력을 행사해왔다. '유럽기업감시기구(Corporate Europe Observatory)'* 의 연구자들은 유럽기업가협의회가 유럽 도로기반 구축사업, 마스트리히트 조약, 통화단일화, 그리고 자크 들로르 유럽위원회 의장의 책임 하에 작성된 여러 백서에 어떤 방식으로 결정적 영향력을 행사하였는지에 대한 자세한 설명을 제공한 바 있다.[32]

벨기에의 대형 화학기업인 솔베이의 회장이며 유럽기업가협의

---

* 네덜란드 암스테르담에 위치한 비영리 연구 및 활동 단체로서 기업의 민주주의, 환경, 사회정의 등에 대한 영향력 평가를 목적으로 하고 있다. — 옮긴이

회 회원인 다니엘 얀센은 도쿄에서 개최된 '3자위원회(Trilateral Commission)'* 회의에서 다음과 같이 밝혔다.

유럽위원회는 경제적으로 중요한 여러 영역에서 선도적 역할을 수행하고 있으며, 업계의 인물들에 대해 지극히 개방적이다. 그래서 본인과 같은 기업인이 정치적 영향력을 필요로 하는 사안에 직면하게 될 경우 위원회의 훌륭하신 여러 위원들과 접촉이 가능한 것이다. 사업의 경쟁 관련 부분에 대해서는 몬티 위원, 국제무역에 대해서는 라미 위원, 그리고 전자상거래 및 생산업 분야의 리카넨 위원과 같은 분들이 그분들이다.[33]

미국 기업체들의 로비는 각 업계별(제약, 화학, 밀, 콩 등)로 이루어지는 경향을 보이며, 워싱턴에 일단의 전문적 로비스트를 두고 있다. 고위급 정부 관료가 퇴직 후 로비스트가 되거나, 또는 그 반대로 로비스트가 정부 관료가 되는 것이 가능한 현재와 같은 체제에 대해서는 많은 이들이 신경을 쓰지 않고 있다. 빌 클린턴 행정부에서 미국 무역대표부 대표(국제교역을 담당하는 각료급 직위)를 지낸 찰린 바셰프스키는 대표직을 맡기 전에는 캐나다의 목재 및 제지 업계를 위해 활동하던 로비스트였다. 바셰프스키에 앞서 무역대표부 대표를 역임한 미키 캔터는 퇴임 후 미국 밀 생산자협회의 이익을 대변하는 자리를 맡았다. 정유와 군수 산업 두 업계는 바로 자신들의 로비스트가 미국 국정의 핵심에 자리 잡고 있으므로 외부의

---

* 일본, 유럽, 북미 지역 350여 명의 각계 지도층 인사로 이루어진 회의체로서 폭넓은 분야의 사안에 대한 논의를 진행한다. 주요 국가의 정책에 막대한 영향력을 행사하고 있기에 '그림자 정부'라고도 일컬어진다. ─ 옮긴이

다른 로비스트가 필요치 않을 것이다.

서로 다른 업계의 단체가 공동의 이익 수호를 위해 일시적으로 나 혹은 지속적으로 연대를 결성하는 것이 드문 경우는 아니다. 은행, 보험, 의료보험업 등의 각 분야는 각기 자신들만의 로비단체를 갖고 있지만 '미국 서비스산업연합회'라는 이름으로 힘을 모아 WTO 산하 '서비스교역에 관한 일반협정(GATS)'의 협상 과정에서 중요한 역할을 하고 있다. 이 연합회는 자신들에게 유리한 무역 규정을 만들어내는 것을 목표로 1982년부터 활동해오고 있다. 특히 이 연합회는 공공서비스, 보건, 교육 등을 포함한 모든 서비스 분야에 경쟁체제가 도입되기를 바라고 있다. 이들은 유럽의 의료보험과 같은 분야를 엄청난 잠재수익을 가진 시장으로 정확히 판단하고서 이 분야의 민영화 및 미국 다국적기업의 진출을 미국 무역대표부가 후원하도록 하기 위한 로비를 벌인다.[34]

반환경적 업체들이 벌이는 로비도 매우 많다. 과거에는 공산주의자들이 차지하고 있던 동네북 역할을 현재는 환경학자들이 떠맡고 있는 미국에서 특히 그러하다. 미국의 한 기업가는 "환경운동가는 수박에 비유할 수 있는 존재다. 겉은 초록이지만 속은 빨갛기 때문이다"라는 말을 남기기도 했다.

1993년에 첫 출간된 『그린피스의 반환경적 단체 열람』에는 기업계의 54개에 달하는 단체와 재단이 수록되어 있는데 이 가운데는 분명 친환경적 간판을 걸고 있던 단체도 일부 포함되어 있다. 하지만 이들은 환경보호를 위한 어떠한 조치에도 결사적으로 반대하는 로비를 적극적으로 펼치고 있는 것이다. 이 가운데 대표적 단체라고 할 수 있을 '지구촌기후협회'는 46개 기업체를 회원으로 하여 1989년에 설립되었으며, 대형 정유 업체가 모두 여기에 참여하고 있었다. 이 단체는 미국 내에서 이산화탄소 감소를 위한 조치를 저지하기 위해 지칠 줄 모르는 활동을 벌였다. 한 하원의원이 이야기한 바와 같이 이 단체의 유일한 목적은 '석유, 가스, 석탄 생산이 방해받지 않도록 하는 것' 이었다.

나는 2003년에 이들의 웹사이트를 다시 살펴보았는데 다음과 같은 안내문이 게시되어 있었다. "지구촌기후협회는 활동을 중지하였습니다. 기후변화에 대한 저희 업계의 견해가 지구 온난화에 대한 국가적 대처 노력에 일조하였기에 저희는 소기의 목적을 달성하였다고 판단하였습니다." 자신들의 목표가 성취되었다는 이들의 주장은 타당한 것이었다. 부시 행정부는 석유, 가스, 석탄의 제약 없는 생산을 계속 뒷받침하였고 교토의정서에 대해서도 반대 입장을 밝혔기 때문이다.

각기 다른 업계가 함께 모여 구성한 다른 조직의 예로는 유럽인들이 유전자변형식품을 받아들이도록 만들기 위한 공동노력을 펼치기 위해 미국의 농업, 화학, 제약 업계 및 농장경영자들의 로비단체가 힘을 모아 설립한 단체가 있다. 이 사안의 엄청난 중요성으로 인해 미 행정부 장관들 사이에서까지 격론이 벌어져 부시 대통령이 중재에 나서야 했을 정도였다. 이들 논의의 결론에 따라 미국은 WTO의 분쟁해결기구에 이들 품목에 대한 유럽의 시장개방을 요청하였다. 유전자변형식품의 수출 불가로 인한 연간 손실액이 적어도 3억 달러에 이른다는 것이 미국 측 주장이었다. WTO의 규정을 고려한다면 미국인들의 주장이 관철될 것으로 보인다.[35]

'힐 앤드 놀턴' 이나 '버슨-마스텔라' 등과 같은 다국적 홍보대행사 가운데 일부는 세계적 차원의 반환경적 캠페인을 자신들의 주력분야로 삼고 있다.[1] '버슨-마스텔라' 는 유전자조작 곡물에 대한 홍보도 맡고 있다.

'서비스교역에 관한 일반협정(GATS)'을 둘러싼 협상이 진행되던 1986년부터 1994년 사이 유럽에는 '미국서비스산업연합회'와 같은 성격의 조직이 존재하지 않았다. 유럽의 다국적기업들에게는 자신들의 요구를 표출할 수 있는 경로가 없어 이를 안타깝게 여긴 유럽통상위원회의 레온 브리탄은 바르클레이스 은행 회장의 도움을 받아 '유럽서비스포럼'을 창설하였다. 이 단체는 현재 80개가 넘는 회원 기업을 거느리고 있으며 유럽위원회와 특별한 관계를 유지하고 있다.[37]

36기업체 로비활동의 실체를 보여주는 또 다른 단체는 바로 '국제상업회의소(International Chamber of Commerce)'인데, 이 단체의 사무국장을 맡고 있는 마리아 리바노스 카타우이는 과거 다보스포럼의 주역을 맡기도 했던 인물이다. 국제상업회의소는 경제발전, 일자리 창출, 그리고 번영을 위한 동력으로서의 세계경제를 가장 중시하는 세계 기업체들의 목소리를 자신들이 대변한다고 주창한다. 자유무역이란 기치가 국제상업회의소 내에서 차지하는 위상에 대해서는 달리 설명이 필요 없을 것이다.

유럽통상위원회 위원이었던 시절의 레온 브리탄과 국제상업회의소가 자유무역에 대해 공통된 견해를 갖고 있었다는 사실에 대해서는 재론의 여지가 없을 것이다. 양측의 결정은 완전히 똑같아 누가 누구를 모방한 것인지조차 구분이 힘들 정도였다. WTO 내에서 유럽 입장을 밝히고 있는 문서(유럽위원회가 기초)와 기업계 전반의 목표에 대한 선언문(국제상업회의소가 기초)은 서로 놀라울 정도로 비슷하다. 양자는 같은 주제를 같은 순서로 다루고 있을 뿐 아니라 유럽 농업의 자유화, 생물형태에 대한 특허권, 서비스의 교역

등을 차례로 다루며 여러 문단에 걸쳐 심지어 똑같은 어휘를 사용하고 있다.[38]

무역 자유화 확대를 위해 활동하고 있는 또 하나의 다국적 기업체 로비단체는 유럽과 북미 지역 기업가로 구성된 '대서양산업협의체'이다. 이 단체는 정부 규제의 해지를 바라는 품목의 목록을 작성함으로써 '탈규제 희망품목'이라는 새로운 어휘를 만들어냈다.

이 협의체는 국제상업회의소와 마찬가지로 WTO 내부의 토론을 통해 이루어진 합의사항에 대해 교역 협상가에게 매우 세세한 권고안을 제시한다. 이 단체는 또한 미국과 유럽 도시를 번갈아 오가며 대규모 연례 회의를 개최하는데 여기에는 주요 정치권 인사들도 초대된다. 유럽연합 통상위원인 파스칼 라미는 시애틀에서 WTO 각료회의가 개최되기 한 달 전에 베를린에서 개최된 이 협의체의 회의에 주요 정치권 인사로 참석하였고, 시카고에서 개최된 2002년 회의에는 주요 연사로 다시 참석하였다.

대서양산업협의체는 1995년 창설 직후 항공우주, 생명기술, 화학, 기후변화, 조세 등의 다양한 분야에 걸쳐 '전문가집단(현재는 16개가 존재한다)'을 만들었다. 해당 각 분야의 기업들은 자신들이 생산하는 모든 제품―대형 농업용 기계부터 요트에 이르기까지―에 대한 공통적으로 조율된 표준을 만들기 위한 모임을 갖는다. 대서양산업협의체의 표어는 '세계기준의 수립'이다. 이들이 일단 탈규제 희망품목을 결정하면 각국 정부는 이들 품목에 대한 탈규제 조치를 요청받게 된다.

대서양산업협의체가 이 같은 맞춤식 방편을 고안해낸 목적은 비용이 초래되는 규제를 피해 같은 제품이 유럽과 미국에서 추가 절차나 제약 없이 판매될 수 있도록 하기 위한 것이다. 미국과 유럽 간의 연간 교역량이 4조 달러에 달한다는 사실을 상기한다면 이러한 조치가 결코 무시할 수 없는 중요성을 가진 것임을 이해할 수 있다.

다국적기업들의 공조를 통해 이루어지며 또 대체로 성공적인 로비활동이 협상가들에게 영향력을 행사하고, 또한 로비스트들이 이 협상가들의 활동에 관여한다는 사실에 누구도 신경을 쓰지 않는 듯 보인다. 적어도 공직에 있는 사람들에게는 문제가 되지 않아 보인다. 기업의 요구사항을 자신의 협상 목표에 포함시키기 위해 최선을 다하는 공무원들에게는 이런 다국적기업의 사업이 우선적 관심사이므로 이런 현실이 그다지 놀라운 일은 아니다.

심지어는 유엔조차도 이런 로비 추세에 편승하고 말았다. '세상이 다 마찬가지라고 하더라도 유엔은 다르잖아' 라고 말해왔던 이들에게는 충격이 아닐 수 없었다. 이제는 더 이상 유엔조차 중립적 조직이라고는 말할 수 없게 되었다. 코피 아난 유엔 사무총장은 국제상업회의소가 1998년에 주최한 '제네바 기업가총회'에서 당시 네슬레의 회장직과 국제상업회의소 사무국장직을 맡고 있던 헬무트 마우허의 도움을 받아 유엔과 기업계 공동의 이익을 추구하기 위한 계획안 작성을 시작하였다. 코피 아난 사무총장은 이를 계기로 '네스코피' 라는 불명예스런 별명을 얻게 되었다. 어찌되었건 코피 아난 사무총장은 유엔의 최고위직 인사들을 제네바 기업가총회에 동반하였고, 마우허 회장은 기업계 거물들을 회담장으로 불러들였다. 이들 모두가 유엔 사무국의 후원 하에 한자리에 모일 수 있었던 것이다.

제네바 기업가총회는 서두에 불과했다. 1999년 1월 다보스에서 개최된 '세계경제포럼' 에서 아난 사무총장은 개발을 위해 유엔과 민간 기업이 힘을 합칠 것을 목표로 한 '글로벌 컴팩트(Global

Compact)' 프로그램에 다국적기업의 참여를 요청했다. 기업은 노동, 인권, 환경의 3개 분야에 걸친 9개 원칙에 서명만 하면 '글로벌 컴팩트'의 회원이 될 수 있다. 이 프로그램은 기업의 손쉬운 이미지 개선과 로비활동을 위한 것이라고 볼 수 있다. 유엔은 프로그램에 참여하는 모든 기업의 행태를 감독할 능력이 없음을 인정하고 있다. 그럼에도 불구하고 이 기업들은 유엔의 깃발을 두를 수 있게 된 것이다.

누구보다도 청렴결백하리라 여겨졌던 스웨덴 출신의 한 최고위직 유엔 간부가 이전에 근무했던 회사에서 자신의 연금으로 쓰고자 수백만 달러를 사취했던 사실이 밝혀져 수모 속에 자리를 떠나면서 글로벌 컴팩트 프로그램은 큰 타격을 받기도 했다. 전체적으로 유엔보다는 기업 측이 더 큰 이득을 보고 있는 프로그램으로밖에 볼 수 없다.

네슬레 같은 흥미로운 사례에서 우리는 시사점을 얻을 수 있다. '국제 어린이 식량문제 네트워크(IBFAN)'는 자사의 분유제품 홍보를 통해 모유수유율을 저하시키고 있는 네슬레를 상대로 30년째 싸움을 벌이고 있다. 기업의 이와 같은 영업행위로 인해 남반구 국가에서는 유아보건과 관련된 매우 심각한 문제(분유를 타기 위한 물의 수질문제, 분유의 과다희석, 분유병의 청결문제 등으로 인한)가 발생하고 있다. 1970년대 말에는 "네슬레가 아이들을 죽이고 있다"는 주장에 대해 네슬레가 명예훼손 소송을 제기하면서 세간의 이목이 집중되기도 했다.[39]

2000년에 '국제 어린이 식량문제 네트워크'는 네슬레가 글로벌 컴팩트 프로그램에 참여할 것이라는 소문의 진위 여부를 확인하기 위해 프로그램의 총책임자에게 문의하였고, 수차례에 걸쳐 이를 부인하는 답변을 받았다. 하지만 2002년 네슬레가 프로그램에 참여하고 있다는 사실이 밝혀졌고, '식량문제 네트워크'는 이러한 사태의 원인이 무엇인지에 대해 의문을 갖고 있다. 헬무트 마우허 회장의 득의만만한 표정을 떠올릴 수 있는 대목이다.

기업체 사이에서는 최근 '기업의 사회적 책임'에 대한 논의가 유행하고 있다. 이를 주제로 한 회의도 여러 번 개최되었고(나도 여러 번 참가하였다), 관련 서적의 출간도 매달 증가하고 있다. 많은 기업, 특히 자사의 소중한 브랜드 가치를 보호하고자 하는 기업들이 동참에 관심을 보이고 있으며 일부 기업체가 '바람직한 사회적 기업'이 되려는 노력을 진지하게 펼치고 있는 것도 사실이지만 나는 이 운동도 사실상 '기업의 자율' 차원에 불과하다고 본다.

'대서양산업협의체'는 이를 보여주는 좋은 예에 해당된다. 이 단체는 탈규제 조치를 제외한 정부활동의 배제를 주요 내용으로 하는 규정을 자체적으로 세워두고 있다. 이들의 목적은 정부활동의 배제뿐만이 아니다. 지구촌 정의실천 운동이 중요한 역할을 맡고 있는 '세계적인' 기업규제 요구 움직임에 대응하는 것 또한 이들의 목표인 것이다. '대서양산업협의체'는 이러한 규제 관련 모든 동향에 대해 사전 예방조치를 취하기 위한 로비를 벌이고 있다.

기업의 사회적 책임을 주제로 한 회의에서 기업체 대표가 얼마나 성실하게 책임을 다하고 있는지를 보여주는 온갖 자료를 가지고 두 시간 동안이나 관객을 지루하게 만들고 난 후 마침내 청중석에 발언 기회가 주어졌을 때 '성실한 세금 납부가 바람직한 사회적 기업의 첫 번째 의무가 아닌가요?'라는 질문을 받으면 이들은 이런 거침없는 질문이 나올 수 있다는 사실 자체에 경악하고 만다. 오스트리아에서 열린 한 회의에서 나와 함께 연단에 앉아 있던, 기업체의 중책을 맡고 있는 조세전문가가 자신의 업무는 고객이 세금을 피할 수 있도록 하는 것이고, 수천 쪽에 달하는 세법 조항 사이에 숨겨진 허점만 잘 찾으면 대부분의 세금은 피할 수 있다고, 마치 아무것도 모르는 아이에게 설명이라도 하듯 나에게 말한 적도 있다.

때로 미국 신문에는 몇 년 동안 전혀 세금을 내지 않은 대기업에 대한 기사가 실리기도 한다. 심지어 일부 기업은 정부보조금을 받기까지 했다. 내가 프랑스에서 알고 지내는 한 세금 조사관 친구는, 자신이 일하는 부서에는 복잡한 기업구조와 이리저리 뒤얽힌 투자관계를 일일이 파헤칠 만한 인력이 없다고 말한다. 프랑스에 있는 한 외국계 다국적기업의 경영자는 조세 담당부서로부터 확인요청을 받았을 때 그 자신조차도 프랑스에 있는 자신의 회사 계열사가 정확히 몇 개인지 모르고 있었다고 한다. 이들도 세금을 내기는 하지만 결국 자신이 내고 싶은 만큼만 내는 것이라고 친구는 말한다. 수완 좋은 변호사와 은행가의 도움을 받는 부유한 개인도 상대적으로 적은 세금만 내고 있으며, 결국 그들이 내지 않은 세금은 우리 모두의 몫으로 돌아온다.

이 외에도 우리가 눈여겨보아야 할 로비활동에는 여러 가지가 있다. 프랑스의 '프랑스 경영인연합회(MEDEF)'와 유럽 차원의 '유럽경제인연합회(UNICE)', 일본의 '경제단체연합회', 미국의 '전미제조업자협회'처럼 기업가의 이익을 대변하는 단체도 있고, '미국 국제무역위원회' (교역)나 '지속가능한 개발을 위한 세계기업가협회' (환경)와 같이 특화된 분야에 집중하는 단체도 있다. 하지만 이들 모두는 회원들의 이익을 위해서 뿐 아니라 스스로가 자신들만의 영역이라고 생각하는 분야에 대한 외부의 간섭을 막기 위해서도 진력하고 있다. '우리가 잘하고 있으니 믿어 달라, 우리의 일은 우리

가 알아서 할 수 있다'는 것이다. 이들 영역에서 일반 시민과 정부
는 환영받지 못한다.

다보스 세계경제포럼

'세계경제포럼'은 스위스의 스키 휴양지이자 토마스 만의 소설
『마(魔)의 산』의 배경이 되기도 했던 회담 장소 '다보스'란 이름으
로 널리 알려져 있다. 회담이 개최되는 1월의 며칠 동안 이 지역은
'마의 산'이라기보다는 '돈의 산'에 더 가까워 보인다. 대기업 회
장, 금융계의 큰손, 고위 정부관계자, 그리고 국제기구의 주요 인사
들이 소수의 노동조합원 및 NGO의 유명 인사와 자리를 함께 하고,
때로는 성직자도 참여한다.

다보스포럼은 사교계 모임 같은 인상을 풍긴다. 여기에서도 실
질적인 결정이 내려지는 것은 아니지만 이곳에서 만나는 사람, 주
고받은 명함, 그리고 여기에 참석했다는 사실 자체 등이 중요하게
받아들여지는 것이다. 당신이 가니까 나도 가고, 당신은 'A'라는 사
람을 만날 수 있을까 하는 생각에 가는 것인데 'A'라는 사람은 'B'
가 꼭 참석해보라고 해서 가는 것이고, 'B'라는 사람은 작년에 참석
했다가 'C'라는 사람을 처음으로 만나서 가는 것이고……, 말하자
면 이런 식이다. 다보스포럼은 참가비용도 많이 들며, 포럼 가입을
위해서도 돈이 많이 드는 까닭에 참가 자체가 자신을 과시할 수 있
는 방법이 된다. 다보스포럼은 분명 기존 지식에 대한 공통의 이해
를 형성하는 과정의 일부이긴 하지만 이 포럼은 미래에 대한 예견
은 전혀 제시하지 않는다. 다보스포럼이 쇠퇴일로를 걷고 있으며

적실성을 상실해가고 있다는 것이 내 개인적 생각이다.

'정말로' 베일에 가려진 모임인 '빌더베르그회담'*—발간하는 책자나 홍보도 없으며 회담 내용의 외부유출도 전혀 없다—은 이와는 다른 면모를 보인다. 주요 기업체 인사와 정부의 정책 결정권자들이 이 회담에 참석하는 이유는 이들이 이 자리에서는 서로 간에 전적으로 솔직한 대화를 나눌 수 있기 때문이다. "다보스포럼은 다른 사람의 눈에 뜨이기 위해 돈을 내고 참석하는 것이지만, 빌더베르그 회담은 남의 눈에 뜨이지는 않으면서 다른 사람의 이야기를 들을 수 있기 때문에 참석한다"고 한 참석자는 표현한 바 있다. 그리고 "이 모임은 완전히 백인들만의 회담이고, 'WASP'**들만의 모임이다…… 라틴계 사람은 이런 일을 벌이지 못한다"고 평한 사람도 있었다.[40]

지구촌 정의실천 운동은 '세계사회포럼'을 다보스포럼 개최 시기에 맞추어 개최할 필요성이 있다고 판단하였는데, 우리의 관점에서 보자면 다보스포럼이 한 가지 유용한 기여를 한 셈이다.

우리가 펼치는 운동은 여기서 다룬 공공 및 민간 분야의 각 행위자에게 새로운 역할, 즉 우리의 '적수'로서의 역할을 부여하고 있다. 다음 장에서는 바로 이 점에 대해 논의하려 한다.

---

* 유럽 각국과 미국 간의 상호이해를 기치로 1954년부터 시작된 연례회담. 정치, 기업, 언론계의 주요 인사 가운데 초대받은 130명 정도의 인사가 참가한다. 2007년에는 터키 이스탄불에서 회담이 개최되었다.—옮긴이

** 'White Anglo-Saxon Protestant'의 약자로 정통 미국인을 지칭한다. 현대 미국사회의 주류를 형성하고 있으며 이전까지는 정계·재계에서 성공을 거두기 위한 절대적 조건이기도 하였다. 1920년대까지 미국 200대 기업의 대부분이 이들 소유였고 미국의 정치권력도 공화당과 민주당 모두 이들의 독점체제로 이어졌다.—옮긴이

4장 적수의 파악

 분명 변화가 필요한 상황임에도 불구하고 변화가 일어나지 않고 있다면 누군가 혹은 무엇인가가 그 변화를 막고 있다고 추측해볼 수 있다. 실업, 불의(不義), 빈곤, 환경파괴가 지배적으로 계속되고 있다면 이런 현상이 지속됨으로써 이득을 보는 세력이 있을 거라는 점 또한 추측해볼 수 있다. 변화를 위해 수년에 걸쳐 싸워온 사람들은 변화가 저절로 일어나지 않으며 변화를 가로막고 있는 사람, 제도, 그리고 생각을 상대로 지속적인 투쟁을 해야만 가능하다는 사실을 알고 있다.
 상황을 개선하기 위한 행동을 취하기에 앞서 먼저 우리의 상대가 누구인지 알아야만 한다. 이를 위해 때로는 집단적인 노력과 민주적 토론이 필요할 수도 있지만, 변화를 막고 있는, 또한 현재 상황을 유지함으로써 이득을 취하는 우리의 적수가 누구인지는 대개의 경우 매우 쉽게 밝혀낼 수 있다.
 지구촌 정의실천 운동은 누구를 상대로, 또 어떠한 문제를 위해 싸워야 할 것인가에 대한 공통된 합의를 바탕으로 결성된 조직이라고 할 수 있다. 세계은행, IMF, WTO, G8—목표로 삼을 수 있을 모든 대상을 포함한 것은 아니지만 그들 중 우리가 현재의 목표로 선택한 일부—등 대중적 저항운동의 대상으로 우리가 이미 선택한 목표에 대해 동의하지 못한다면 우리와 함께 할 수 없을 것이다. 이 조직들이 사실상 우리의 적수라는 점을 입증해 보이는 것이 이번 장의 목표는 아니다. 그 작업은 이미 앞에서 마무리되었다고 생각한다.

그러면 왜 '상대편'이나 '적(敵)'이 아니라 '적수'라는 표현을 쓰는가? '상대편'은 마치 윔블던 테니스 대회 등의 스포츠 경기에서 쓰이는 표현 같은 느낌을 준다. 우리가 펼치는 운동이 스포츠 경기와 같은 것은 아니며, 우리는 게임이 진행되는 중에라도 게임의 규칙이나 전략을 자유롭게 만들어갈 수 있어야 한다. 그리고 우리가 펼치는 게임의 규칙이나 전략이 언제나 신사적인 것도 아니다.* 그 반면 '적(敵)'이라는 표현은 완전하고도 절대적인 승리만이 유일한 해결책이 될 것 같은 느낌을 준다. 하지만 대개의 경우 정치의 세계에서 완전한 승리나 패배란 존재하지 않는다. 적을 완전히 제거할 수 있는 경우란 매우 드물거니와, 그런 경우에라도 마음을 완전히 놓아선 안 된다. 반면 '적수'란 그 모습을 달리해가며 오랜 기간 우리의 주변을 맴돌 존재이고, 이들과의 전쟁은 부분적으로는 소모전의 성격을 갖게 될 공산이 크다. '상대편'을 제압하여 기억 속에서 지워버리거나 '적'을 완전히 섬멸하고 두 번 다시 생각하지 않는 일은 가능하다. 하지만 '적수'를 물리치기 위해선 지식이 필요하고, 정치적 힘겨루기와 장기간에 걸친 전투도 치러야만 한다.

---

* 하지만 폭력의 사용은 허용될 수 없다. 제10장 참조.

세 가지 함정

적수를 식별하기 위한 손쉬운 방법을 제시하기에 앞서 나는 일반적 오해 두 가지와 중대한 위험요인 한 가지를 지적하려 한다. 연단에 설 때마다 나는 많은 사람들이 두 가지 오해를 안고 있음을 깨닫는다. 객석에서 일어나 이 '적수'란 사실 우리 자신이라고, 세계가 변화하려면 우리 자신이 먼저 변화해야 한다고 주장하는 착한 사람들이 있다. 이들은 '우리'가 우리 자신의 소비행태뿐 아니라 사고방식과 존재방식, 그리고 본성 자체까지도 바꾸어야만 하며 그럴 수 없다면 큰 변화란 기대할 수 없다고 말한다. 그러면 객석의 반대편 끝에서는 "'누가 우리의 적수인가?'란 질문에 대한 가장 간결하고도 정확한 답변은 자본주의입니다"라는 대꾸가 터져 나오곤 한다. 우리가 혁명적 개혁의 거칠 것 없는 흐름을 타고 탈자본주의 사회로 이행하지 않는다면 개인 차원의 변화는 일어날 수도 없고, 가능하지도 않다는 주장이다. 이러한 두 주장은 내가 대략 정리한 것이지만 그 내용 전달에는 문제가 없으리라고 본다. 나는 두 견해 모두 우리에게 도움 될 것이 없다고 판단한다.

개인의 변화

내가 어린 시절 미국에서는 늪을 배경으로 살아가는 주머니쥐 '포고'와 여러 동물친구들이 등장하는 만화가 인기를 끈 적이 있었다. 이 동물친구들은 환경오염 문제에서부터 맥카시 상원의원의 마녀사냥에 이르기까지 관심을 가질 정도로 영리했고 때로는 집회를 개최하기도 했다. 이 늪지대에 내걸린 현수막 중에는 '적은 우리 안에 있다'란 것도 있었다. 이 문구는 1812년 영미전쟁* 당시의 영웅이었던 해군제독 페리가 남긴 '적은 우리 수중에 있다'란 말을 재치있게 바꾼 것이었다. 하지만 이 문구도 지금의 우리 앞에 놓인 과업을 실천하는 데는 도움이 되지 않는다.[41]

포고와 친구들은 사람들이 버린 쓰레기로 오염된 지역을 둘러본 후 이 문구를 만들어냈는데 이들이 지적한 것은 환경오염이란 문제였지 인간본성이 아니었다. 여러 동물들—이번에는 만화 속 주인공이 아니라 실제 동물—이 인간의 자신 스스로에 대한 이해를 도울 수 있다. 대다수 사람들이 다윈주의를 현실로 받아들이게 된 점은 다행스런 일이다. 인간과 포유류에 속하는 동물 사이에 많은 공통점이 있다는 점은 사실이다. 그리고 파충류처럼 분명 인간에 앞서 지구상에 출현한 동물과 인간 사이의 공통점도 발견할 수 있다. 영장류를 포함한 여러 동물에 대한 연구와 비교행동학 연구를 통해 여러 동물들이 같은 종족끼리는 빈번히 협동심을 발휘한다는 사실을 확인할 수 있는데, 이는 협동이 이들에게 최선의 생존전략이기 때문이다.[42] 하지만 먹을거리나 짝짓기, 영역 등이 문제가 될 경우 이 동물들은 서로 경쟁적, 공격적 관계를 형성하고 상대의 목숨을 빼앗기도 한다.

인간에게도 분명 협동이 최선의 생존전략이지만 인간은 때로 서로에게 파멸을 불러올 정도의 악한 모습을 보임으로써 오히려 동물보다 더한 면모를 보인다. 그리고 인간은 먹을 것이나 섹스에 대해서만 이런 모습을 보이는 것도 아니다. 나는 늘 '짐승 같은'이란 표

---

* 프랑스와 나폴레옹 전쟁을 벌이고 있던 영국이 미국과 프랑스 간 교역 제한조치를 취하자 미국이 이에 대항하며 벌인 전쟁. 1812년부터 1815년까지 계속되었다.—옮긴이

현이 잘못된 것이라고 느끼는데, 인간들처럼 서로를 대하는 동물도 없기 때문이다. 문명이란 인간이 문화—비록 허울에 불과한 것일지라도—와 최소한의 안락을 누리며 함께 잘 살아갈 수 있도록 우리의 이런 비천한 면모를 억제하려는 시도가 아니었던가?

　종교계는 우리가 많은 문제로 고통 받고 있는 이 시대에 우리 스스로 바른 모습을 갖추고 믿음을 가져야 한다고 촉구하지만 이러한 노력으로는 기껏해야 우리의 폭력성이 조금 덜해질 수 있을 뿐이고, 세상의 소중함에 대한 인식과 타인에 대한 연민을 조금 더 가지게 될 뿐이다. 진정한 의미에서 놀라운 개인적 변화를 체험할 수도 있다. 종교적으로는 이런 경험을 '전향'이라고 일컫는데, 성인(聖人)들이 주인공으로 등장하는 이야기에는 극적인 전향 장면이 무수히 등장한다. 다마스쿠스로 향하는 길 위에서 그리스도의 환영을 보고 쓰러졌다가 개심한 사도 바울의 경험은 그중 가장 유명한 이야기일 것이다. 조지 부시도 자신의 무절제한 삶을 어떻게 전향하게 되었는지에 대해 여러 번 밝힌 바 있다. 하지만 지구상에서 가장 강한 권력을 손에 쥔 인물이 외교 문제로 백악관을 방문한 외국 인사에게 이라크를 침공하라는 "신의 말씀을 들었다"고 말한다면—조지 부시가 그랬다고 알려져 있는 것처럼—이는 듣는 이의 간담을 서늘하게 만들 이야기이다. 만약 신이 그에게 "핵무기를 사용하라"고 말한다면 어떤 일이 벌어지겠는가?

　전향적 경험으로 한 개인이 완전히 변할 수는 있다 하더라도 통계적으로 보았을 때 그를 둘러싼 주위 사람들과 세상 사람 모두가 그런 경험을 하게 될 가능성은 기대하기 힘들다. 적어도 역사적 위기를 겪고 있는 우리 시대에 변화가 일어날 정도로 빠른 시일 내에는 말이다.

게다가 경쟁에 기반한 자본주의 사회는 개인의 변화에 긍정적 영향을 끼치지 못하며, 사람들이 사회로부터 완전히 고립된 상태에서 변화를 경험할 것을 기대할 수도 없다. 사회전체의 혁명적 변화가 필요하다고 주장하는 인물들은 바로 이 점을 자신의 논거로 삼고 있다. 중국의 현인 노자는 "다른 무엇보다 경쟁을 삼가야 한다"고 말한 바 있다. 경쟁이 필연적으로 타인에 대한 위협과 억압, 약자에 대한 강자의 승리를 초래해 결국 사회 붕괴를 낳을 거라는 점을 노자는 이 말을 통해 전하려 한 건 아니었을까 나는 생각한다. 오늘날 우리가 살고 있는 이 세계, 이 사회에서는 거의 모든 사람이 경쟁을 강요받는다. 학교에 가거나, 일자리를 구하거나, 또는 작은 사업을 하려고만 해도 경쟁을 피할 수 없다. '착한 사람은 절대 성공하지 못한다'와 같은 뼈아픈 격언들이 현재의 자유시장체제가 만든 문화가 어떤 것인지 일러준다.

그런 이유로 나는 '인간의 본성이란 비뚤어진 목재와 같아서 이것으로는 그 어떤 것도 바로 만들 수 없다'는 칸트의 진술과 세계관으로부터 인류가 벗어나지 못하게 되는 건 아닌가 하는 우려를 품게 된다. 새로운 세계를 만들려 하더라도 바로 이 비뚤어진 목재를 사용해야 할 것이므로 우리는 이를 위해 필요한 목공기술을 배우는 것으로부터 우리의 작업을 시작해야 할 것이다.

유일한 해결책은 혁명이다?

총체적 경제체제야말로 우리의 진정한 적수라고 하는 사람들의 말도 옳을 수 있다. 하지만 자본주의를 상대로 싸움을 벌인다는 생각은 역시 무모해 보일 뿐이다. 어떤 개념을 상대로, 또는 그리스 신화 속 히드라처럼 머리가 여럿 달린 괴수를 상대로 어떻게 투쟁한 다는 것인가? 자본주의—또는 자본주의로 인해 초래된 결과물('자본주의'와 거의 같은 의미이지만)—를 상대로 한 싸움이란 모든 진보단체가 목표로 내걸고 있는 것이기에—이 단체들의 운동이 자본주의의 분석에 기초하고 있을 수도 있고, 그렇지 않을 수도 있다—이를 다른 사람에게 권하는 일조차 우리에게는 더 이상 도움이 되지 않을 수 있다. 어떤 현상의 결과에 진지하게 접근하려 할수록 그 현상의 원인 파악은 더 큰 중요성을 갖는다.

인류 역사상 가장 강력하고 우리 안에 가장 깊숙이 침투해 있는 경제체제를 가능하면 내일이라도 당장 붕괴시켜야 한다고 말하는 것은 안 그래도 멀고 먼 우리의 갈 길을 더욱 어렵게 만드는 결과만 초래할 뿐이다. 자본주의 체제는 지난 500년간 시간이 흐를수록 그 영향력을 더욱 깊고 넓게 뻗쳐온 존재이다. 의지가 강한 사람 일부를 제외한 대다수 일반인들은 이런 계획의 성공 가능성에 회의를 품고 낙담하게 될 텐데, 사람들의 사기를 꺾는 일이 우리의 목표가 되어서는 안 된다. 자본주의의 붕괴를 목표로 하는, 일거에 모든 것을 바꾸어놓을 혁명적 변화의 가능성이란 내가 보기엔 너무나 희박하다. 1917년 10월의 러시아 혁명을 다시 기대하기란 불가능하다. 하지만 21세기적인 '혁명'이 여러 가지 방식으로 일어날 가능성은 있다.

자본주의의 지리적 거점이라고 볼 수 있는 지역은 어디일까? 심지어 월스트리트조차도 자본주의의 중심지라고 할 수는 없다. 세계무역센터를 무너뜨린다고 하더라도 금융시장은 단 며칠 이내에 다시 정상으로 돌아갈 것이다. 자본주의를 상대로 한 투쟁의 중추적 역할은 누가 맡을 것인가? 어딘가에 숨어서 투쟁을 준비하고 있는

'세계적 노동자 계급'이라도 존재하는 걸까? 내가 보기에 이런 이들의 존재란 실제적인 것이라기보다는 단지 희망 사항에 불과하다. 전 세계를 무대로 자유롭게 활약하는 기업계와 금융계의 엘리트들을 제외하고는 국제적으로 힘을 합친 전위조직도 눈에 띄지 않는데, 이 엘리트들이 언젠가 혁명가의 모습으로 탈바꿈하기를 바랄 수는 없다. 이들은 오직 혁명의 반대방향으로만 세계를 이끌어갈 뿐이다. 훗날 지구촌 정의실천 운동이 이러한 혁명을 위해 세계적 중심역할을 맡게 될 수도 있다. 간절히 희망하고픈 바이지만 아직 현실과는 거리가 먼 이야기에 불과하다.

내 상상력 부족을 탓하는 사람도 있을 수 있겠지만 나는 그러한 대규모의 일회적 사건이 어떻게 가능할지 예측조차 할 수 없다. 그런 사건은 수백만 명이 고난을 겪고 수천 명이 목숨을 잃는 고통스러운 사건이 연이어 발생한 후에야 비로소 일어나는 것임을 역사는 증언하고 있다. 그리고 이러한 역사적 격변기에 희생되는 사람은 부유하고 힘 있는 자가 아니다. 솔직한 내 심정은 그러한 고통스런 사건이 일어나지 않았으면 하는 것이다.

하지만 열정을 가진 너무나 많은 사람이 혁명의 희망을 안고 살아가고 있기 때문에 이러한 가능성에 대해 적어도 한 번쯤은 진지하게 생각해볼 필요가 있다. 전체적으로 부패한 자본주의 구조가 그 스스로 불신의 무게에 못 이겨 붕괴되고 말 거라는 예측이 가능한가? 지금까지 우리는 엔론으로 대표되는 엄청난 규모의 여러 가지 스캔들을 목격해왔다. 다국적기업의 부정행위가 폭로되는 경우는 이제 일상처럼 되어버렸다. 이런 부정행위 가운데 일부는 심지어 '합법적'이기까지 하다. 그 한 예로써 엔론은 케이먼 제도를 포함한 여러 조세피난처에 700개가 넘는 자회사를 설립해

두고 있었다.

자본주의 체제 내의 모든 행위자가 이와 마찬가지로 움직이고 있는 듯 보인다. 은행가는 애초에 손대선 안 될 자금을 고객에게 대출해주고, 증권 '분석가'는 기업으로부터 뇌물을 받고 실제로는 높게 평가하지도 않는 기업의 주식을 공개적으로 홍보한다. 회계감독관은 온갖 종류의 회계조작을 승인하고 있으며 금융권 담당기자는 과대광고와 거짓을 일삼고, 일반인들이 연금과 적금을 날리고 있는 동안 정부의 책임 감독자는 태평하게만 굴 뿐이다. 이 모든 행태에 대해 솜방망이격 처벌은 있을지언정 근본적 조치는 전혀 찾아볼 수 없다.

게다가 부유한 국가들은 남반구 최빈국들이 변제 불가능한 외채를 계속 지도록 만들고 있고, 1차 상품의 가격은 전례가 없을 정도로 낮게 책정되어 있으며(수출 위주 경제정책으로 공급과잉 상태를 초래하는 IMF와 세계은행의 워싱턴 컨센서스 정책 덕분이다), 세계 인구의 반은 처참한 지경에 빠져 있고, 전쟁은 계속되고 있다. 그리고 이 전쟁은 적어도 부분적으로는 초강대국들의 석유를 둘러싼 이권다툼으로 인해 일어난 것이라고 보는 시각이 일반적이다. 전쟁은 세계적인 반대여론을 불러일으켰으며, 지금까지의 경우 중 '세계적 대중저항운동'에 가장 가까운 형태이기는 하였으나 여전히 구체적이고 지속적인 행동은 일어나지 않고 있다.

미국은 빈번히 국제적인 도산위기 직전 상황까지 가면서도 언제나 바로 마지막 순간에 벼랑 끝에서 구조되고 있다. 자본주의 체제가 경기침체기와 위기상황에서조차 매번 벗어날 수 있는 능력을 갖고 있다면 경제가 번창하는 시기에는 얼마나 더 강한 생명력을 가지겠는가?

이 모든 사태가 얼마나 심각해져야만 진정한 의미의 새 시대를 가져올 변화가 일어날 것인지 의문이 생기지 않을 수 없다. 사태가 정말 심각해져야만 그런 변화가 가능하다고 한다면 프랑스 철학자 폴 비릴리오가 '세계적 사건' 이라고 칭한 것이 그런 계기가 될 수도 있다. 비릴리오는 이 '세계적 사건' 이 어떤 것이 될지에 대해서는 구체적으로 밝히지 않았지만 인간이 만들어낸 모든 사물과 제도의 취약성을 지목하고 있다. 비행기의 발명은 동시에 항공사고의 발명이었고, 컴퓨터의 도입과 더불어 엄청난 정보유실 사태는 이미 예정된 것이었다. 또한 원자력의 사용은 히로시마와 체르노빌의 비극을 낳았다. 그 외에도 비슷한 예는 수없이 많다.

미국은 언젠가 결국 위험선을 넘고 말 것이다. 아마도 미국의 정부예산과 교역부문에서 눈덩이처럼 불어나는 적자로 인해 촉발될 전 세계 금융시장의 동시다발적 붕괴가 발생할 경우, 미 달러화의 급작스런 대량 매도가 발생하면서 달러화는 걷잡을 수 없이 절하된다. 그러면 각국은 필사적으로 미국에 부채를 상환하려 할 테지만 성공할 수 없을 것이고, 전 세계적 인플레이션이 발생하면서 은행권의 대규모 붕괴가 이어진다. 이상의 시나리오가 자본주의적 측면에서 일어날 수 있는 '세계적 사건' 이 될 수 있을 것이다.

이상과 같은 일련의 사태가 실제로 일어날 수 있는지 나에게 질문을 던질 필요는 없다. 독자들의 판단력과 나의 판단력에는 별반 차이가 없기 때문이다. 하지만 세계혁명의 꿈을 품고 있는 사람이라고 할지라도 위와 같은 시나리오가 현실화되기를 즐거운 마음으로 기다릴 수는 없다. 이 같은 종류의 세계적 사건은 엄청난 대량 실업사태와 저축, 연금, 보험 금액의 증발, 사회적 붕괴, 약탈, 범죄, 고난, 탄압, 책임전가 등을 초래할 것이고, 이 모든 사태 후에는 거의 틀림없이 파시즘이 고개를 들 것이기 때문이다. 파시즘이 아니라면 적어도 군사정권의 수립 정도는 예상할 수 있다.

아무리 좋은 의도로 시작했더라도 결국엔 전체주의 체제를 만들어내고 말았던 과거의 경험이 있기에 오늘날 사람들이 혁명, 그리고 이른바 '거대담론'이라고 하는 여타의 논의에 대해 경계심을 갖는 것은 당연하다. 나는 소련이나 마오주의자, 그리고 혁명을 기치로 내건 제3세계 정권에 지지를 보냈던 적이 없다. 따라서 이들이 만들어낸 노동수용소, 킬링필드, 비밀경찰조직의 역사가 만천하에 공개된 오늘날에도 그들에 대한 내 생각을 아무런 거리낌 없이 밝힐 수 있다.

그러한 공포의 역사가 반복되는 것을 피할 수 있으리라 확신할 수 없다면—이런 예측을 보장해줄 수 있는 것은 없다—나에게는 사회주의와 민주주의의 결합형(사회민주주의와 같은 것은 아니다)만이 우리에게 해답을 제공해줄 수 있을 것으로 보인다. 운명을 건 모험을 쫓고 싶은 사람에게는 흥미로울 수 없는 제안이겠지만 말이다.

앞서 다룬 것과 같은 세계적 재난을 원치 않는 사람 가운데는 이와는 다른 계획을 수립한 사람도 있었다. 나는 그들의 계획이 잘못된 분석을 근거로 하고 있다고 보지만 간단하게나마 언급하고 지나가려 한다.

1968년 5월 혁명에 대한 향수, 특히나 대부분 그 현장에 있지 않았던 사람들이 품고 있는 아련한 동경심으로 인해 일부 비현실적 인물들은 그런 대규모의 변혁운동이 다시 한 번 일어날 수 있으며, 이번에는 전 세계적으로 일어나리라는 주장을 펴기도 했다. 68혁명은 적어도 유럽에서는 거의 전적으로 비폭력으로 전개되었다. 이

혁명이 폭넓은 문화적 영향을 끼치고 근로대중에게 몇 가지 한시적 이득을 가져다주었던 것은 부인할 수 없는 사실이지만, 정치적으로는 실패한 운동이었으며 레이건 대통령과 대처 총리의 집권기 동안 펼쳐진 신자유주의적 공세 하에 좌절되고 말았다.

근본적 변혁을 목표로 하는 계획 하나를 더 소개하려 하는데 심각하게 받아들이기는 어려운 계획으로 보인다. 부와 권력을 가진 사람들이 이제 충분히 가질 만큼 가졌으니 자신이 가진 것을 좀 더 불행한 다른 사람과 나누기로 마음먹게 될 수도 있다는 희망이다. 이런 시나리오가 황당한 것이 아니고 실현 가능하다고 믿는 사람도 존재한다. 현실화를 바라기 힘든 이런 극단적 희망사항에 대해서는 제9장에서 살펴볼 것이다.

자살행위

개인적 변화가 많은 사람에게 집단적으로 일어나기를 바라거나 혁명적 변혁이 일거에 일어나 지금과는 다른 세계를 만들어낼 거라고 기대할 수 없다면 이보다 조금은 소박한 목표를 가질 필요가 있다. 정말로 자본주의가 언젠가 무릎을 꿇는 날이 온다면 그것은 세계적인 대규모 격동으로 초래될 것이 아니라 수없이 많은 투쟁과 노력의 결과물로 발생할 것이다. 따라서 나는 현재의 세력균형을 변화시킬 것을 목표로 하여 우리가 모색할 수 있는 가장 창조적이고 비폭력적인 방식으로 계속 노력해나갈 것을 제안한다. 이와 동시에 우리가 역사로부터 어떤 교훈을 얻을 수 있을 것인지에 대해서도 지속적인 관심을 가져야 한다. 하지만 내가 간곡히 바라는 바는 우리가 현실적이 되어야 하며, 우리의 현실을 과거의 양식에 인위적으로 끼워 맞추지 말고 있는 모습 그대로 이해하도록 노력해야 한다는 점이다. 무엇보다 피해야 할 것은 과거에도 자주 그러했듯 역사의 최종적·궁극적 상태가 어떤 모습이어야 할지에 대한 견해 차로 인해 우리가 서로 대립하게 되는 경우인데, 이는 역사의 최종 단계가 우리의 뜻대로 결정될 성질의 것이 전혀 아닌 까닭이다.

사회운동이 겪을 수 있는 여러 어려움 가운데 가장 위험하고도 치명적인 것은 이에 참여하는 사람들이 서로를 적대시하게 되는 상황이다. 외부의 적보다 내부의 적대자를 상대하는 데 더 많은 역량을 소비하도록 이끄는 충동을 이겨내지 못하면 최악의 결과가 초래된다. 프로이드는 '형태를 약간 달리한 나르시시즘'에 대해 논한 적이 있고, 로리 윌리치는 이 현상을 프로이드보다 현대적이면서도 정신분석학적이지 않은 은유를 사용하여 '자살행위'라고 표현한 바 있는데, 이렇게 되면 정말로 치명적 결과만 초래될 뿐이다.

시민운동 내부의 정치에 관여해본 사람이라면 누구나 언젠가 한 번은 집안싸움이 더 이상 견딜 수 없는 지경이 되어버려서 모든 사명감, 심지어 세상에서 가장 소중하게 여겨온 대의명분까지 모두 뒤로 한 채 떠나버리고 싶은 충동을 느껴본 경험이 있을 것이다. 개인 간의 대결, 이기심, 파벌적 권력 다툼, 서로 간에 타협의 능력도 없고 타협을 수용하려는 의지도 결여된 현실, 이 모든 것이 시민운동의 내부역학에 영향을 끼치고 있다. 좌절감과 쓰라림, 불신이 계속되고 이 과정에서 필연적으로 엄청난 역량손실이 발생한다. 이를 통해 득을 보는 집단이 우리의 적수 이외에 또 있겠는가?

상대방의 속내가 뭔지 의심하지 않는 것이 이런 분열을 피하기 위한 한 가지 방법이 될 수 있다. 단체의 목표에 도움이 된다면 '누가 어떠한 행위를 무슨 이유로' 하는지에 대한 의문이 왜 필요한가?

의심을 통해 얻을 수 있을지도 모를 이득은 포기하는 것이 시민운동의 내부 규범이 되어야 한다. 모두가 운동의 성공을 바란다고 가정하고, 의견의 불일치는 단체의 목표 성취를 위한 방법론적 차원에 국한해야 한다. 내부분열을 막기 위한 또 다른 방안은 민주주의의 확대―축소가 아니라―이지만, 이 방법도 늘 성공하는 것은 아니다. 내 경험상 외부인이 중재하는 경우는 매우 드물지만 내부갈등의 해결에 아주 유용할 수도 있다.

오랜 기간 활동가로 지내온 나도 딱 한 번 모든 일에 진저리를 느껴 참여하고 있던 단체의 활동을 완전히 그만두고 다른 일에 몰두한 적이 있다(내가 떠난 이후 그 단체도 활동을 멈추었는데 내 행동과는 무관한 일이었을 거라고 생각한다. 단체가 목표로 삼았던 바가 대체로 이루어졌기 때문에 안타까운 일 또한 아니었다). 비뚤어진 목재와 같다고 칸트가 표현했던 인간 심성이 때로는 정말로 뒤틀려 있을 수도 있지만, 내부의 싸움이 원칙이나 전략을 둘러싼 진정 필요한 논의일 수도 있다. 내 생각이 틀릴 수도 있지만 내부갈등은 주로 진보진영이 겪게 되는 문제인 것 같다. 우파진영은 더욱 단결된 모습을 보여준다. 어쩌면 이들은 분쟁을 일으키는 인물이나 파벌을 더 가차 없이 제거하기 때문일지도 모르겠다.

여하튼, '자본주의는 통제나 개혁이 아니라 완전한 전복이나 폐기가 필요한 것인가' 라는 식의 난해한 문제에 대한 지루하고도 신랄한 논의는 내가 보기에 시대에 뒤쳐진 것이며 완전히 시간낭비일 뿐이다. 이는 우선 우리가 현실에 대한 통제력을 갖고 있지 않기 때문이고, 두 번째로, 내가 목격한 모든 승리는 제한적인 승리일 뿐이었고 그나마도 또다시 수정을 거쳐야 하는 것들이었기 때문이다. 효율성의 측면에서 보자면 정치, 특히나 적대적 정치행위는 엄청난 에너지를 소비하면서도 변화라는 결과물은 극히 미미한 매우 소모적인 기계와 같다. 게다가 이 기계는 계속적으로 에너지를 소비해야만 그 소량의 결과물이나마 보존할 수 있다.

우리가 서로의 투쟁 노력을 존중하는 한, 그리고 모든 투쟁이 국가 내부적으로 혹은 국가들 사이에서 부, 자원, 권력의 더욱 공정한 배분을 위해, 그리고 세계적 변화를 위해 기여한다고 인식하는 한 '혁명이냐 개혁이냐'를 둘러싼 고전적 논의와 이 두 주장의 중간에 위치한 그 모든 논의는 그다지 중요하지 않다. 자본주의는 헤아릴 수 없이 많고도 다양한 공격 앞에서 결국 동요하지 않을 수 없을 것이다. 하지만 우리는 그날이 언제일지 알 수 없기 때문에 이를 목표로 한 그 어떠한 투쟁 노력—심지어 이 목표와 직접 관련된 것이 아니라 할지라도—도 불신임의 대상으로 삼을 수 없다.

나는 '글로벌 익스체인지'*의 공동설립자 케빈 도나허가 누구도 모방할 수 없는 그 자신만의 넘치는 에너지를 보이며 했던 "이쪽이나 저쪽이나 우리는 모두 같은 편입니다"란 말을 좋아한다. 양복에 넥타이를 매고 사무실에서 국회의원, 장관, 공무원을 상대하는 사람이나, 청바지에 방한용 재킷을 걸치고 세계은행 회의장이나 WTO 각료회의장으로 가는 길을 점거하는 사람이나 결국 모두 같은 편이라는 사실을 말하고 있었던 것이다. 다양한 사람들이 우리와 함께 하고 있으며, 우리는 이 점을 기쁘게 받아들여야 한다.

우리가 펼치는 운동은 우리들 개개인, 그리고 우리들 각자가 지닌 재능과 기술을 모두 필요로 하는데, 이는 우리가 현재 직면

---

* Global Exchange. 1988년에 수립된 국제인권단체로서 세계 각 지역의 사회, 경제 및 환경 정의 실천을 목표로 활동하고 있다.—옮긴이

한 싸움이 다방면에서 전개되고 있으며 또한 비교할 수조차 없는 중대성을 지닌 것이기 때문이다. 나는 자본주의가 인간의 얼굴을 갖고 있다거나 또는 그렇게 될 수 있을 거라는 주장을 믿지 않는다. 만약 지금의 이 체제가 어떤 식으로든 그나마 견딜 수 있는 거라면 이는 사람들이 긴 세월에 걸친 투쟁의 결과 이 체제의 잔혹성을 어느 정도나마 누그러뜨릴 수 있었기 때문이다. 세계화라고 이름 붙여진 현재의 자본주의적 기획의 일환은 어렵게 성취한 이 투쟁의 결과물을 우리의 손에서 최대한 다시 빼앗아가는 것이다. 그리고 이 체제의 주요 행위자는 만약 자신들이 궁지에 몰렸다고 느끼게 될 경우 포악한 짐승처럼 반응하리라는 점에는 의심의 여지가 없다.

따라서 자본주의에 맞서 싸운다 함은 수사적 대응만 하기보다는 과거의 성취를 지키고 더 확대하기 위한 근로대중의 투쟁을 지지하는 것을 의미한다. 이는 다시 개인적 불편을 감수하고서라도 대중과 연대하여 파업에 참여하고, 경제적 희생을 감내해야 함을 의미한다. 노동조합이 항상 옳은 주장을 펴는 건 아니지만 고용자나 정부에 비하면 훨씬 낫다. 아직까지 노동조합은 미국을 포함한 많은 지역에서 강한 반대에 직면해 있고, 조합원들은 조직적인 협박과 괴롭힘에 시달리고 있다. 국제노동기구는 활동으로 인해 살해당하거나 구속된 노동조합원의 명단을 기록하고 있는데 노동자의 권리를 위해 매년 수백 명에 달하는 사람들이 자신의 목숨과 자유를 희생하고 있다.

세계 어느 곳에서가 되었든, 또 우리의 모든 행동이 정확히 같은 틀 안에서 펼쳐지는 것이든 아니든 간에, 우리가 벌이는 모든 행동의 목표는 인간과 자연이 함께 번영을 누릴 수 있는 공간을 창조하고 현재의 체제가 우리의 요구에 반응하도록 만들며, 현 체제의 모순점을 찾아내어 더 많은 사람들이 이 모순점을 인식하도록 하고, 현 체제가 결국엔 버티지 못하고 무너져 내릴 때까지 공격의 고삐를 늦추지 않는 것이다. 구체적이고 실제적이며 일상적인 우리의 투쟁이 모두 이를 목표로 하고 있다. 하지만 이와 동시에, 이런 일상적 투쟁을 우리의 눈에 보이지는 않지만 분명 우리와 함께 하는 수많은 사람이 하나씩 쌓아 올리는 벽돌과 기둥으로 만들어지는 거대한 건축물의 작은 부분이라고 인식한다면 이런 투쟁이 어떠한 성격을 갖는지 또한 이해할 수 있다.

지금과는 다른 세계를 가로막는 것은 무엇인가?

이제 우리가 인간본성이나 추상적 개념을 둘러싼 논쟁, 그리고 무엇보다도 서로 간의 싸움을 피할 정도의 이해를 갖추었다고 보고 적수에 대한 이야기를 구체적으로 해보려 한다.

편의를 위해 적수를 여러 개의 범주(중복되는 부분이 있을 수도 있다)로 나누어 보여주는 표를 하나 만들어보았다.

지리적 단위	공공영역	민간영역
지역		
국가		
유럽		
세계		
지구(환경)		

한 집단의 구성원에게 이 표를 채워보도록 한 뒤 각자 작성한 것을 서로 비교해보면 흥미로운 결과를 얻을 수 있을 것이다. '지역-민간영역'에 해당하는 칸에는 은밀히 노동착취를 자행하는 기업(로스앤젤레스에서 해당 사례가 밝혀진 바 있다)이 들어갈 수도 있고 노동파업을 초래한 기업이 들어갈 수도 있다. 빈곤층 거주지에 유해물질 폐기장을 건설하려는 시 단위의 프로젝트나 대중교통시설의 축소, 민영화, 폐지 등을 추진하려는 계획은 '지역-공공영역' 칸에 해당할 것이다. '지역'에 해당하는 칸에 들어갈 사안이 무엇인지는 각 지역 주민들이 가장 잘 알 수 있다.

지리적 단위	공공영역	민간영역
지역	(…)	(…)
국가	국가(?)/개별 정부정책/법률/일부 정당+선거지원금	고용자단체/일부 업체 연합/농업부문 대형 로비단체/일부 언론
유럽	유럽위원회의 일부 (통상, 경쟁, 농업 부문)	유럽농업가협회(Eurofarm)의 로비/유럽경제인연합회/유럽기업가협회(ERT)/유럽과학재단(ESF)/유럽지역산업별협의회
세계	IMF/OECD/G8/조세피난처/WTO(특히 '서비스교역에 관한 일반협정')/미국정부+미군	다국적기업/AGRIBUS/대서양산업협의체(TABD)/금융시장 행위자/다보스포럼
지구(환경)	WTO/IMF/세계은행	정유/자동차/화학/임업/광업/원자력발전

나머지 칸에 들어갈 수 있는 것의 예를 표와 같이 정리해보았다. 내가 '국가' 및 '세계'에 해당하는 칸을 임의로 채웠을 뿐이지 이 예시가 완전한 것은 아니고, 진보적 인물 사이에서, 심지어 같은 단

체의 사람들 사이에서도 각 칸에 들어갈 대상에 대한 이견이 있을 수 있다.

국가별 층위

'지역'에 해당하는 칸은 해당 지역주민들만이 정확히 채워 넣을 수 있으므로 '국가'에서부터 논의를 시작하도록 하자. 나는 이 칸에 적어 넣은 '국가'라는 답 옆에 물음표를 하였는데, 이는 여타의 여러 목표를 성취하려면 국가(현재보다 훨씬 민주화되더라도)라는 존재가 필요하다는 나의 견해에 아마도 무정부주의자는 동의하지 않을 것이기 때문이다(내가 이들의 입장을 정확히 이해한 거라면 말이다). 국가가 정말 우리의 적수일까? 문제를 어떻게 이해하는가에 따라 이에 대해서는 각기 다른 답변이 있을 수 있다.

내가 보기에 2차 세계대전 직후의 유럽 국가들은 우리의 적수가 아니었지만 지금은 이 국가들이 갈수록 점점 더 그런 모습을 띠고 있다. 불행한 일이지만, 적어도 현재로서는 국가가 우리의 공격대상이 될 수 있는 많지 않은 적수 가운데 하나로 꼽힌다. 한 예로 금융거래에 세금을 부과하는 사안에 대해 생각해보자. 이 과정은 어떻게 이루어질 수 있는가? 유엔의 포고령으로 이러한 일이 가능할까? 그런 경우란 상상할 수 없다. 유럽위원회의 자발적 결정으로 가능할까? 마찬가지로 기대할 수 없는 일이다. 미국, 그리고 미국의 달러화를 사고파는 이들이 갑자기 동정심을 느껴 아량을 베풀게 되기를 기다려보는 건 어떨까? '꿈도 꾸지 못할 일'이다.

내가 보기에 유일한 희망은 유럽의 각국 정부가 시민의 조직적 압력에 굴복하여 유럽이 금융거래에 대한 조세를 실시하는 첫 번째 경우가 되도록 하는 것뿐이다. 유럽의 각국 정부를 상대로 영향력을 행사하는 일은 쉽지는 않겠지만 분명 가능한 일이다. 국제적 차원에서 직접적인 행동을 벌이거나 은행과 증권사를 상대로 세금부과안의 수용을 요청한다고 한들 분명 성과는 없을 것이다.

또 하나의 예로, 유럽위원회도 궁극적으로는 각 회원국 정부로부터 지시를 받는 조직이라는 사실을 지적할 수 있다. WTO에 반대했던 1999년 시애틀 집회와 같은 매우 성공적인 시위를 우리가 조직할 수 있다고 하더라도, 또 유럽위원회의 무역정책을 조금이나마 바꾸기 위해 유럽 차원에서 조직된 행동을 펼칠 수 있다고 하더라도 우리가 유럽위원회를 상대로 직접적이고 지속적인 영향력을 행사하기란 불가능하다.* 유럽의회의 권한은 매우 미미한 수준이다. 유럽의회는 유럽위원회가 고려 대상으로 삼을 수 있는 결의안을 통과시킬 수는 있으나 위원회가 이 결의안을 의무적으로 수용해야 하는 것은 아니다. 통상 분야를 포함한 모든 유럽위원회 소속 위원의 지시사항을 변경하기 위해서는 회원국의 지속적인 요청이 있어야 한다. 이 역할을 맡을 수 있는 다른 조직은 존재하지 않는다.

WTO를 포함한 국제기구를 상대로 지속적인 영향력을 행사하기 위해서도 그 기구에 속해 있는 회원국 정부를 상대해야만 한다. 우리가 시애틀에서 거둔 승리로 인해 우리의 적수는 더 큰 경계심을 갖게 되었고, 2년 뒤 도하에서 열린 WTO 각료회의에서 시애틀 집회의 성과물은 모두 파기되고 말았다. 최빈국에 대한 부채탕감 정

---

* 우리는 유럽위원회가 '서비스교역에 관한 일반협정(GATS)'의 협의 과정에서 좀 더 투명한 입장을 취하도록 압력을 가하였지만 유럽위원회를 직접 상대함으로써 앞으로 더 많은 결과를 얻기란 어려울 것이다.

책도 각국 정부에 대한 압력이 아니었다면 불가능한 일이었다.

나는 국가가 계급이익을 표현하고 이를 지키는 기구이며, 니체가 말했듯 '그 무엇보다도 냉혹한 괴물'과 같은 존재라는 사실을 잘 알고 있다. 하지만 나는 우리가 할 수 있는 모든 방법을 사용해야 한다고 주장하고자 한다. 민주적 자유도 그러한 도구 중 하나이며, 이를 등한시하거나 경시하지 말고 소중히 여겨 잘 활용해야만 한다. 이 자유는 사람들이 목숨을 바쳐 확립한 것임을 잊어서는 안 된다. 우리가 할 수 있는 최소한의 일이란 크나큰 고통을 대가로 얻어낸 이 모든 권리를 활용함으로써 이를 위해 목숨을 바친 사람과 그들이 벌인 투쟁에 대한 우리의 존경을 표하는 것이다. "민주주의란 소유하는 것이 아니라 실천하는 것이다"라고 누군가 말한 적이 있다. "다 같은 놈인걸!" 운운하며 투표를 거부하는 사람은 내가 보기에 신자유주의자를 위해 신이 내려준 구세주 같은 존재이다.

또한 다른 정부에 비해 좀 더 상대하기 쉬운 정부가 있다는 점도 분명하다. 아무리 형편없는 '좌파' 정부라 하더라도 우리에게 빚진 것이 전혀 없는 우파 정부에 비해서는 여전히 더 손쉬운 상대가 될 수 있다.

각국 정부는 "도움이 되고 싶지만 그럴 힘이 없다"는 말을 카드 게임의 조커처럼 이용하곤 한다. 이러한 방식은 정부가 시민을 상대하지 않으려 할 때 흔히 사용하는 전술이다. 사실상 국가는 때때로 스스로 인정하는 것보다 여전히 더 큰 권력을 갖고 있다. 무정부주의자들과는 달리, 나는 우리가 민주적 경로를 통하여 실제로 접촉할 수 있고 또한 사실상 유일한 의미 있는 상대인 각국 정부에 끝까지 매달려야 한다고 생각한다. 국제적 차원에서는 민주적 절차가 존재하지 않는다는 점도 사람들이 가두시위를 벌이게 되는 분명한 이유 가운데 하나이다. 현재 시민들에게는 금융정책이나 무역규정 등에 관한 발언권이 없는 것이다.

하지만 국가를 둘러싼 문제에 대해 남반구 출신 사람들과 이야기해보면 이들 가운데 거의 대부분은 변화를 가로막는 가장 큰 장벽이 바로 자신의 정부라고 지체 없이 답변하곤 한다. 그런 후에야 이들은 정부가 대변하고 있는 계층이나 정부에 대한 반대를 억압하는 비민주적 법률, 관행, 언론의 자유, 의미 있는 시민운동 등에 대한 논의를 시작한다. 아프리카 사람들은 이 점과 관련하여 특히 심각한 문제를 경험하고 있다.

남반구 국가들에서는 많은 경우 인맥과 네트워크가 사회의 기반으로 기능한다. 불법적 특혜 제공이나 개인의 공금 유용처럼 서구 사회에서는 '부패'라고 불리는 현상이 이런 국가에서는 권력을 쥔 개인이 자신이 속한 대가족에 갖게 되는 의무로 여겨지기도 한다. 남반구 국가 지도자에게만 해당하는 이야기라고는 할 수 없지만 실제로 이들은 개인의 부를 위해 공적자금을 도용하는 고전적 의미의 부패를 빈번히 저지르고 있다. 이들은 더 큰 권력을 가진 북반구 국가의 가장 악질분자들과 손을 잡고 자신의 동포에게 해가 되는 일을 벌이기도 한다. 이들의 입장을 옹호해서 말해보자면, 사실상 이들은 거의 저항이 불가능한 압력을 받고 있다고 할 수 있다. 시민적 도덕성과 용기를 갖춘 모범적 인물일지라도 북반구 국가의, 그리고 이들이 조종하고 있는 IMF와 같은 국제기구 앞에서는 적어도 부분적으로나마 자신의 뜻을 굽히지 않을 수 없게 된다.

나는 한 회의석상에서 남반구 엘리트들은 자기 동포보다 북반구 협력자들와 오히려 가깝다고 발언한 적이 있다. 그때 한 이탈리아 출신 사업가가 이는 틀린 지적이라고 반박하였다. 그 사업가는 이 엘리트들이 너무나 부패하여 어떤 분야에서도 부유한 국가 사람들에게 신뢰할 만한 동반자가 될 수 없다는 것이다. 그 사업가의 주장이 옳을 수도 있다. 하지만 한 가지 분명한 점은 그런 국가를 민주화하고 일반 시민에게 힘을 실어주는 것이 이런 엘리트와 그들의 부패에 맞서 싸우는 길이라는 것이다. 뒤에서 다시 다루겠지만 그 방법 또한 여러 가지이다.

국제적 층위: 시장은 우리의 적수인가?

'세계-민간영역' 부분에 내가 제시한 예시답안에서 빠진 요소 중 하나가 시장이다. 시장이 분명 여기에 포함되어야 한다고 생각하는 사람도 있을 것이다. 하지만 나는 국가와 마찬가지로 시장 그 자체는 우리의 적수가 아니라고 생각한다. 모든 시장이 꼭 자본주의적일 필요는 없으며, (통제된) 경쟁의 장을 마련해주고 혁신성과 창조성을 장려하며 자원을 배분하고 가격결정의 기능을 담당하는, 고전 경제학자들이 주장하는 바 그대로의 방식으로 유용한 기능을 제공할 수도 있다. 빵 한 조각이나 책 한 권을 살 때마다 가격 흥정을 벌이고 싶은 사람은 없다. 컴퓨터를 살 때도 여러 제품을 비교해 볼 수 있다면 더 만족스런 선택을 할 수 있을 것이다.

내가 보기에 여기서 논의 대상이 되는 문제는 시장이란 제도의 존폐 여부가 아니다. 물론 시장의 폐지를 논의하려면 인류 역사의 여명기부터 사실상 모든 사회에서 어떤 식으로든 존재해왔던 제도를 없애는 것이 가능하리라는 전제도 필요하겠지만 말이다. 시장의 형성을 막는 것은 내리는 비를 막겠다는 것과 다를 바 없다. 하지만 현재의 제도에 엄격한 제약을 가하고, 인간이 시장의 규칙에 지배당하지 않도록 하며, 모든 사람이 거래에 참여할 수 있도록 하는 것은 가능한 일이다.

무슨 이유에서건 가진 돈이 없는 사람에게는 생필품을 구입할 수 있는 현금대용 쿠폰이 지급되어야 하고, 또한 이들의 기본적 수입에 대한 권리도 보장되어야 한다. 남반구의 저소득 국가에서는 식량난이 발생할 경우 해당 품목의 유통량에 대한 관찰을 근거로 곡식이나 원유의 시장 거래를 금지할 필요도 있다. 이 주요 품목들은 민간 거래업자의 손을 거치지 않도록 해야 하는데, 해당 품목의 품귀현상이 벌어질 경우 일반 대중을 상대로 폭리를 취할 것이 분명하기 때문이다. 일부 필수품은 시장에 맡기기보다 공공재로 취급할 필요가 있는데, 이 가운데 가장 대표적인 것이 물이다. 하지만 동시에 이 품목들은 공급 또한 넉넉지 않으므로 낭비를 막기 위한 제도가 필요하다. 물을 예로 들면 일인당 일정한 하루 소비량에 대해서는 무료 혹은 최저가로 제공하되 그 이상의 구매에 대해서는 가격을 매우 높게 책정하는 방식을 적용할 수도 있다.

공공서비스는 그 본질상 시장의 외부에 자리해야 하고, 모든 사회는 해당 사회 내에서 공공서비스로 취급해야 할 것이 무엇인지에 대한 독자적 결정권을 가질 수 있어야 한다. 교육과 보건은 무조건 공공영역으로 남아 있어야 하며 모든 사람에게 제공할 수 있어야 한다. 각 사회별로 그 밖의 추가적인 민간 시설(이를테면 특정 종교계 학교 등)이 존재한다면 이는 바람직하게 받아들일 수 있다. 대다수 사회는 가능하다면 교통, 통신, 에너지 등의 분야도 대체로 시장제도 외부에 위치시키려 할 것이다. 여기서 중요한 점은 어떤 분야를 시장 내부에 위치시키고 어떤 분야를 공공서비스 분야로 지정할 것인지의 문제가 민주적 토론 과정을 거쳐 결정되어야 한다는 점이다.

주류 경제학자들은 시장경제 덕분에 소비자들이 경쟁을 통해 형성된 최저가의 혜택을 본다고 주장한다. 해당 품목의 공급이 독점이나 혹은 이에 버금가는 과점을 통해 통제되지 않는 상황이라면 이들의 주장이 옳다고 할 수 있다. 하지만 모든 사람이 균일하고 단순한 소비자로서만 존재하는 것은 아니다. 노동자, 학생, 환자, 실직자, 은퇴한 사람, 장애인, 그리고 가정을 꾸려나가는 모든 사람은 많은 경우 시장으로부터 보호해야 할 필요성도 있다. 어려운 과제이지만 반드시 성취해야 하는 균형상태가 무엇인지 바로 이 지점에서 드러난다. 또한 우리는 시장에 흘러들어오는 상품의 생산자가 누구인지, 그리고 이들이 어떻게 작동하고 있는지에 대해서도 살펴보아야 한다. 어떠한 형식이 되든지 간에 미래의 체제도 부의 창조와 분배를 담당할 수 있어야 할 테지만 그렇다고 해서 이 과정이 반드시 자본주의적인 생산과 분배의 방식이어야 할 필요는 없다.

내가 '세계'에 해당하는 부분에 기입한 답안 중 시장은 빠져 있지만, 현재는 그 자리를 미국이 대신하고 있다. 이는 미국이 미국인뿐 아니라 전 세계, 우리 모두에게 문제가 되고 있기 때문이다. 나는 이 문제가 결정적으로 중요하다고 본다. 따라서 다음 장 전체를 이 점에 할애하고자 한다. 독자들은 다음 장을 읽기 전까지는 반미구호 외치기를 잠시 멈추어주기 바란다.

나는 현재의 미국정부가 우리의 적수로 분류되어야 한다고 본다. 현재의 미국정부는 사람들에게, 이 지구에, 그리고 평화에 위협이 되고 있다. 따라서 아마도 가장 위험한, 그리고 가장 상대하기 어려운 적수일 것이다. 자본주의를 상대로 한 싸움과 마찬가지로 미국을 상대로 한 싸움을 시도하는 것도 버거운 작업이 될 것임에 틀림없다. 하지만 그럼에도 불구하고 우리는 노력을 기울여야 하며, 미국을 상대로 한 투쟁을 우리의 기본 목표 중 하나로 삼아야 한다.

5장 유럽과 미국의 대결*

나는 이번 장이 신랄한 비평과 비난을 불러일으킬 것으로, 또한 이른바 정치적으로 흠잡을 데 없는 인물들이 펴놓은 탐색망의 관심을 끌게 될 것으로 예상한다. 반미주의에 대하여(잘못된) 비난을 퍼붓는 사람도 있을 테고, 서구중심주의, 그중에서도 특히 유럽중심주의에 대한 비판을 제기하는 사람도 있을 것이다. 안타까운 일이 아닐 수 없다. 내가 반미주의자가 되기란 얼마나 어려운 일인지를 여기서 바로 밝힐 필요가 있겠다. 나는 12세대 미국인의 한 사람으로서 지금에 와서 나의 조상, 가족과 친구, 다녔던 학교, 캠프와 동료, 내가 배운 역사와 헌법, 나 스스로 소중히 여기는 가치에 반하는 태도를 취하고 싶은 생각은 없다. 이와 반대로, 나를 놀라게 하고 분노하게 만드는 것은 바로 조지 W. 부시 행정부가 공공연히 벌이고

---

* 이 글은 많은 수정을 거친 것이긴 하지만 본래는 2003년 6월 런던 메트로폴리탄 대학의 '유럽변화연구소' 취임 기념 연설문이었다.

있는 행태, 즉 미국 역사의 부인, 헌법에 대한 모욕, 그리고 소중한 미국적 가치의 왜곡이다. 나는 이 집단들이 기업체를 중심으로 한 쿠데타를 서서히 벌여나가고 있다고 믿는다.

반미주의자가 된다는 것과 현재 미국의 권력기구 및 기업 중심의 정부에 반대하는 것은 다르다. 거기에는 큰 차이가 있다. 내가 존경하며 항상 함께 일하고 있는 여러 미국인은 훌륭한 자질을 지니고 있다. 나 자신도 그러한 자질을 일부나마 공유하기를 바랄 뿐이다. 게다가 내가 개인적으로 알고 있는 미국인들은 그들이 현재 직면해 있는 미국의 기업 중심 군사화를 가장 먼저 개탄했던 사람들이기도 하다. 현재의 미국정부는 시민의 자유를 축소시키고 고분고분한 언론을 이용하여 사람들에게 정치적 선전공세를 퍼붓는 데 여념이 없을 따름이다.

서구중심주의에 대해 있을지도 모를 비판과 관련하여 미리 말해두자면, 수년간에 걸쳐 나의 활동에 함께 해주었고, 우리가 꿈꾸는 또 다른 세계를 만들기 위해 세계의 모든 민족과 국가, 여러 다양한 문화가 각기 고유한 기여를 할 수 있다고 하는 나의 진실된 믿음에 대해 증언해줄 수 있는 세계 각지의 여러 친구들이 있다고 감히 밝힐 수 있겠다.

하지만 지금 여기서 나는 지정학과 역학관계에 대해 다루려 하고, 우리의 심정과 소망 대신 냉철한 현실적 사고와 전략에 대해 이야기하려 한다.

미국이 그 어떠한 진보적 기획에라도 동참하기를 기대하기란 매우 어려운 실정이다. 만약 그럴 가능성이라도 있을 수 있다면 말이다. 세계은행이나 IMF, WTO와 같은 국제조직은 대체로 미국의 뜻대로 움직이고 있다. 이러한 이유와 여타의 이유로 인해 나는 우리의 적수로 꼽은 존재 가운데 현재의 미국정부를 가장 첫 번째 자리에 놓으려 한다.

우리에게 힘이 되는 여러 구호와 외침이 존재한다는 것은 환영할 일이다. 모든 정치적 운동은 이런 함성과 표현을 필요로 하기 마련이다. 하지만 우리가 온갖 수사를 포기하고서 더욱 냉철해지고, 더욱 비판적, 분석적이 되는 순간 우리는 '어떠한 조건 하에서 지금과는 다른 새로운 세계가 가능할 것인가?' 라는 질문을 피할 수 없게 된다. 이 질문은 운동에 참여하는 사람들의 사기를 북돋기 위한 또 하나의 표어에 불과한 것인가, 아니면 진지한 제안인가? 나는 이 질문에 대한 대답이 유럽의 생명력, 또한 유럽의 미래와 필연적이고도 불가분의 관계를 맺고 있다고 믿는다.

새로운 세계를 향한 유럽의 지도력?

간단히 말해서 나는 유럽이 스스로의 결정적 역할을 인식하지 못한다면, 그리고 자신의 뿌리와 문화, 이 땅이 거쳐 온 역사의 좀 더 긍정적인 측면, 특히 2차 세계대전 이후의 건설적 역사를 충실히 지켜나가려는 결단력을 갖추지 않는다면, 또한 이를 기반으로 미래로 나아가지 않는다면, 지금과는 다른 새로운 세계의 건설이 불가능할 것으로 본다.

더 나아가 우리가 유럽인의 의식을 그와 같이 형성하는 데 실패한다면, 그리고 이러한 의식을 바탕으로 미국과는 차별화된 유럽적 사회양식을 만들지 못한다면, 또 이러한 사회양식을 새로운 세계 수립의 기반으로 이용하지 못한다면, 새로운 세계의 건설에 대한 희망이 사라질 뿐 아니라 유럽 스스로도 정체의 늪에 빠져들지 않을 수 없을 것이라고 본다. 아름다운 교회 건물과 성채, 그리고 포도주만 남기고 말이다.

유럽이 정치적, 경제적, 사회적, 생태적 측면에서 미국에 대한 견제자로서 적극적이고도 의식적인 행동을 펼치지 않을 경우 패권적 미국 지도층의 위세가 곧 모든 문제에 대한 결정권과 감독권을 행사하게 될 것이다. 이들이 어떤 방식으로 자신의 실력을 발휘할 것인지의 문제는 전적으로 이들의 손에 맡겨지고 말 것이고, 이와 동시에 유럽의 자본주의는 더 한층 세력을 공고히 할 것이다.

내 생각은 이렇다. 환경적 측면에서의 지속가능성을 염두에 두고 사회적 책임을 다하며 인간적 생존이 가능한 세계를 향한 그 어떠한 의미 있는 움직임에 대해서도 미국의 권력기구는 명확히 반대의 태도를 보인다. 그와 같은 세계는 협력을 통해서만, 시장의 위력에 대한 통제까지 포함하는 동일한 원칙의 준수에 대해 여러 국가가 합의함으로써만 수립될 수 있다. 미국, 특히 근래의 미국은 그 어떠한 국제조약이나 외부 권위에도 따르는 모습을 보인 적이 없다. 뜻밖의 요행으로 미국 외교관들이 이런 조약을 받아들이는 경우에도 현직 상원의원들이 나서서 승인을 거부하고 만다.

심지어 미국은 소말리아와 더불어 아동권리협약*마저 비준하지 않고 있는 유일한 국가 중 하나로 남아 있다. 미국이 WTO와 같은 초국가적이며 가혹한 강제력을 가진 조직에 가입하는 경우에도 해

---

* 유엔아동권리협약(Convention on the Rights of the Child)은 아동의 생존, 발달, 보호에 관한 기본 권리를 명시한 협약으로, 1989년 11월 20일 유엔총회에서 만장일치로 채택돼 2003년 1월 현재 소말리아와 미국을 제외한 세계 191개국이 비준했다. 한국은 1991년 가입했다.—옮긴이

당 조직의 규정을 필요할 때만 이용하고 그렇지 않은 경우에는 쉽게 무시하고 만다. 이러한 것이 내가 알아왔던, 혹은 내가 안다고 생각했던 미국의 모습은 아니다. 하지만 우리가 현재 대면하고 있는 것은 바로 이러한 모습의 미국이다.

심지어 미국은 같은 지역 내에 경쟁자가 생기는 것도 원치 않는다. 미국의 정책결정권자들은 먼 곳을 내다보는 사람들이다. 그들에게서 감상적이거나 순진한 면모를 찾기란 불가능하다. 그들은 미국의 패권을 상대로 유럽이 드리울 수 있는 위협을 인식하고 있으며, 특히 유로화가 강세를 보이기 시작한 이래로 이 사실을 더욱 심각하게 받아들이고 있다.* 유럽인이 현재와는 다른 세계의 모습을 수호한다고 인식하거나 심지어 이러한 세계를 향해 조금씩 나아간다고 느낄 경우 미국은 유럽인에 대한 공격을 때로는 드러나지 않게, 또 때로는 노골적으로 취하게 될 것이다.

쉽게 말하자면, 미국의 정책결정권자들은 전쟁도 마다하지 않을 것이다. 나는 그들이 이미 여러 방면에 걸쳐 이러한 전쟁을 개시했다고 보는데, 이는 진정한 정치적·경제적 힘으로 뒷받침된 대안적 세계관이 갖는 위협이 어떤 것인지 정작 유럽인 스스로는 인식하지 못하고 있는 반면 미국인은 이를 잘 알고 있기 때문이다. 2억 8천만 인구와 10조 5천억 달러의 국민총생산을 가진 미국에 대해 4억 3천만 명의 인구에 총 9조 6천억 달러의 국민총생산을 가진 집단의 잠

---

* 하지만 이미 1992년에 당시 미 국방부 부장관이었던 폴 월포위츠는 '국방계획지침'과 관련된 자신의 기밀보고서에서 다음과 같이 주장하였다. "우리는 잠재적 경쟁자들이 더 넓은 지역과 세계적 차원에서 역할을 맡는 것에 대해 희망조차 품을 수 없도록 만드는 체제를 구축해야만 한다." 월포위츠가 최우선 순위로 꼽은 잠재적 경쟁자는 서유럽 국가들이었다.

재적 위협이 어떠할 것인지를 미국은 잘 인식하고 있다.

　미국적 양식과는 차별화된, 그리고 이와 경쟁할 수 있는 양식을 구축하고 실현하려면 분명 큰 용기와 탁월한 지도력, 지칠 줄 모르는 지구력이 요구될 것이다. 유럽이 이러한 자질을 갖추지 못하고 있을 수도 있다. 그리고 어쩌면 이를 목표로 한 시도조차 하지 않을 수도 있다. 하지만 유럽이 이를 실현하지 못한다면 지금과는 다른 새로운 세계를 향한 꿈은 그저 꿈에 그치고 말 것이다. 이런 이유로 유럽인, 특히 지구촌 정의실천 운동에 활발히 참여하고 있는 사람들은 무거운 책임을 지고 있는 것이다. 적어도 앞으로 수년간은 유럽 단독으로도 미국에 맞설 수 있다. 다시 한 번 밝히는 바이지만 그렇다고 해서 세계의 다른 지역, 다른 민족이 이 과정에 기여할 수 있는 바가 없다는 의미는 전혀 아니다. 그들이 기여할 수 있는 바가 있음에는 의심의 여지가 없다.

　전 세계적인 인구통계학을 떠올려보면 누구나 갈수록 증대되고 있는 중국과 인도의 경제적 영향력에 대해 생각하게 될 것이다. 중국과 인도가 지정학적 주도력을 갖게 될 날은 틀림없이 올 것이다. 하지만 솔직히 말해 나는 아직 그 때가 오지 않았다는 사실을 다행으로 여긴다. 만약 나에게 선택의 기회가 주어진다면 나는 현재의 억압적인 중국식 모델도, 또한 신분차별 제도로 병들어 있는 인도식 모델의 종교전쟁도 원하지 않을 것이다. 아시아의 신흥경제성장국들처럼 일본도 인구규모가 그다지 크지 않고 경제적 침체로 끝도 없는 난관에 봉착해 있다. 그리고 2차 세계대전 이래로 거의 60년 가까운 세월 동안 자민당의 통치를 받아왔는데 자민당이 미국에 등을 돌릴 가능성이란 이들 자민당 의원들이 옷을 벗고 긴자 거리를 행진할 가능성보다도 적다고 하겠다. 브라질을 포함한 남미 지역의 여타 국가들이 희망의 중심지 역할을 하고 있고, 이 나라들이 우리에게 값진 사회적 실험을 제공해주리라는 점은 확신할 수 있다. 하지만 해외자본 및 수출 지향적 시장에 대한 의존과 대외적 부채 문제 등을 포함한 여러 이유로 이 나라들은 아직 다른 영역에서 자신의 희망대로 자유롭게 움직일 수 없는 처지이다.

따라서 현재로서는 지금과는 다른 방식, 그리고 대안적 양식의 성취를 목표로 역사의 현시점에서 지도적 역할을 맡을 수 있는 역사적, 문화적 경험과 경제적, 상징적 힘을 갖춘 미국 이외의 대륙은 유럽뿐이다. 유럽이 선두에 서면 다른 국가도 여기에 동참할 수 있을 것이다. 만약 나의 가정이 옳다면 다음과 같은 결정적 의문점이 생길 수 있다. 유럽이 전 세계를 위한 대안적 양식을 제안할 수 있을 것인가? 그러한 양식의 건설이 가능할 것인가? 그리고 만약 가능하다면 어떻게 이루어질 수 있을 것인가?

가치의 공유?

대서양을 사이에 둔 양쪽 대륙에서 토니 블레어와 콘돌리자 라이스를 포함한 많은 인물이 미국과 유럽은 동일한 가치를 공유한다고 말하곤 한다. 이런 말은 위로로 삼을 수 있는 말일지는 모르겠지만 나는 그런 말이 옳다는 확신이 없다. 미국이 사회 및 환경보호에 관련된 문제에 대해 보이는 무관심한 태도를 진지하게 관찰하다 보면 대부분의 유럽인은 미국인과 공유하고 싶은 것이 많지 않다는 생각을 하게 된다.

현재의 유럽공동체가 국제법의 적용을 통한 분쟁의 평화적 해결을 원칙으로 하여 1950년대에 수립되었음을 상기해볼 필요도 있다. 미국의 지도층이 보이고 있는 태도는 이러한 자세와는 점점 더 멀어지고 있다. 유전자변형식품에 대한 거부감부터 주권국 침략에 대한 반대에 이르기까지 유럽인의 모든 태도에 대해 미국 지도층은 공격을 가하고 있다.

고위층 인사를 포함한 미국인들은 남에게 과시라도 하듯 갈수록 점점 더 종교적이 되어가고 있다. 종교적 근본주의자가 되어가고 있는 것은 아닐지라도 말이다. 교회와 국가 간의 경계선은 점점 더 희미해지고 있다. 법무부와 백악관에서 열리는 회의는 종종 기도로 시작되기도 한다. 유럽에서는 급속히 탈기독교화가 진행되고 있는데 반해 미국 내 많은 주정부는 창조론(성경이 글자 그대로 진실로서 수용되는 셈이다)을 받아들여 교과서에서 다윈주의와 진화론을 삭제하였다. 우리는 신을 공적 영역에서 몰아내기 위해 수세기에 걸쳐 너무 많은 종교적 투쟁을 겪은 바 있다.

미국은 아직까지 사형 제도를 유지하고 있고, 정신장애가 있는 사람까지 사형대로 보내며, 인구비율로 계산했을 때 세계에서 가장 많은 재소자 수를 자랑하고 있다. 외국인 수감자를 관타나모에 있는 캠프 엑스레이 수용소의 끔찍한 상황 속에 억류하고 있고, 50년 만에 처음으로 군사재판소를 부활시키기도 했다. 유럽의 사법체계가 완전하지 않다는 사실은 분명하지만 적어도 중세 시대로부터는 벗어나 있다. 대서양을 사이에 둔 두 대륙 사이에서 공통된 가치는 점점 더 줄어들고 있는 듯하다.

이끌 것인가, 이끌릴 것인가

유럽인들이 현재와 같은 위기상황에서 벗어나는 능력을 보여줄 것인가? 자신의 견해를 피력할 수 있는 위치에 있는 대부분의 유럽인이 미국식 모델에 단지 소극적으로 순응할 뿐 아니라 현재 많은 이들이 그러하듯 오히려 이를 적극 장려한다면 우리의 싸움은 더 어려워질 것이다. 기원전 5세기경 중국의 위대한 군사전략가 손자 이래로 우리는 전투를 벌이지 않고 승리하는 장수가 가장 훌륭한 장수라는 사실을 알고 있다. 우리의 적수가 우리의 목표를 그 자신의 목표로 받아들이게끔 만드는 것이 바로 전쟁의 목적이 아니겠는가? 만약 유럽 지도층이 미국의 군사적, 정치적, 경제적 목표를 완벽하게 자신의 목표로 흡수해버린 토니 블레어와 같은 인물로 채워졌다면 새로운 세계를 위한 우리의 전쟁은 시작도 전에 이미 막을 내리고 말았을 것이다.

유럽인들이 우선 해야 할 일은 현재 우리 눈앞에 놓인 난관의 실체를 인식하고 이를 받아들이는 것이지만, 안타깝게도 대부분은 우리 앞에 놓인 이 문제를 인식하지도, 받아들이지도 않고 있다. 유럽은 나의 바람과는 반대방향으로 나아가고 있다. 이라크 전쟁에 대해 내가 유일하게 긍정적으로 평가하는 것은 이 전쟁이 현재 미국 행정부의 본성을 분명히 밝혀내는 계기가 되었다는 점과 적어도 일부 유럽 국가의 정부가, 특히 국민이, 비록 오래 지속되지는 못하였으나 여전히 주목할 만한 자주적 움직임을 보일 수 있는 기회를 제공하였다는 점이다.

지금과는 다른 새로운 세계를 만들기 위한 대안으로서 유럽 모델을 만들 필요가 있음을 주장하는 나의 요청을 받아들인다면 현재

잘못되어 있는 점이 무엇인지 보여주는 길고 긴 목록을 작성할 수
도 있겠지만, 여기서는 그중 일부만 간단히 살펴보려 한다.

1. 유럽연합의 확대는 유럽연합 내부에서 미국 지지자들의 영향력
을 강화시킬 것이다. 충분히 이해할 수 있는 일이지만 동부 유럽
인은 소련 점령의 경험으로 인한 심리적 상처로부터 아직 회복
되지 않은 상태이고, 냉전을 승리로 이끌어준 소련의 경쟁국에
대해 적어도 아직까지는 무한한 감사의 심정을 갖고 있다.

2. 모든 경우에 있어서 미국에 편향된 입장을 취하고 있는 영국의
현재 태도는 경쟁력 있는 대안적 모델 구축에 도움이 될 수 없다.
영국이 미국보다 유럽을 우선시하지 않는 이상, '우리는 트로이
의 목마를 우리의 담장 안에 들여놓았고, 이제 이 목마는 꿈쩍도
하지 않으려 한다'는 드골 장군의 말이 옳았던 것이라고밖에 볼
수 없다.

3. 현재의 유럽위원회가 지향하는 신자유주의적 목표는 너무나 명
백히 드러나 있다. 유럽위원회는 기업과 민영화를 위해 활동하
는 조직이고, 유럽통상위원이며 스스로는 사회주의자를 자처하
는 파스칼 라미는 남반구의 가난한 국가로부터 강요된 합의를
이끌어내고 전 세계적으로 신자유주의를 확산시키는 역할에 있
어서 미국인보다 오히려 더 가차 없는 모습을 보이고 있다.

4. 유럽중앙은행은 인플레이션의 억제를 위해 노력하고 있지만 정
작 인플레이션은 문제가 아니다. 유럽중앙은행이 케인스식의 적

극적 역할을 최소한으로나마 떠맡을 것으로는 기대하기 힘들다. 게다가 유럽중앙은행은 미국 연방준비은행에 필적할 수 있는 권한을 갖고 있지 않기 때문에 원한다 하더라도 유로를 미국의 달러와 경쟁할 수 있는 진정한 대안으로 만들 수는 없다.

5. 오늘날 세계은행과 IMF는 거의 미국 재무부에 예속되어 있다고 할 수 있고, 이들은 미국 대외정책의 도구로 이용되고 있다. 미국의 지배적 지위에 도전할 수 있도록 유럽 국가들이 힘을 합쳐 투표권을 행사하지 않는다면 현 상황에 변화가 있기는 힘들 것이다. 내가 보기에 현재까지는 제도권 차원에서 현 상황에 대한 문제인식이 이루어진 바는 전혀 없다. 모든 인간 활동과 생명 그 자체까지도 시장에 귀속시키려 하는 WTO의 거대 구상에 맞서기 위해 유럽이 공동전선을 펼치고자 하는 움직임도 전혀 찾을 수 없다. 유엔은 대체로 그 힘을 상실하고 말았으며, 이라크 전쟁 기간 동안 프랑스, 독일, 러시아, 중국이 펼친 외교활동이 아니었다면 거의 고사하고 말았을 것이다.

앞서 밝혔듯이 위의 내용이 전부는 아니다. 여기에 다른 사항을 계속 추가하기란 매우 쉬운 일이다. 위에서 밝힌 사항과 그 이외의 다른 현황을 살펴보면 독자적인 유럽식 모델의 형성에 관한 전망이 밝지만은 않다는 사실을 깨닫게 된다. 하지만 현실이 그렇다 할지라도 '새로운 세계의 창조가 가능하다'는 구호만을 외치고 있을 수는 없다. 그 길이 멀고도 험할 것이며 매우 희망적인 것은 아니라는 점 또한 간과할 수는 없지만, 나는 새로운 세계의 수립 가능성에 대한 분명한 확신을 갖고 있다.

새로운 세계의 실현을 좀 더 현실적인 것으로 만들려면 유럽의 시민이, 정부와 기관이 미국 행정부의 이데올로기적, 정치적 지배로부터 자신을 해방시키는 것이 '자신의 이익에 부합하는 행위이며 이 지구를 위하는 것' 임을 인식하고 행동을 취해야만 한다. 미국이 영국으로부터 독립을 선언한지 2백년이 조금 넘게 지난 이 시점에서 영국을 포함한 유럽 국가들은 미국으로부터 독립을 선언해야만 하는 입장에 놓이게 되었고, 또 반드시 그렇게 해야만 한다. 유럽 각국 정부가 자발적으로 이러한 변화의 선두에 서지는 않을 것이다. 따라서 이 역할은 유럽의 일반시민이 맡아야 하며, 이 작업은 무엇보다도 중차대한 일이다.

성공적 대안으로서의 유럽

지구촌 정의실천을 위해 노력하고 있는 단체 대부분이 제안하는 양식은 서구 유럽에서 1930년대 이후 계속 발전해왔으며 특히 2차 세계대전 이후에 형성된 조세제도, 부의 재분배, 민주적 참여 등을 기반으로 한 보편적인 유럽식 모델이다. 많은 반론이 있음에도 불구하고 이 양식은 적어도 부분적으로는 오늘날까지도 작동하고 있으며, 우리는 바로 여기서 미국에 대한 반격의 기점을 찾을 수 있다.

유럽식 모델이 완벽하다고 주장하는 사람은 아마 없을 것이다. 하지만 미국식 제도에 비해서는 단연코 우월하다. 미국의 신자유주의자와 연대한 유럽의 신자유주의 세력이 이 모델을 쓰러뜨리기 위해 혈안이 되어 있다. 이 신자유주의 세력의 확장을 저지하기 위한 일부 주목할 만한 노력이 있어왔음에도 불구하고 신자유주의 세력은 점점 더 입지를 굳히고 있는 것이 오늘날의 현실이다.

이 같은 현실 속에서 미국이라는 거대한 존재는 거칠 것 없이 앞으로 발걸음을 옮기고 있다. 입증할 수는 없지만, 냉전 시기에는 미국이 소련보다 못하다는 소리를 들을 수가 없었기 때문에 할 수 없이 국내에서 일부 사회 프로그램을 유지하지 않았겠는가 하는 생각도 든다. 하지만 냉전이 끝나자 식량권 제도 등을 포함한 여타의 복지제도는 급격히 축소되었고, 동시에 근로계층과 실직자 계층 양쪽의 빈곤자 수가 모두 증가했다.

또한 나는 미국이 자국의 빈약하고도 불충분한 사회복지제도가 유럽에서 현재까지 유지되고 있는 좀 더 우월한 제도와 비교되는 것을 원치 않을 거라고 생각한다. 안타깝게도 유럽위원회는 근대 역사의 시작 이후 인류가 힘을 모아 수립한 가장 훌륭한 제도 가운데 하나를 붕괴시키려 하고 있다. 만약 유럽이, 현재의 유럽식 사회제도가 전 세계적으로 실현될 수 있으며 이에 필요한 재정과 자원이 준비되어 있다고, 그리고 유럽이 이 과정의 시작을 위한 주도적 역할을 맡겠다고 선언한다면 이는 미국에 대한 전쟁 선포가 되지 않을까?

한 여성의 경험을 통해 본 유럽식 모델

나의 생각처럼 미국이 이미 유럽과 전쟁 상태에 있다면 다른 모든 전쟁과 마찬가지로 이 전쟁에도 문화적, 사회적, 정치적, 경제적, 재정적, 그리고 군사적인 여러 차원이 존재할 것이다. 여기서 이 모든 측면에 대한 논의를 충분히 펼칠 수는 없겠지만 그래도 나는 그 가운데 일부 사안에 대해 간단하게나마 살펴보려 한다. 망원경을 거꾸로 보기라도 하는 것처럼 미시적이고도 개인적 차원에서 유럽식 모델에 대한 접근을 시도해보려 한다.

유럽이 세계적 차원에서 수행할 수 있고 또 수행해야 할 역할에 대한 나의 견해는, 미국에서 태어났지만 성인 시절의 대부분을 프랑스에서 보낸 내 개인적 경험으로부터 깊은 영향을 받았다. 지정학을 논하면서 개인적 경험을 덧붙여 이야기하는 것이 학문적으로 바람직한 형식이 아니라는 사실은 나도 알고 있다. 하지만 내가 학문을 본업으로 하는 사람도 아니고, 1960년대에 유행했던 말처럼 개인적인 것이 정치적인 것임을 경험이 입증해줄 수 있다고 생각한다.

나와 세 아이들 모두가 동시에 시험 준비에 매달려야 했던 때가 있었다. 나는 박사논문 발표를 해야 했고, 막내딸은 대입 시험을 준비해야 하는 등 각자에게는 아주 중요한 과제였다. 남편만 국민교육부(l'Éducation nationale)와 소르본의 손아귀에서 벗어나 있을 수 있었다. 결국 우리 식구는 모두 졸업장을 받을 수 있었는데, 여기서 내가 지적하고 싶은 바는 미국에서라면 이처럼 온 가족이 함께 학위를 따는 일은 생각도 할 수 없었으리라는 점이다. 심지어 우리처럼 상대적으로 혜택 받은 중산층 가정일지라도 말이다. 미국에서였다면 온 가족의 교육비는 상상을 초월하는 규모가 되었을 것이다. 세 아이를 우선 교육시켜야 하는 상황에서 나는 분명 박사과정을 그만두었을 것이다.

유럽에서 미국과 같은 교육제도를 실시하고 있었다면 나는 박사과정에 앞서 이수했던 프랑스 학부과정(철학사)도 아마 비용 문제로 시작할 수 없었을 것이다. 따라서 프랑스의 공교육 체제가 아니었다면 내가 이 책을 쓸 일도 없었을 것이고, 독자 여러분이 이 책을 읽을 일도 없었을 거라고 단언할 수 있다.

한 가지 이야기만 더 덧붙이고 다시 지정학에 관련된 본론으로 돌아가고자 한다. 앞서 한 이야기보다 더 가슴 아픈 이야기이지만, 이 역시 나의 논점을 잘 설명해줄 수 있는 예라고 생각한다. 1년 반 동안 지속된 힘들었던 시기를 간단히 말해보면, 남편은 수차례 입원을 반복하고 한 번은 대수술을 하였으며 중환자실에서 치료를 받았다. 회복기까지 긴 투병생활을 하였지만 결국 2002년 5월 세상을 떠나고 말았다. 이때에도 프랑스 정부는 다시 한 번 우리에게 큰 힘이 되어주었다. 선택의 여지가 없었다면 식구들이 남편의 진료비를 모두 부담할 수도 있었을 테지만 그럴 필요가 없었다. 남편의 상태가 심각하다는 공식 판정이 있었기 때문에 진료과정은 모두 보건복지 체계 하에서 관리되었다. 여기서 가장 중요한 점은 의사들이 이 모든 결정을 내렸다는 점이다. 시간 손실은 전혀 없었다. 남편은 자신에게 필요한 관리를 필요한 시기에 받을 수 있었다. 나는 의사들이 때로 이민자 계층이나 가난한 외래 환자를 중환자 병동에서 다른 환자와 똑같이 정성을 다해 진료하는 모습도 볼 수 있었다. 세계보건기구(WHO)가 프랑스의 보건 체계를 세계 최고라고 평가하는 것도 놀라운 일은 아니다.

유럽식 모델과 미국식 모델

위의 두 사례는 사회적 연대를 기반으로 한 유럽식 모델의 진수가 어떤 것인지 나에게 보여주었다. 물론 남편은 혜택을 받기 이전 수십 년에 걸쳐 이 제도를 위해 금전적으로 공헌했다. 누구나 자신의 소득에 비례하여 일정한 금액을 납부하고 고용주는 더 많은 금액을 낸다. 의료 혜택은 모든 사람에게 대체로 무료로 제공되며, 병의 상태가 심각한 경우에는 더더욱 그러하다.

유럽 국가의 세금 비율이 다른 국가에 비해 높은 것은 사실이다. 하지만 지불한 세금은 여러 가지 혜택이 되어 돌아온다. 교육 서비스, 실업자 수당, 각종 사회제도, 특히 최저 수준의 빈민을 위한 제도가 이 경우에 해당한다. 교육 제도에서 받는 혜택(교육기관 사이의 엄청난 질적 차이에 대해서는 나도 알고 있다)은 적어도 어느 정도까지는 개인의 성적과 노력 여하에 따라 주어지고, 보건 제도에서는 질병의 종류에 따라 각기 다른 혜택이 주어진다.

유럽인들은 인생을 살 만한 것으로 만들어주는 여러 권리, 특히나 워싱턴 컨센서스가 집요하게 철폐를 원하고 있는 바로 그 권리를 쟁취하기 위해 오랜 시간 힘든 투쟁을 벌여야 했다. 우편제도에서부터 지하철과 열차, 전기와 수도에 이르기까지 공공서비스에 해당하는 여러 분야 또한 오랜 시간에 걸쳐 수립된 원칙을 기반으로 현재와 같은 체제를 갖출 수 있었다. 각 분야가 각기 다른 조건에 처해 있고 국가별로 차이가 존재하는 것도 사실이지만, 그럼에도 불구하고 아무리 불완전한 것일지언정 유럽식 모델이 존재한다는 것은 틀림없는 사실이다.

이론적으로 공공서비스 혜택은 평등하게 제공된다. 이들 서비스의 가격이 시장 요소에 의해 결정되는 것도 아니다. 라디오와 텔레비전에서도 적어도 일부 프로그램은 순전히 상업적이지만은 않은 내용으로 구성되고 있다.

불행한 영국인들은 유럽 대륙과 미국 사이에서 일종의 중간자적 태도를 취하고 있다. 이들에게는 아직 'BBC' 방송사가 있을지 모르지만 형편없고 위험천만한 철도는 유럽에서 공공서비스 민영화에 반대하는 사람들에게 큰 힘을 실어주는 역할을 한다. 영국해협 건너편에서 철도사고로 인해 빈번하게 빚어지는 참사는 유럽 대륙에 살고 있는 사람에게도 가슴 아픈 일이지만 한편으로는 대중교통 시설의 민영화 반대를 위한 강력한 논거가 되기도 한다. 영국의 공공서비스 분야는 사실상 유럽 대륙의 거의 모든 국가보다 후진적인 상태에 있다. 대처 수상이 공공서비스 분야와 노조에 대한 맹공격을 개시하기 이전보다 훨씬 악화되어 있다.

하지만 이러한 영국의 현실도 미국과 비교해보면 더할 나위 없이 양호한 편이다. 미국에서는 의료보험이 의무사항이 아니라서 4천만 이상의 가구가 의료보험에 가입되어 있지 않다는 사실을 들어본 적이 있을 것이다. 미국에서는 의료보험이 국가의 계획에 의해 관리되는 것이 아니라 고용주의 결정에 달려 있다. 그런데 많은 고용주가 의료보험에 대해서는 아무런 신경도 쓰지 않는다. 개인적으로 값비싼 보험 상품에 가입할 수는 있겠지만 그런 보험이 얼마나 만족스러운지에 대해서는 주변에 있는 미국 친구들에게 한 번 물어보면 쉽게 알 수 있다. 의사가 아닌 보험사가 진료―심지어는 구급차까지―가 필요 없다는 결정을 내려 치료를 거부하는 경우가 생긴다는 놀라운 이야기를 듣게 될 것이다. 적절한 진료를 받는 일이 마치 장애물 경기처럼 쉽지 않은 과정이 되고 만 것이다.

미국에서는 교육비도 이미 천문학적 수준이 되어버렸다. 내가 최근에 만난 한 여성은 미국 국방성에서 불과 수마일 떨어진 곳에 살고 있음에도 불구하고 그 지역 공립학교의 수준을 염려하고 있었다. 딸들이 다니는 사립학교 등록금이 모두 합쳐 5만 달러에 이른다 한다. 겨우 다섯 살과 여덟 살인데 말이다. 아이들이 클수록 교육비는 더욱 비싸질 것이다. 미국에서 좋은 대학 가운데 하나에 속하는, 내가 1950년대에 다녔던 대학의 현재 등록금은 1년에 4만 달러에 이른다.

유럽 대륙의 기업가들은 높은 사회적 비용에 대해 불평을 토로하며 세금이 낮은 아일랜드나 노동력이 값싼 중국으로 기업을 이전하겠다는 위협을 늘어놓기도 한다. 이런 기업주 가운데 일부는 실제로 다른 지역으로 이전하기도 한다. 이런 경쟁으로 인해 사회적 기준은 갈수록 하향화하고 있다. 하지만 고용주는 양질의 교육을 받은 건강한 직원과 이들을 사무실로 출근할 수 있게 해주는 훌륭한 대중교통, 그리고 자신의 제품을 시장에서 판매할 수 있도록 해주는 효과적 정보전달 체계 등을 통해 자신이 얻는 이익에 대해서는 아무런 불평도 제기하지 않는다.

유럽식 사회 모델을 구성하는 또 한 가지 전통적 요소는 세대 간 유대감이다. '요람에서 무덤까지, 보육원에서 양로원까지' 라는 표현에서 볼 수 있듯이 아동과 노인에 대한 관심과 배려가 있는 것이다. 다시 한 번 말하는 바이지만 이런 제도 또한 절대 완벽한 것도, 또 충분한 것도 아니다. 하지만 세 명 내지 네 명의 신생아 가운데 한 명은 빈곤상태로 빠져들게 되어 있는 영국의 현실과는 분명 차별화된 것이라고 말할 수 있으며, 워싱턴 D.C.의 북서부 지역에 거주하는 소수민족 집단의 영아사망률이 제3세계 여러 국가와 비교될 수 있을 정도인 미국적 현실과도 분명 다른 것이다.

그리고 마지막으로, 경제협력개발기구(OECD) 회원국 가운데 자국의 국제적 책임에 대해 특별히 관대한 모습을 보이는 국가가 거의 없는 상황에서도 유럽은 빈곤 국가를 대상으로 한 공적개발원조 (ODA) 부문에서 줄곧 미국을 앞서왔다. 그리고 네덜란드와 스칸디나비아 지역의 국가들은 국민총생산의 0.7%를 공적개발원조에 기여하는 것을 목표로 하는 유엔의 기준을 매년 충족시키고 있다. 반면 미국은 국민총생산의 0.1%를 기여하고 있을 뿐이다.

이상과 같은 유럽식 모델은 가장 이상적인 경우 서로 간의 연대, 포용, 노동을 할 수 없는 자들에 대한, 그리고 국내외에서 좀 더 불행한 처지에 놓여 있는 자들에 대한 책임감을 기초로 한다. 이 모든 훌륭한 제도가 때로는 유럽연합의 공격으로, 때로는 근심 걱정 없는 각국 권력층의 공격으로, 그리고 또 때로는 이 두 집단 모두의 공격과 자금부족으로 인해 심각한 위기에 처해 있다. 비록 완전치 못한 것일지라도 우리의 궁극적 목표에는 흔들림이 없으며, 사람들은 이를 수호하기 위한 싸움에 나설 거라는 사실이 최근의 사회적 투쟁 과정 속에서 드러났다.

만약 유럽이 자발적으로 지난 10년간 미국을 모방해오고, 신자유주의적 모델에 스스로 가까이 간 것이라면 현재와 같은 상황이 공공연히, 혹은 베일에 가려진 채 진행된 전쟁 때문도 아니고 미국의 잘못 때문도 아니라는 주장을 제기할 수도 있다. 그럴지도 모른다. 하지만 그러한 주장은 신자유주의적 사상을 금전적으로 지원하기 위해, 또한 복지 국가에 대한 공격을 수행하고 민영화와 같은 그릇된 해결책을 전 세계적으로 퍼뜨리기 위해 지난 30년간 수억 달러를 지출한 미국 우익의 투자와 그들이 거둔 엄청난 이데올로기적 승리를 경시하는 것이다. 미국은 사상 전쟁을 지속적으로 벌이고 있다. 그리고 이 전쟁에서 신자유주의는 홀로 진실된 종교와도 같은 지위를 누리고 있다. 어찌 되었든 유럽은 미국식 분배 양식을 조금씩 닮아가고 있는 것이다.

나는 유럽식 사회 양식이 유럽과 미국 간에 벌어지고 있는 전쟁의 주요 쟁점이라는 주장을 펼치고 있지만, 근본적으로 상이한 이 두 사회 간에 벌어지고 있는 전쟁은 교조적이며 종교적인 측면 또한 갖고 있다고 본다. 미국과 유럽 양쪽 지역에서는 각자 선택한 사회 방식이 최선이라는 입장이 매우 보편적이다. 미국에서는 엄청난 국방 예산을 유지하면서도 사회 서비스는 거의 제공하지 않는 것이 현실인데, 사람들이 사회 서비스를 필요로 하지 않으며 외부 도움 없이도 스스로 잘 살아갈 수 있다는 것이 대체적인 견해이다. 아메리칸 드림은 여전히 살아 있다. 최근의 한 여론 조사에서는 '당신의 소득이 미국의 상위 1% 수준에 해당하는가?' 란 질문에 19%가 '그렇다' 라고 답변했으며 20%는 '아직은 아니지만 곧 그렇게 될 것' 이라고 답변하였다.

경제전쟁

미국 내 여러 단체의 상당수 주요 인사는 정부 역할의 최소화와 미국 전역에서의 사회적 보수주의 확대를 위해 애쓰고 있다. "우리는 정부가 욕조에 빠질 정도의 크기로 축소되길 바란다"고 말했던 세제개혁추진협회의 회장 그로버 노키스트를 기억하는가? 그는 대단한 조직 역량을 지닌 인물이기도 하다. 노키스트는 100여 개에 달하는 신보수주의 로비단체의 활동을 조율하고 있는데, 그 유명한 '수요집회' 에서 미 하원의 핵심인물과 이 로비단체들을 한자리에 모아놓고 다음 한 주간의 활동 지침을 내린다. 유럽인들은 내가 아는 한 적어도 아직까지 이런 모습은 보이지 않고 있다.

　미국과 유럽 간에 벌어지고 있는 전쟁 양상 가운데 가장 분석이 어려운 측면 하나는 바로 금융 관련 분야이다. 나는 경제학자는 아니지만 미국 관료들이 분명한 목표를 갖고 유로화에 대한 달러화의 절하를 용인하고 있다는 인상을 받는다. 유럽 국가, 특히 독일과 프랑스는 자국 경제의 유지를 위해 미국에 비해 훨씬 더 큰 부분을 수출에 의존한다. 만일 여러분이 생산하는 제품의 가격이 같은 미국 제품보다 세계 시장에서 1/3가량 더 비싸진다면 수출증대는 난관에 부딪힐 것이다. 러시아 등지의 몇 개 소형 중앙은행이 현금 보유액 중 일부를 유로화로 유지하기로 결정한다 하더라도 수출을 저해하는 가격 측면에서의 이 같은 추가 부담요인을 제거할 수는 없을 것이다.

　대부분의 미국인들에게는 전체 소비 중 유로화에 관련된 소비가 아주 적은 부분만을 차지하므로 환율상의 변화를 거의 인식하지 못할 테고, 미국 여행객들은 유럽 방문을 그만두거나 미룸으로써 유럽 대륙의 경제에 더 큰 부담을 안겨주게 된다. "우리는 강한 달러화 정책을 포기했다"라고 미 재무부가 소리쳐 외치는 일은 없을 것이다. 하지만 존 스노우 재무부장관은 재무담당 각료들 앞에서 '강한 달러'란 위조가 어려운 달러를 의미하는 것이라고 정의내린 바 있다.

　한 가지 확실한 사실은 만약 누군가가 어떤 대상을 목표로 조작을 펼치고 있다면 그 대상이 유럽중앙은행이나 심지어 어떤 도시는 아닐 거라는 점이다. 현재 진행되는 사태의 추이를 보면 미국이 추진하고 있는 것은 미 달러화의 평가절하이고, 이 경우 유럽은 가장 큰 희생자가 되어 결국 전체적인 게임에서 패자가 되고 말 것이다.

유럽은 미국 및 여타의 달러 보유 국가를 상대로 한 수출량 감소를 겪게 되고, 관광객도 줄어들면서 경비 절감의 압박, 그중에서도 노동력과 공공서비스 분야에서 경비 절감 압박을 갈수록 크게 받게 된다. 이 과정이 계속될수록 사회적 모델의 약화는 점점 더 가속화될 것이다.

2003년 중반 현재 유로화는 2000년과 비교하여 그 가치가 30%나 상승했고 지금보다도 더 올라갈 가능성이 존재하는 상황에서 우리에게는 선택의 여지가 거의 없다. 넋을 잃고 앉아 있을 시간이 없는 것이다. 앞서 설명한 유럽의 모든 로비단체와 신자유주의적 기업체 세력이 자신들의 목표 달성을 위해 '경쟁력'에 대한 주장을 들고 나올 것이다. 이들은 '유연한' 노동시장과 더 낮은 세금을 요구할 것이고, 일반 대중을 위한 공공서비스 목적의 자금 제공은 거부하면서도 자신들을 위한 고급의 민간서비스 분야는 유지할 것이다.

유럽이 미국의 압력에 순응—안타까운 일이지만 현재 권력을 쥐고 있는 정치인들을 보건데 매우 가능성이 높아 보인다—할 것이 아니라면, '보호주의'나 '보조금'처럼 점잖은 자리에서는 사용되지 않는 경박한 단어를 입에 올릴 수 있어야만 한다. 유럽은 곧 적어도 4억 3천만에 달하는 인구와 25개의 회원국을 거느리게 될 것이며, 발칸 지역 국가와 러시아, 그리고 아직까지 유럽연합에 가입하지 않고 있는 구소련 국가까지 장차 받아들인다면 그 규모는 더욱 커질 것이다. 만일 유럽이 이전에 포르투갈, 이탈리아, 그리스, 스페인을 대상으로 그러했듯이 이 신규가입국들이 서구 유럽 국가들과 보조를 맞출 수 있도록 많은 자금을 들여 적극적인 노력을 펼친다면, 그리고 유럽 국가들 간의 교역에 우선권을 부여하고 유럽에서 생기는 일자리 보호를 위해 노력한다면 틀림없이 유럽은 거대한 주요 시장으로 부상할 것이다.

유럽은 또한 유럽의 인접국가, 특히 지중해의 동부와 남부에 위치한 국가에 우선적 혜택을 제공해야 한다. 하지만 현재의 WTO 규정은 이러한 종류의 무역 특혜 제공을 그 어떠한 국가에 대해서도 금지하고 있다. WTO의 규정과 유럽의 특혜 제도는 가난한 국가에서 수출하는 품목, 그중에서도 우선적으로 식품, 섬유, 의류, 가죽 제품 등의 수입이 허용되도록 변화해야 한다. 유럽 지역 생산품에 대한 우선구매를 주장하는 신보호무역론자의 정책에는 분명 일리가 있다. 왜 우리가 머나먼 가난한 국가와 중국 등지에서 노조도 없이 억압당하는 노동력을 이용하여 유럽 기업이 생산한 제품을 구매해야 하는가?

이쯤 되면 신자유주의자들은 "아하, 당신들은 발전반대론자들이로군. 처음부터 그런 줄 알고 있었지!"라고 소리친다. 하지만 이는 사실과 다르다. 우리는 국제노동기구의 규범과 교토의정서, 그리고 다자간환경협약 등을 준수하는 사람의 제품이라면 무엇이든 아무런 문제없이 구매할 수 있다. 하지만 무역은 정책적 도구로 작용할 수 있으며, 또 그렇게 되어야만 한다. 유럽은 더욱 확대된 유럽 그 자신과 넓은 의미의 지중해 지역, 그리고 이전의 유럽 식민지 국가에 대해 정책적 우선성을 두어야 한다.

유럽과 미국 간에 벌어지고 있는 전쟁에서 미국이 앞서 언급한 것처럼 무역을 이용하지 않는다고는 절대 볼 수 없다. 자유무역은 신자유주의 강령의 기반이 되고 있으며 이 점에 대해 미국은 그 어떤 반론도 용인하지 않는다. 미국 무역대표부 대표 로버트 조엘릭은 미국의 대외정책을 전적으로 지지하지 않는 국가는 미국과 무역 및 투자 협정을 맺지 못할 것임을 유럽 이외의 모든 국가를 상대로 공언한 바 있다. 예를 들어 뉴질랜드는 미국의 핵전함에 자국의 수역과 항구 입항을 거부한 대가로 미국의 외면을 받고 있다. 미국인들은 과거를 쉽게 잊지 않는다.

이 로버트 조엘릭은 9·11 테러 발생 두 달 후 도하에서 개최된 WTO 각료급 회의에서 유럽 통상위원 파스칼 라미의 도움을 얻어 회의 참석자들이 '도하 개발라운드'라는 잘못된 이름의 조약에 서명하도록 만들었던 인물이다.* 조엘릭은 다음과 같은 열정적 수사법을 구사하기도 했다. "그들은 세계무역센터를 무너뜨릴 수는 있었지만 세계무역을 무너뜨리지는 못한다. 새로운 협정 체결이야말로 테러리즘에 맞서기 위한 최선의 방법이다."

그럴지도 모른다. 하지만 그 이후 명백히 드러났듯이 남반구의 가난한 나라들은 이 협정으로부터 아무것도 얻을 수 없었다. 도하 협약을 통해 서비스 및 무역관련 지적재산권 협정의 추진이 가속화되었고, 새로운 협정 등을 통해 투자, 정부구매, 경쟁 부문에 대한 압박이 더욱 강화되기 시작하였다. 미국인들이 WTO가 모든 부문에 대한 통제력을 갖게 되기를 원하는 것은 우선 그렇게 되는 게 자신들에게 이익이기 때문이다. 유럽은 그 과정에서 미국에 도움을 제공하는 셈이 된다.

미국은 우리가 관람하는 영화에서부터 우리가 먹는 음식에 이르기까지 사실상 우리의 실생활 전체를 무역 규정을 통해 통제하려고 한다. 미국은 WTO의 협정을 교묘히 이용하여 다른 국가로 하여금 20년간 유효한 특허제도를 수용하도록 했고, 이 특허권 대상 품목에는 미국산 동식물이 포함되어 있다. 온갖 무역 규정은 '서비스교

---

* 2007년 5월부터 세계은행 총재직을 맡고 있다.—옮긴이

역에 관한 일반협정(GATS)'을 통해 교육, 보건, 문화, 공공서비스, 수자원, 그리고 기타 여러 가지를 포함한 우리 생활의 모든 영역에 파고들어 있다.

2002년 도하에서 개최된 WTO 각료회의의 결정에도 불구하고 에이즈 및 여타의 질병치료용 일반의약품을 아프리카에 배포하는 것에 반대하는 제약회사들의 주장을 미국은 지지하고 있다. 2003년 9월 칸쿤에서 WTO 각료회의가 개최되기 직전에 이 제약회사들이 마침내 타협안을 받아들이기는 하였으나 여기에는 너무나 많은 조건이 수반되어 있어 에이즈 환자들이 많은 혜택을 받기는 어려워 보인다.

캐나다와 아르헨티나의 지지를 등에 업은 미국은 유전자변형식품에 대한 유럽의 수입금지조치가 적어도 4개의 WTO 협정(관세 및 무역 협약, 농업 협약, 동식물 위생관리 규정, 무역관련 기술 장벽 협약)에 위배된다고 주장하고 있다. WTO의 분쟁해결기구는 2003년 8월에 이 문제를 심의하기 위한 패널을 구성하였는데, 이들은 유럽의 수입금지조치가 불필요한 무역장벽이고, 미국이 유전자변형 종자와 식품을 수출하지 못하도록 함으로써 미국 측에 매년 3억 달러 이상의 손실을 초래하고 있다는 판정을 내릴 것으로 보인다. WTO의 규정을 감안한다면 유럽을 상대로 소송을 제기한 측이 승리할 것이다. 이해할 수 없는 점은 유럽위원회 내부에서도 라미 위원과 피슐러 위원은 미국 편을 들고 있는 듯 보인다는 사실이다.

이 소송에서 중요한 점은 수백만 달러어치의 미국산 곡물 판매에 대한 게 아니다. 더 중요한 점은 미국 회사들이 유전자가 변형된 종자와 식물을 자신들이 원하는 어디에서든 기를 수 있는 권한을 얻게 된다는 사실이다. 그렇게 되면 유전자변형식물이 어디에서나 번식하게 되고 기존의 농작물은 점차 생명력을 잃게 될 것이다. 그러면 몬산토 등의 대형 생명공학기업은 원치 않는 체제에 갇혀버린 농부를 상대로 그런 제품을 팔 수 있게 될 것이다. 이 기업들은 거점 마련에 너무나 열을 올리고 있는 상황이다. 심지어 스페인의 아라곤 지역에서는 이 기업들이 자사 제품에 대한 의존성을 높이기 위한 노력의 일환으로 지역 농민들에게 종자를 무료로 배포하기까지 하고 있다. WTO를 통한 법적소송은 유럽인들에게는 식량공급에 대한 직접적 위협일 뿐 아니라 농업체계를 선택할 자유에 대한 위협이기도 하다. 나는 미국이 이번에는 심각한 반발을 초래하게 되기를 희망한다.

군사적 문제

미국과 유럽 사이에 벌어지고 있는 전쟁의 군사적 측면은 매우 복잡하고도 유동적이다. 특히 이라크 침공 이래로 이러한 성격은 더욱 심화되었다. 군사적으로는 별 의미가 없기 때문에 실질적이라기보다는 상징적인 것으로 받아들여야 할 조치―미국이 너무나 폭넓은 영향력을 갖고 있으므로―의 일환으로 미국은 독일에 주둔 중인 자국 부대를 철수시켜 더 동쪽에 배치하려는 계획을 갖고 있다. 속단하기 이른 감이 없지는 않지만, 로버츤*이 이미 북대서양조약기구(NATO)의 수장 자리에서 물러났음에도 불구하고 북대서양조

---

　　* Lord Robertson. 1999년부터 2004년까지 북대서양조약기구의 사무총장을 역임하였다.―옮긴이

약기구 또한 회복하기 힘든 타격을 받았을 가능성이 있다.

윌리엄 파프는 부시 대통령의 안보담당보좌관 콘돌리자 라이스의 연설을 토대로 미국이 "북대서양조약기구의 한계를 뛰어넘는 새로운 조직이 있어야 한다"는 메시지를 유럽에 전달하려는 것이 분명하다는 판단을 내리고 있다.[43] 미국이 개선의 대상으로 삼고 있는 것은 유엔만이 아니다. 미국의 대변인 격이라고 할 수 있는 라이스 보좌관은 사실상 북대서양조약기구 자체도 '내부적 다극성'을 보이고 있기 때문에 그 수명이 다했다는 말을 한 것인데, 이를 지정학적 측면에서 해석해보자면 이 표현은 북대서양조약기구의 일부 참가국이 미국의 정책 목표에 대치되는 목표를 갖고 있으며 미국에 대항하는 가치를 추구하고 있다는 것을 의미한다. 미국의 입장에서 보면 잠재적 경쟁자로 이루어진 연합체는 말할 것도 없고 대등한 존재로 이루어진 연합조차도 지속되도록 놔두어서는 안 되는 것이다. 오직 하나의 지도국가가 이끄는 연합체만 존재해야 한다는 것이다. 이제 우리는 확실한 소식통으로부터 이 사실에 대한 확인을 받은 셈이다.

유럽인에게 이보다 더 큰 위험요소가 되는 것은 대서양 건너편에 있는 친구들로부터 자극을 받아 유럽이 더 이상 미국의 '보호'를 받을 수 없게 될 수도 있다는 사실을 깨달은, 유럽의 영향력 있는 상당수 인사들이다. 이들은 미국의 이러한 노력에 어떤 식으로든 대항할 수 있으려면 유럽이 엄청난 방위비용을 지출해야 한다는 생각을 갖고 있다. 이런 생각에 대해 나는 '왜 그럴까?' 하는 의문이 들 뿐이다. 유럽이 미국처럼 사회적 보호비용을 모두 국방비용으로 지출하더라도 여전히 미국의 방위비 지출과 비교해서는 10년이나 뒤진 셈이 될 텐데 말이다.

하지만 그렇게 한들 도대체 무슨 소용이 있을까? 유럽의 적이 어디에 있단 말인가? 테러리즘에 맞서고, 자연재해가 발생했을 때 파견하거나 분규발생 지역에서 평화유지군으로 활용할 수 있는 전문화된 기동부대를 운영하기 위해 서유럽과 동유럽을 막론한 유럽 국가들 간의 긴밀한 협조와 우수한 첩보력 유지를 위한 투자는 필요하다. 하지만 엄청난 국방비를 지출할 이유는 전혀 없다. 유럽은 개발을 위한 협력, 특히 지중해를 둘러싸고 있는 이슬람 국가들과 개발 협력을 통해 훨씬 더 큰 안보 효과를 얻을 수 있다.

나는 중국이나 북아프리카 국가들이 조만간 유럽을 공격할 일은 없을 것이라고 본다. 과거에 미국은 소련이 군비경쟁에 뛰어들도록 함으로써, 소련이 미국의 국방비에 맞먹는 돈을 지출하도록 해서 마침내 냉전에서 승리를 거둘 수 있었다는 사실을 절대로 잊어서는 안 된다. 유럽이 미국의 그러한 거짓된 도전에 넘어갈 정도로 어리석지 않기만을 진심으로 바랄뿐이다.

선택의 시간

지정학적으로 보자면 미국과 유럽 사이에 벌어지고 있는 이 전쟁은 이라크 침공 기간 동안 모든 이들의 눈에 명확히 드러났다. 17세기 유럽에서는 서로를 지치게 만드는 전쟁 끝에 마침내 베스트팔렌 조약(1648년)이 수립되었고, 자국의 안보에 위협이 되지 않는 국가는 침략하지 않으며 독립국가의 주권을 존중한다는 원칙이 확립되었다. 이로부터 300년이 지나 두 차례의 세계전쟁이 더 큰 상처를 남기고 난 뒤 유럽연합이 탄생하였다. 이렇게 탄생한 새로운 유럽은 분쟁의 평화적 해결원칙에 크게 의존하고 있다.

영국, 스페인, 덴마크, 포르투갈(서유럽 국가만 거론하자면)은 이라크 문제에 대해 미국의 입장을 지지함으로써 유럽연합의 가장 기본적 원칙을 거부하고 무시하였다. 그리고 그렇게 함으로써 결국 미국이란 패권국가가 더 큰 힘을 얻도록 돕고 말았다.

두 마리 토끼를 모두 잡으려 하면서 그와 동시에 누더기가 되고 만 원칙도 붙잡고 있으려 하는 미국과 영국은 추가적인 유엔 사찰과 결의안 통과를 기다릴 수 없을 정도의 분명하고 명백한 위험이 닥쳐 있다고 주장하며 이라크가 자신들의 안보에 실제적 위협이었다는 증거까지 조작해서 만들어냈다. 더욱 어처구니없는 사실은 사담 후세인이 45분 이내에 유럽을 공격할 수 있는 능력을 갖추고 있었다는 주장을 제기했다는 점이다. 많은 사람들이 이러한 정치공작을 사실로 받아들였다.

이라크 전쟁을 겪으며 깨닫게 된 가장 무서운 사실 가운데 하나는 무려 55%에 달하는 미국인들이 실제로 사담 후세인이 9·11 참사에 직접적인 책임이 있다고 믿었다는 점이다. 영국의 언론과 영국인들은 조금 덜 속아 넘어가기는 했으나 그럼에도 불구하고 블레어 총리의 인기는 전쟁 직후 치솟았다. 그리고 70%에 달하는 영국인들은 미국에 대해 호의적인 입장을 취하고 있었다. 이는 유럽 대륙과 비교하여 훨씬 더 높은 수치였다. 이라크 전쟁을 정당화하기 위한 마지막 보루로 내세운 인권수호 명분은 특히나 신뢰할 수 없는 것이다. 사담 후세인이 세계적으로 유일무이한 무자비한 독재자는 아니었다. 또한 전쟁 이전의 오랜 기간 동안 미국은 후세인의 주요 후원자 역할을 했다.

미국이 독일, 러시아, 그리고 특히 프랑스와 같은 2순위의 강대국들에게 지속적으로 공세적 입장을 취하고 있다는 사실은 자기 마음대로 행동하며 더 이상 다른 국가가 어떻게 생각하는지 신경 쓰지 않는 제국의 본모습을 드러내는 것이다. 분쟁 해결 과정에서 국제법과 유엔이 힘을 발휘하거나 관여해야 한다는 생각은 미국 지도층에게는 수용될 수 없는 이야기일 따름이다.

쉽지 않은 일이겠으나 나는 미국의 움직임이 유럽인 사이에서 반발을, 그리고 자주에 대한 열망을 불러일으키기를 희망한다. 그리고 유럽 이외의 다른 지역 국가도 동참할 수 있는 독자적 노선을 유럽이 시작해주기를 희망한다.

유럽 내부의 결속은 매우 중요해질 것이다. 이를 강화하기 위해 유럽 각국 정부는 조세피난처와 지하경제에 단호히 대처해야 하고, 아일랜드의 경우처럼 조세 정책의 조율을 통해 세금이 최소한의 수준으로 떨어지는 것을 막아야 한다. 유럽의 각 정부는 세계적으로 그 절반 이상이 유로화와 파운드화로 이루어지고 있는 금융거래에 대한 과세를 시작해야 한다. 그리고 국가 간 과세 정책을 통해 얻은 조세수입으로 형성된 자금을 이용하여 남반구의 최빈곤 국가들과 연대를 강화하고 북반구 국가의 사회복지제도를 유지, 개선해야 한다. 또한 유럽 국가들은 다양한 혜택 제공과 제재조치를 통해 환경을 보호하고 개선함과 동시에 활력 있는 경제도 유지하는 일이 가능하다는 사실을 입증해 보여야 한다. 모든 이들을 포용하며 온갖 두려움(실직, 퇴직 이후의 생활, 질병 등에 대한)이 사라진 사회적 모델이야말로 성공적 경제와 결속력 있는 사회를 만들기 위한 최선의 보장책이다.

유럽은 인류의 개선을 위한 공동노력에 미국이 참여하도록 설득할 수 있기를 희망하며 마냥 기다린 채 지체하지 말아야 한다. 기다리기만 해서는 결코 그러한 일이 일어나지 않을 것이다. 유럽에 주어진 선택은 미국이란 제국에 대한 종속을 받아들이든가 다른 국가의 지지를 얻어 결국 미국을 소외시킬 모델을 만들어나가는 것뿐이다. 현재까지 유럽의 각국 정부는 과거의 안락에서 벗어나 세계적인 책임을 떠맡는, 불확실하고도 쉽지 않을 작업에 대해 무척이나 주저하고 있는 듯하다. 다수는 인류 역사상 가장 강력한 국가를 상대로 과감히 맞서는 일이 어떠한 결과를 초래할 것인지에 대해 그저 두려워하고 있다.

여러 가지 어려움이 있겠지만 아직 행동의 여지는 남아 있다. 그리고 바로 여기에 지구촌 정의실천 운동이 맡아야 할 중요한 역할이 있다. 어떤 영국 기자가 한번은 나에게 반세계화 운동 그 자체가 국제무대에서 상당히 영향력 있는 행위가 되는 현상이 역설적인 것은 아닌지 질문한 적이 있다. 나는 생각할 필요도 없이 다음과 같이 답변했다. "저들이 선을 넘어버렸으니 어쩔 수 없지요." 무례한 표현에 대해서는 양해를 구해야 하겠지만, 대서양 건너편의 저 패권국은 아마도 우리의 예상보다 더 빨리 정해진 선을 넘어 마침내 가장 소심한 유럽인조차 행동에 나서지 않을 수 없도록 만들 것이다.

유럽의 각국 정부가 바른 길을 가기를 원한다면, 유럽적 모델 및 남반구 국가들과 협조를 살려내고 강화하기 위한 행동에 시민들이 나서야 한다. 유럽은 '지금과는 다른 세상이 가능하다'는 우리의 희망을 현실로 만들 수 있는 진정한 세력으로 변모해야 한다.

●

새로운 세계를 향한 실천적 대안

Another world is possible if

"자신이 다수의 편에 서 있음을 깨닫게 되는 순간에는 항상 잠시 멈추어 뒤를 돌아보아야 한다."

―마크 트웨인

    모든 바람직한 사상은 소수의 사람들로부터 시작된다. 회의론자들은 변화를 위한 제안에 언제나 '이상주의적'이라는 꼬리표를 붙인다. 어느 날 이 제안들이 현실화되기 이전까지는 말이다. 시대를 막론하고 좀 더 정의롭고 공평한 세상을 만들고자 했던 사람들은 모두 처음에는 조롱을, 그 다음에는 공격을 받아야 했다. 그리고 결국엔 세상으로부터 마지못한 용인을 받아냈다. 승리를 거두었을 때조차 그 성과물이 또 한 번의 변화를 거쳐야 하는 경우도 있었다. 실패힐 경우 이들은 대부분 역사의 기억 속에서 사라져버린다. 노예제 폐지나 여성참정권을 위한 투쟁에 우리가 다시 나서야 될 일은 없을 테지만, 그렇다고 장담할 수 있는 일만도 아니다.

    하지만 세계는 분명 변화하고 있다. 우리가 더 이상 동굴 속에 살지도 않으며, 농노의 신분으로 살고 있지도 않다는 점이 이 사실을 뒷받침해준다. 경제체제와 생산양식도 마찬가지로 변화한다. 자본주의조차도 영원하지는 않을 것이다. 나에게 낙관론자가 아닌지 묻는 사람이 많다. 그러면 나는 이탈리아의 사상가 안토니오 그람시가 남긴 유명한 표현 즉, '지성의 비관주의, 의지의 낙관주의'라는 말로 대답을 대신하곤 한다.

사실 낙관주의와 비관주의의 구분은 나에게는 상당히 낯선 것이다. 여태껏 나는 나의 삶이나 여러 활동을 그 결과의 성공 가능성을 염두에 두고 추진하진 않았다. 다음에 인용한 바츨라프 하벨*의 글은 내 심정을 너무나 훌륭히 표현해주고 있다. 이 글은 하벨이 반체제 인사로 오랜 수감생활을 한 후 쓴 것이다.

나는 모든 일이 결국에 잘될 거라는 확신을 갖고 있지 못한 까닭에 낙관주의자가 아니다. 하지만 모든 일이 잘못되고 말 거라는 확신도 없기에 비관론자라고 할 수도 없다. 나는 그저 마음속에 희망을 간직하고 있을 뿐이다. 희망이란 우리의 삶과 주어진 일에 의미가 담겨 있다는 감정이다. 그리고 희망이란 우리를 둘러싸고 있는 세계의 현실과는 상관없이 간직할 수 있는 그 무엇이다. 희망 없는 삶이란 공허하고, 무료하며, 쓸모없는 것이다. 내 안에 남아 있는 희망이 없었다면 내가 무언가를 위해 노력하는 일도 불가능했을 것이다. 희망이란 삶 그 자체만큼이나 큰 선물이다.

세상을 변화시키는 일이란 거의 언제나 시간이 걸리는 작업이기 마련이고, 때로는 가늠하기조차 어려울 정도로 긴 시간에 걸쳐 아주 천천히 진행되기에 희망이 없다면 불가능해진다. 토마스 클락슨

---

* Václav Havel(1936~). 체코의 전직 대통령. 극작가로 활동하다가 반체제 지도자가 되어 벨벳혁명을 주도하였으며, 공산체제 붕괴 후 대통령에 당선되었다. 2003년 2월 두 번째 임기를 끝마치고 대통령직에서 물러났다.—옮긴이

의 이야기를 한 번 살펴보자. 클락슨은 노예제 폐지를 주창했던 영국의 국회의원 윌리엄 윌버포스보다는 덜 알려져 있지만 개인적 결단이 어떤 힘을 발휘할 수 있는지를 전형적으로 보여주고 있다. 이러한 결단력 없이 변화란 불가능하다. 1787년, 클락슨은 11명의 다른 인사들과 런던에 있는 한 퀘이커교 서점에 모여 영국의 선주들과 기업들이 큰 이윤을 남기는 노예매매에 종사하는 것을 막기 위한 조직을 결성한다. 그 당시에는 아프리카에서 25달러에 노예를 사서 아메리카에서 150달러에 팔 수 있었다. 많은 영국인들이 이 노예들의 고통을 대가로 부를 축적하였다.

세계적인 노예제 종식의 첫걸음을 성공적으로 완수하고자 클락슨과 동료들은 종교계, 국회의원, 사회 각계각층의 관심 있는 사람들을 끌어들였다. 노예들이 재배한 설탕의 구매거부에 참여하는 사람의 수가 5년 내에 40만에 이르렀다. 20년에 걸친 투쟁 끝에 1807년 영국의 상하 양원은 노예무역을 금지하였다. 전체 대영제국 내에서 노예제도 자체가 폐지되기까지는 이로부터 26년의 시간이 더 걸렸지만 1833년 마침내 노예제 폐지 법안이 통과되었을 때 클락슨도 살아남아 이를 직접 목도할 수 있었다.[44]

변화된 세계에 대한 나의 희망이 현실화되는 모습을 내가 살아서 보게 될 수는 없겠지만, 그렇다고 내가 조금이라도 낙담하는 것은 아니다. 이는 이제야 막 시작에 불과한 우리의 투쟁이 엄청난 중요성을 가진 것임을, 또한 역사의 한 부분을 이루는 것임을 보여주는 증거에 불과하다. 1950년대의 순응주의와 60, 70년대의 희망, 성공, 좌절, 그리고 80년대의 이기주의와 90년대 초반을 특징지었던 불쾌한 탐욕주의까지 모두 경험할 수 있었던 나는 이 같은 각성과 탈바꿈의 시대를 살 수 있었던 것에 대해 감사한다.

다른 세상은 어떤 모습인가? 그리고 어떻게 이룰 것인가?

지구촌 정의실천 운동에 참여하고 있는 사람들이 '지금과는 다른 세상이 가능하다'라고 할 때 이 표현은 다음에 이어지는 주장을 짧게 줄여 말한 것이라고 할 수 있는데, 이 책 전반에 걸쳐 제시되어 있는 내용이 이 주장에 해당한다고 할 수 있다. 따라서 다음 글은 이를 간단히 요약한 것에 불과하다.

오늘날의 세계는 아마도 역사상 처음으로 제대로 된 삶을 추구할 수 있는 조건—세계인권선언(1948년)에 담긴 내용처럼 충분한 식량, 깨끗한 물, 적절한 주거환경, 기본적 교육, 보건, 공공서비스 등—을 실제로 지구상 모든 사람들에게 제공할 수 있는 역량을 갖추게 되었다. 그러면 이를 위해 필요한 자금은 어떻게 조달할 수 있을 것인가? 초대형 기업들의 수입과 금융시장 등의 국제 영역, 가난한 나라에 대한 부채 탕감과 조세피난처 폐지, 법인세 의무화, 그리고 이른바 '자유무역'을 공정한 무역으로 전환시킴으로써 그 자금 대부분을 지금에라도 당장 확보할 수 있다.

지금과 다른 세상은, 현재는 부유하게 살고 있는 국가들이 지금으로부터 대략 1세기 전에 개별 국가의 차원에서 시작했던 케인스식 조세 및 재분배 방식을 새롭게, 그리고 전 세계적 차원에서 실시하는 것으로부터 시작되어야 한다. 이러한 기획은 우선적으로 처리되어야 할 일들이 무엇인지를 결정하고 각국의 실천을 감독하는 일에 시민들이 책임을 지고 참여할 수 있도록 민주적으로 운영될 필요가 있다. 전 세계적 차원에서 이루어지는 마셜 플랜이라 할 수 있을 이러한 계획은 1930년대 미국에서 실시했던 뉴딜 정책이 그러했듯 침체에 빠진 세계 경제에 활력을 불어넣을 것이며 일반인들에게는 자신들이 원하는 경제 및 사회 제도를 결정할 수 있도록 폭넓은 정치적 장을 제공해줄 것이다.

하지만 그런 엄청난 계획을 위한 돈이 확보된다고 하더라도 이 자금 중 일부는 여전히 다국적기업들의 수익과 금융시장으로부터 제공되리란 점에 대한 지적이 있다는 사실도 나는 잘 알고 있다. 이런 식의 해결책은 결국 현재와 같은 생산 및 교환 방식이 계속 유지될 것으로 가정하고 있다는 것이다. 타당한 지적이다. 하지만 전환기적 단계가 필요하다는 사실은 받아들여야 한다. 가난한 국가들에서는 이미 엄청나게 자연이 파괴되었고 부유한 국가들에서는 사회복지제도가 매우 큰 폭으로 축소되었기 때문에 이런 현실을 되돌리기 위해서는 많은 자금이 투입되어야 한다. 지금 이 순간에도 너무나 많은 사람이 인간 이하의 조건 속에서 살아가고 있다. 따라서 두 손을 놓은 채 자본주의 전체의 붕괴를 그저 기다리고 있을 수만은 없다.

물론 돈만으로 모든 문제의 해결을 바랄 수는 없다. 하지만 충분한 자금으로 돕지 않는다면 수억 명에 달하는 사람들이 간신히 생명을 이어가는 상황 속에 방치될 수밖에 없다. 자금의 힘을 빌려 여러 노력을 펼치는 동시에 시민 중심의 민주주의가 세력을 더 확장하게 되면 우리는 부의 창조와 분배에 더 큰 힘을 실어줄 수 있을 것이다.

모든 사람의 눈에 항상 두드러져 보이는 것은 아니겠지만 지구촌 정의실천 운동은 이미 몇 가지 놀라운 성공을 거두었다. 특히 언론과의 관계에서 그러한 성공을 거둔 바 있다. 대부분의 언론은 지구촌 정의실천 운동의 의미를 폄하하려 한다. 멕시코 치아파스주에서 1994년에 일어난 자파티스타 봉기와 1995년 겨울 프랑스에서 일어난 파업이 중요한 선구적 사건들로 기억되고 있기는 하지만, 지구촌 정의실천 운동은 1997년에서 1998년 사이에서야 비로소 출현하기 시작한 매우 근래의 현상이다.

우리가 1998년에 '다자간투자협정(Multilateral Agreement on Investment)'을 폐기시키고 난 후 〈파이낸셜타임즈〉의 한 사설은 영화 〈내일을 향해 쏴라〉의 대사를 인용하며 "도대체 이들은 누구인가?"라는 질문을 제기했다. 영화에서 나온 대사는 "이 친구들은 누구야?"였던 것으로 기억한다. 하지만 그들도 이제는 우리가 누구인지 알게 되었으므로 이를 달리 문제 삼을 필요는 없겠다. 게다가 '이들'은 논의의 분위기까지 변화시키고 있다. 과거 우리는 국가 간 현금 거래에 대한 과세가 불가능하다는 답변을 들어왔다. 하지만 이제 그들은 "더 많은 연구가 필요하다"고 말하고 있다. 이 대답 또한 사실과는 거리가 멀다. 필요한 연구는 모두 끝난 상태이고, 모든 연구자들은 이 계획이 기술적으로는 지금이라도 당장 실행할 수 있다는 결론을 내리고 있다.

우리가 벌이는 운동이 적어도 유럽 내에서는 조롱의 대상에 머무는 단계에서 벗어났다고 본다. 비록 일부 정치인과 우익 언론이 여전히 우리의 견해를 왜곡하고 깎아내리려 하고 있지만 말이다. 특히 9·11 사태 이후 상당수는 시민운동을 테러리즘과 연계시키려고까지 했다. 하지만 대체적으로 시민운동은 의미 있는 것으로 받아들여지고 있다. 미국이라는 아주 특별한 예외를 제외한다면 대부분의 국가에서 객관적 보도가 이루어지고 있다.

미국 기업들의 언론 통제는 이들 운동에 심각한 장애가 될 수 있는데, 양심적 기자들이 자신의 뉴스를 언론에 소개할 기회를 상실하는 경우가 많기 때문이다. 〈폭스뉴스〉의 한 기자는 완벽한 사실

확인을 거친 뉴스 하나를 방송하게 해달라고 경영자에게 요청했다. 하지만 이 뉴스는 농산물 업계의 심기를 건드릴 것이 분명한 내용이었고 경영자는 다음과 같이 말하며 거절했다. "우리는 이 방송국에 30억 달러를 투자하고 있네. 어떤 것이 정말 뉴스인지는 우리가 결정할 사항이고, '우리'가 뉴스라고 하는 것만 뉴스가 될 수 있네." 이 기자는 후에 해고되었다. 시민운동과 집회를 다룬 〈뉴욕타임스〉의 믿기지 않을 정도로 편향된 기사들은 거의 오보에 가까운 수준이다. 기업 관계자의 심기를 불편하게 하지 않기 위해, 혹은 '국가안보'를 구실로 미국 언론 전반에서 사라지고 있는 기사의 수는 지속적으로 늘고 있다.[45]

오래된 목표, 새로운 운동

비록 때로는 새로운 방식으로 표현되기도 하지만 지구촌 정의실천 운동의 목표가 그 자체로 특별히 새로운 것은 아니다. 우리의 주요구사항 가운데 한 가지는 1789년에 작성된 프랑스 '인권선언'에서 처음 구체적으로 표현된 바 있다. 이 선언 15조는 "사회는 모든 공직자를 상대로 그들의 행정 처리에 대한 책임을 물을 수 있는 권리가 있다"고 적고 있다.

이 조항이 국내와 달리 국제적으로는 적용되지 말아야 할 이유가 있을까? 왜 세계은행과 IMF는 그 어떤 경우에 대해서도 책임을 지지 않는 것인가? '서비스교역에 관한 일반협정(GATS)'의 조항에 그 시행 의무가 명시되어 있음에도 불구하고 왜 WTO는 서비스교역의 영향력에 대한 평가를 단 한 차례도 실시하지 않고 있는가? 어떻게 이들 조직은 아무런 책임도 지지 않으면서 사람의 목숨이 달려 있는 정책을 다른 이들에게 강요할 수 있는가? 이 조직들이 국제기구, 혹은 정부 간 기구라는 이유 하나만으로 여론이나 법률로부터 자유로울 수 있다는 것이 어떻게 가능한 일인가?

지구촌 정의실천 운동의 또 다른 목표는 '세계인권선언(1948년)', 그중에서도 특히 25조에 잘 드러나 있다.

누구나 식량, 의복, 주택, 의료, 필수적 사회서비스 등 그 자신과 가족의 건강과 행복을 지킬 수 있을 정도의 생활수준을 누릴 권리가 있으며, 또한 실직, 질병, 장애, 가장의 사망, 고령, 그리고 기타의 원인으로 인해 생계능력을 상실할 경우 보호받을 권리를 갖는다. 모성과 아동에게는 특별한 관심과 지원이 제공되어야 한다. 적법한 결혼으로 인한 출생인지의 여부를 떠나 모든 아동은 동등한 사회적 보호를 받을 수 있어야 한다.

로널드 레이건 대통령 시절 유엔 대사를 역임한 잔 커크패트릭*은 이 조항을 '산타클로스에게 보내는 편지'와 같은 허황된 것이라며 이러한 '권리'들이란 '인간의 본성이나 경험, 그리고 가능성 등은 고려하지 않은 채 오직 이를 작성한 사람들의 생각과 취향만으로 만들어진 목록'이라고 평했다.[46] 이제 오늘날의 세계는 이 조항에 담겨 있는 사항을 지구촌 모든 사람들에게 충분히 제공할 수 있을 정도의 부를 축적하였고, 이 내용이 결코 허구에 불과한 것이 아

---

* 잔 커크패트릭은 '세계인권선언(1948)'에서 정의된 바와 같은 인권의 개념에 대해 이런 명백한 반감을 가지고 있었던 까닭에 부시 행정부가 유엔 인권위원회에 파견한 대표단의 수석으로 임명되었는지도 모를 일이다.

님을 커크패트릭 전 유엔 대사에게 일러줄 때가 왔다.

앞서 밝힌 바와 같이 이를 실현하기 위한 재원은 국제적 조세제도, 실질적인 채무 구제책, 조세피난처의 폐지, 그리고 기업과 부자들이 내지 않고 있는 세금의 회수 등을 통해 확보되어야 한다. 이를 위해서는 세계적으로 수용될 수 있는 규범이 필요하다. 처음부터 완전히 새로운 출발을 하기 위해서는 세계은행과 IMF, 그리고 WTO의 전면적 개혁, 혹은 완전한 철폐가 이루어져야 한다. 여러 나라에서 현재 진행 중인 운동의 목표가 바로 이러한 것들이며, 아탁(Attac)을 포함한 수십 개 조직이 이 운동을 이끌고 있다.

환경파괴와 인류

하지만 현재 전 세계가 직면하고 있는 가장 커다란 위험에 비하면 이 목표들도 단지 부차적인 것으로만 보일 뿐이다. 나는 〈가디언〉에 뛰어난 칼럼을 실어 고생물학자 마이클 벤턴 교수의 책 『대멸종―페름기 말을 뒤흔든 진화사 최대의 도전』*에 대해 언급해준 조지 몬비옷에게 감사함을 느낀다.[47] 벤턴 교수는 이 책에서 페름기**에 있었던 생물의 멸종 과정을 다루고 있는데, 먼 옛날의 이야기가 오늘날과 어떤 상관이 있을지 의구심이 들 수도 있겠지만 실상은 그렇지 않다.

과학자들은 지질학적 관점에서 보았을 때 이 멸종 과정이 엄청

---

* 2007년 국내에도 번역 출간되었다. 『대멸종』, 류운 옮김, 뿌리와이파리―옮긴이
** 고생대의 마지막 시기로서 2억 7천만 년 전부터 2억 3천만 년 전까지의 기간이다.―옮긴이

나게 빠른 속도로 진행되었다는 사실을 최근 밝혀냈다. 과학자들은 전 세계 모든 지역에서 페름기 시대의 해양 및 내륙 지역 퇴적물 연대를 정확히 측정했는데, 모든 자료가 일치된 결과를 보이고 있다. 이 퇴적층에 대한 연구를 통해 이 시기 지구의 대기층에서 산소가 매우 빠른 속도로 사실상 완전히 사라져버렸다는 사실이 밝혀졌다. 따라서 모든 동식물이 자취를 감추게 된 것이었다. 페름기는 생물이 매우 번창한 시대였다. 하지만 결국 그토록 다양했던 생물 중 극히 적은 종류만 살아남을 수 있었다.

이 모든 상황을 초래한 주범은 시베리아 지역에서 발생한 대규모 화산 폭발이었는데 이 화산 폭발로 이산화황과 이산화탄소가 대기 중으로 뿜어져 나왔다. 뒤이어 내린 산성비도 생태계에 도움이 될 만한 것은 아니었지만 동식물을 거의 멸종시키다시피 했던 것은 바로 이산화탄소였다. 이후 발생한 온도 상승으로 인해 극지방에 동결되어 있던 대량의 메탄가스가 방출되었다. 메탄은 이산화탄소에 비해 분자당 약 11배 정도 더 강력한 온실효과를 초래한다. 급격한 지구온난화가 발생했고 지구상의 생물은 말 그대로 질식사하거나 굶어죽었던 것이다. 온도 상승이 얼마나 일어났던 것일까? 이 질문에 대해 과학자들은 매우 정확한 대답을 가지고 있었다. 온도 상승의 폭은 단 6도에 불과했다.

유엔의 '정부간기후변화위원회'는 2100년까지 일어날 온도 상승 최고치를 6도로 예상하고 있지만 현재 많은 기상학자들은 이 예측이 적다고 생각하고 있으며 2100년까지 6도 정도는 쉽게 올라갈 것으로 보고 있다.[48]

현실을 직시할 필요가 있다. 급증하고 있는 화석 연료 사용량이 현재 추세대로 계속된다면 지금과는 정말로 다른 세상이 도래할 것이다. 더 이상은 이 세계에 대해 걱정할 인류가 남아 있지 않을 테니 말이다. 진정한 의미의 세계화란 지구가 우주의 작은 점에 불과하고 우리가 지구를 파괴하게 되더라도 이 우주는 그러한 사실을 인식조차 하지 못하리라는 점을 받아들이는 것이다. 지구에 살고 있는 존재로서 우리의 명예가 걸린 일이라고 하지 않을 수 없다.

환경이라는 너무나 중요한 사안에 대해 살펴보면서, 우리가 목표로 하는 새로운 세계에서는 쉽게 해결될 수 있을 터이지만 현재까지는 우리를 계속 괴롭히고 있는 한 가지 문제에 대해 완벽히 실현 가능한 몇 가지 해결책을 검토해보려 한다.

환경 문제에 대한 여러 해결책

분명 가장 시급하면서도 해결하기 어려운 문제는 오늘날의 세계를 석유에 대한 중독에서 벗어나게 하는 일이다. 공공기관(세계은행과 지역별 개발은행들)은 지구온난화에 악영향을 끼치는 그 어떤 사업에 대해서도 자금지원을 할 수 없게끔 해야 한다. 이 기관들은 풍력, 태양력, 수소연료전지 등과 같은 대체에너지 공급원의 가격경쟁력을 향상시키기 위한 작업에 자금을 출자해야 한다. 또한 대안에너지 개발과 그 효율성 제고를 목표로 하는 공공 연구시설에 후원을 제공하는 방안도 고려할 수 있다.

만약 세계은행과 각 지역의 개발은행들이 인도와 중국, 그리고 그 이외의 세계 각지에서 태양에너지와 기타 재생가능에너지의 개발에 힘썼다면 이런 노력만으로도 에너지의 활용을 위한 기술비용을 인도나 중국의 값싼 석탄과 경쟁할 수 있을 정도로까지 낮출 수 있었을 것이다. 환경이나 이에 관련된 보건 문제 등은 고려하지 않은 채 오직 경제적 관점에서만 보더라도 말이다.

현재까지 세계은행은 지구 전체의 환경보호를 위해 자금을 활용하거나 대출성격을 전환할 것에 대한 권고를 받아들이지 않고 있다. 우리가 계속 저지른 실수를 왜 고집해서 되풀이하는 것일까? 대출을 담당하는 기관들이 재생 가능한 에너지 개발과 에너지 효율성 제고를 위해 노력하도록 만들어 지금에라도 우리가 19세기 방식으로부터 벗어나는 일이 불가능한 까닭이 있을까?

이와 관련하여 실천적 생태학자들은 바람직한 에너지 소비를 목표로 매우 값진 작업을 이미 진행시켜왔다. 이에 대해 여기서 자세히 소개하는 것은 적절치 않아 보이지만, 한 가지 확실한 점은 에너지 보존과 효율적 에너지 생산을 위한 기술이 이미 개발되어 있다는 사실이다. 정치적 요인, 특히 미국의 정치적 상황과 기업의 이해관계로 인해 수용되지 않고 있을 따름이다.

환경 분야는 모두에게 적용되는 환경 규범에 우리의 경제활동을 맞추기 위해 다른 분야에서 보기 힘든 협력관계를 형성할 수 있는 분야이다. '그린피스' 나 '지구의 벗' 과 같은 대중 조직은 수백만 명의 후원을 받고 있을 뿐 아니라 기업계 자체 내에도 주목할 만한 연합관계가 존재한다. 초대형 보험사와 재보험사들은 허리케인이나 폭풍우, 우박을 동반한 폭풍우, 홍수, 화재 등이 갈수록 더 빈번해지고 강력해지고 있는 현상이 지구온난화와 직접 관련되어 있다는 것을 알기 때문에 회사에 기후학자들까지 고용하고 있다. 1980년대 후반 이래로 보험사들은 계속해서 엄청난 손실을 겪고 있다. 따라서 정부 정책을 통해 이산화탄소 배출량이 감소되기를 바란다. 월드워치연구소(World Watch Institute)에 따르면 1990년대에 보험사들이 입은 손실금이 6천억 달러를 넘는다고 한다. 현재 일부 보험사는 미국 남부 지역의 폭풍우 피해 위험에 대해서는 보험을 거부하고 있는 실정이다.

올바른 생산방식을 준수하는 것도 환경보호를 위한 또 다른 방법이다. 이를 목표로 프로젝트를 추진함으로써 이윤을 남길 수 있다는 사실을 깨닫게 되면 일부 기업은 협력할 수도 있을 것이다. 그린피스가 개발한, 프레온 가스를 사용하지 않는 냉장고 '그린프리즈(Greenfreeze)'는 독일에서 매우 인기 있는 제품으로 자리 잡았다. 독일 기업들은 이 기술을 무료로 제공받아 중국을 포함한 다른 국가에 판매하였다. 스카치테이프와 포스트잇을 포함한 수백 가지 제품을 만들어내고 있는 3M은 3천 가지에 달하는 다양한 환경 친화적 방식을 채택함으로써 5억 달러가 넘는 돈을 절약했다고 자체 추정하고 있다. 3M은 이를 '3P 전략'이라고 부르는데, 이는 '오염(Pollution)의 방지(Prevention)는 수익(Profitable)이다'를 의미한다.

이보다 더 복잡하면서 예를 찾기 어려운 경우는 산업시설과 생태계가 친화적으로 공존하는 사례인데 그 대표적 경우를 덴마크의 칼룬트보르그에서 찾을 수 있다. 이곳에서는 공장과 농민이 각자의 '신진대사 과정'을 서로 연계시킴으로써 협력체계를 구성하고 있다. 한쪽에서 배출하는 폐기물이 다른 쪽에서는 원재료로 사용되며, 생산과정 전체가 재활용에 기반하고 있다. 발전소는 남는 열을 증기로 변환시켜 재활용하면서 정유소와 제약공장, 온실, 양어장 등에 전력을 공급하고, 양어장에서 나오는 배설물은 비료로 만들며 그 연소 과정에서 나오는 재는 시멘트 생산에 활용하는 식이다. 칼룬트보르그는 정부 도움이나 지원금 없이 기업체들에 의해 형성되었으며 현재까지도 점차적으로 확장되고 있다. 모든 산업단지가 그 첫 설립단계에서부터 이와 같은 순환적 구조(가능하다면 정유소는 빠져 있는)를 염두에 두고 설계되었다면 그 경제적, 환경적 혜택이 얼마나 컸을지 한번 생각해보아야 한다.

폐기물 생성을 구조적으로 최소화할 수 있는 환경 친화적 산업 시설을 만드는 일도 물론 가능하다. 자동차나 텔레비전, 그리고 부엌용 가전제품과 같은 내구성 소비재는 소비자가 원하는 기간 동안에만 사용하고 해당 제품에 대한 소유권과 책임은 제조사가 갖는 방식도 가능하다. 제품이 수명을 다하면 제조업체로 반환하여 분해, 재활용, 새로운 조립 과정을 거치는 것이다. 그렇게 되면 제조업체는 저비용 고효율의 폐기물 처리 방식을 최대한 모색할 것이고, 처음부터 폐기물 감소 방안을 고려하여 생산 방식에 구조적으로 반영할 것이다.

일부 제품은 본래 위험한 물질이거나 자연적으로 생태계에서 차지하는 위치가 없으므로 재활용이 불가능하다. 유독 화학물질이나 중금속, 핵폐기물 등이 이에 해당한다. 우리가 바라는 새로운 세상에서라면 이런 물질은 공공의 관리 하에 특정시설에 보관될 것이고, 이 시설을 기업에 임대하여 폐기물 보관비용 전액을 해당 기업이 부담하게 한다. 이 비용을 높게 책정하면 기업은 더욱 안전한 대체 상품을 만들기 위해 전력을 다할 것이다.

이러한 방식은 공해 유발자로 하여금 단지 비용을 지불하도록 만드는 데 그치지 않고 위험하거나 유독한 물질에 대해서는 생산자가 해당 제품의 생산부터 폐기에 이르기까지 책임을 지도록 만든다. 바람직하지 않거나 위험한 제품의 사회적, 생태계적 비용이 내재화될 것이고 기업은 덜 해로운 생산방식을 찾지 않을 수 없게 될 것이다.

만약 기업체들이 이와 같은 혁신을 스스로 추진하는 데 미온적이라면—앞서 설명한 여러 이유로 이러한 일을 자발적으로 하리라 기대하기는 힘들 것으로 보인다—사회가 통제권을 발휘해야 한다. 그러나 규제에 의존하는 방식이 가장 효율적이거나 성공적인 방식은 아니다. 1970년대부터 1990년대 말까지 미국이 공해 및 유해 폐기물의 통제와 감소를 위해 지출한 비용은 대략 1조 달러에 이른다. 하지만 이 기간이 끝나갈 무렵 미국의 자연환경은 그 어느 때보다 더 오염되어 있었다. 그리고 부시 행정부가 들어선 직후에 그랬던 것처럼 이런 규제조항은 철회해버리면 그만이다(앞서 지적했듯이 이 조치로 환경부 장관은 사임하고 말았다). 성과를 거두려면 더욱 개선된, 그리고 더욱 비용이 적게 드는 방식이 필요하다.

그리고 그런 방식은 분명 존재한다. 이는 캠브리지 대학의 경제학자였던 아서 세실 피구가 1920년대에 발전시킨 개념에 기초하고 있는데 일명 '그린과세(Green Taxation)'라고 한다. 불행히도 피구는 케인스의 그늘에 늘 가려 있어 오늘날 널리 알려져 있지는 않다. 세금을 늘리는 것이 아니라 조세 기준을 변경하여 기업에 영향을 주지 않으면서도 변화를 추진할 수 있도록 하자는 것이 피구의 생각이었다. 피구가 제안한 조세 기준은 매우 간단하다. 감소되어야 할 대상에 대해서는 세금을 높게 부과하고 확대되어야 할 대상에 대해서는 적게 부과하는 것이다. 즉, 공해와 에너지 소비, 포장용품, 쓰레기 등 감소되어야 할 것에 대해서는 세금을 높이고, 취업률이나 투자, 자유롭게 운영할 수 있는 자금 등 커질수록 좋은 것에 대해서는 세금을 내리는 것이다.

피구가 제안한 또 한 가지 다른 원칙은 현재는 자연환경이나 사회 전체가 떠맡고 있는 비용을 내재화하기 위해 세금을 활용하자는 것이다. '그린과세(Green Taxation)'의 특기할 만한 장점은 이 방식이 바람직한 생산방식 및 건강한 자연환경과 생활환경(이렇게 되면 전체적 비용부담이 감소한다)의 형성을 유도할 뿐만 아니라 미래지향적이며 첨단기술을 활용하는, 수출잠재력이 높은 분야에서 가장 바람직하고 선진화된 기법을 모색하도록 자극한다는 점이다. 이러한 과세방식을 이용하면 경제를 '지는' 산업분야에서 '뜨는' 산업분야로 이끌어갈 수 있다.

그린과세 방식을 이용하면 기업이 인력해고가 아니라 에너지 사용량과 폐기물 감소를 통해 이윤을 보전할 수 있게 되므로 취업률의 제고(提高)도 가능해진다. 이런 원칙을 먼저 과감히 수용하는 국가는 국민의 건강 증진과 삶의 질 향상은 물론이고 상당한 경제적 보상을 만끽하며 다른 국가를 크게 앞질러나가게 될 것이다. 이것이야말로 바로 원-윈 시나리오다.

자금의 활용

금융 거래와 기업 합병, 산업체의 공해 배출 등에 대한 국제적 과세 방침이 받아들여진다고 가정해보자. 그리고 가난한 국가에 대한 채무탕감이 이루어지고 이를 통해 새로운 기금이 형성된다고 생각해보자. 그렇게 되면 모든 문제가 해결되는 것일까?

물론 그렇지 않다. 비록 우리의 운동이 현 단계에서 목표로 삼아야 하는 것이 바로 이와 같은 것들이긴 하지만 이 정도로는 문제의 절반도 해결했다고 할 수 없을 것이다. 가장 중요한 부분은 여전히 숙제로 남는다. 그 부분은 바로 이렇게 해서 모이게 될 돈의 관리와 사용이다. 그 출처가 국제적 성격을 띠게 될 이 새로운 자금은 반드시 국제적으로 관리되어야 한다. 유엔의 여러 관련 조직에서 선발된 인력과 일단의 외부 회계감사관으로 이루어진 소규모의 새로운 유엔 산하조직을 구성하는 것이 아마도 최선의 방법이 될 것이다 (이 점과 관련하여 나는 어떠한 제안이라도 열린 자세로 검토할 의향을 갖고 있다). 회계감사관의 역할은 특히 중요한데 그 지위는 반드시 고정적으로 확보되어야 한다. 그리고 회계감사관이 자신의 출신국에 관련된 업무를 담당하는 일도 있어서는 안 된다. '세계사회포럼' 참가자들이 선출한 지구촌 정의실천 운동가들이 이 기구에 돌아가며 대표 자격으로 참석하는 방안도 생각해볼 수 있다.

그렇다면 이 조직이 맡게 될 임무란 어떤 것일까? 40년이 넘도록 계속되어온, 대체적으로 만족스럽지 못했던 개발후원의 역사를 지켜본 결과 우리는 적어도 한 가지 사실을 배울 수 있었다. 자금을 정부의 손에 넘겨주고 그저 최선의 결과를 바라기만 해서는 안 된다는 점이다. 나는 국가의 주권을 옹호하지만 어리석음과 부패, 그리고 낭비는 받아들일 수 없다. 이러한 계획을 시작하기 위해 신규자금을 제공할 부유한 국가의 국민에게도 약간의 권리는 있으며, 이런 생각이 새로운 형태의 식민주의를 내포하는 것이라고는 할 수 없다. 어떠한 종류의 것이든 국제적 세금을 통해 형성된 자금이 'A'라는 국가에서 사용될 경우 이 돈이 'A' 국가의 시민들이 밝힌 바대로의 이익에 부합하며 이 이익을 반영하는 방식으로 사용될 것을 요구할 권리와 의무가 이들에게는 있다. 그러므로 'A' 국가의 정부는 지출 우선순위에 대한 진정 민주적인 의사결정과정을 자국민의 뜻대로 받아들여야 할 것이다. 'A' 국가의 정부가 이러한 방식을 따르기를 거부한다면 어쩔 수 없다. 그것은 주권국가의 권리니까 말이다. 하지만 그럴 경우 'A' 국가는 더 이상 자금 지원을 받을 수 없을 것이다. 이런 경우에 대해 사람들은 다음과 같이 항변한다. "좋습니다. 하지만 그렇게 되면 결국 고통 받는 것은 그 국가의 국민이지 않습니까?" 그럴 수도 있다. 하지만 오래 가지는 않을 것이다. 대부분의 경우, 혼자서만 혜택을 받지 못하게 되었다는 불명예, 자금 지원이 갖는 매력, 그리고 이웃 국가들이 혜택을 받는 모습을 옆에서 지켜보게만 되는 상황 등으로 인해 정부의 입장에는 변화가 생길 것이기 때문이다.

우리가 지금 논의하고 있는, 예전과는 다른 형태의 개발자금 혜택을 받으려 하는 국가의 정부는 이 자금의 사용에 대해 구속력 있는 결정권한을 갖는 위원회를 구성해야 하고 시민들도 자신들이 선출한 대표(필요한 경우 공정성 보장을 위해 새로 구성된 유엔조직의 감시 하에 선거를 치를 수도 있다)를 이 위원회에 참석시킬 수 있어야 한다. 이 위원회의 구성은 농민, 여성계, 노동조합, 기업가, 교사, 학생, 보건의료인 등 사회의 각기 다양한 계층을 온전히 반영할 수 있도록 지역별, 분야별 대표성을 고려해야 한다.

일부 국가에서는 이런 위원회가 정권의 한 축으로 그대로 이용될 수도 있다. 독재자가 노동조합을 자신의 편으로 만들 수도 있고, 독재자의 부인이 전국여성단체를 휘하에 둘 수도 있는 것이다. 이런 현상에 대해서는 나도 신식민주의적 태도를 취하지 않을 수 없다. 그리고 이에 대해서는 변명의 필요조차 느끼지 않는다. 개발 및 인도적 차원의 지원을 목표로 하는 북반구 출신의 여러 단체와 NGO는 이런 국가에서 오랫동안 사업을 진행해오고 있다. 이 단체들의 종사자들은 자신들이 상주하는 국가의 인물에 대해 파악하고 있고, 정부의 영향력으로부터 실제로 자유로운 인사가 누구인지도 알고 있다. 이들 단체의 종사자들은 자금을 지원하는 국가의 정부와 협의를 거쳐 이들 독립적 인사들이 위원회에 참여할 수 있도록 해당 국가의 독재자에게 영향력을 발휘할 수 있어야 한다.

이 위원회에는 정부 대표자, 그리고 세계사회포럼을 대표하는 감독관과 일단의 상근 회계감사관 및 유엔 관리기구도 참여해야 한다. 해당 국가의 정부가 정책을 제안하고 위원회가 이 정책을 최종적으로 결정하는 체계가 되는 것이다.

좀 제한된 형태이긴 하지만 이런 체계는 현재 브라질의 포르토알레그레시의 개방적 예산제도에서 실현되고 있다(브라질에 있는 85개가량의 다른 도시에서도 시행되고 있다). 포르토알레그레시에서는 예산의 일정 비율을 지역 주민이 자체적으로 집행할 수 있도록 하고 있다. 또 피라미드식의 매우 복잡한 민주적 대표 체제를 통해 우선순위를 결정한다. 주민 스스로 이 예산이 가치 있게 사용되도록 확실히 관리하고 있기 때문에 예산 낭비나 부패는 자취를 감추었다. 포르토알레그레시의 경험은 전 세계 여러 도시도 채택하여 적절히 이용할 수 있다.

몇몇 독창적 사회사상가가 여러 사회에 공통적인 문제를 해결하기 위한 저비용 방안을 제기한 바 있다. 이 방안 가운데 한 가지는 브라질 출신의 교육자 크리스토밤 부아르케가 제안하였는데 부아르케는 브라질의 수도 브라질리아에서 한 학군의 행정을 맡아 큰 성공을 거두면서 룰라 정권의 초대 교육부 장관직을 역임하게 된다. '볼사 에스콜라(Bolsa Escola)'라고 하는 등교지원금제도는 기아, 문맹, 아동노동, 경범죄 문제를 한 번에 해결할 수 있는 기발한 프로그램이다.

아이들에게 교육을 제공하기 위해서는 우선 아이들을 학교 울타리 안으로 끌어들여야 하지만, 만약 아이가 가족의 생계를 위해 일해야 한다면 그럴 수 없게 된다. 이러한 상황을 인식한 부아르케는 자녀를 학교에 보내는 가정에 대해서는 그 아이들이 교과과정의 85% 이상을 이수하는 조건으로 세 자녀까지 지원금을 제공하는 해결책을 만들었다. 한 달에 5달러라는 금액은 그다지 많지 않아 보이지만 실직가정, 혹은 월 75달러가량의 최저임금으로 생활하는 가정에는 적지 않은 금액이다. 이 프로그램이 시행되자 브라질리아 지역의 학교에서 빈곤층 아동의 숫자가 배로 증가했고, 아동의 급식 상태가 좋아짐으로써 평균 신장과 건강 상태가 개선되었으며, 아이들이 더 이상 길거리에서 방황하지 않게 됨으로써 경범죄 발생률이 크게 감소하는 등 가시적 효과가 즉각 나타났다. 내가 관련 자료를 확인한 것은 아니지만 아마도 아동노동이 줄어들면서 성인 취업률도 증가하지 않았을까 추정해볼 수 있다.

볼사 에스콜라를 브라질 전 지역의 최빈곤층으로 확대시행하기 위해 필요한 자금은 일 년에 7억 달러에 불과하다. 지원금의 액수가 커진다면, 특히 한 달에 5달러로는 많은 것을 할 수 없는 도시지역에서 지원금이 인상된다면 이 프로그램은 훨씬 더 큰 효과를 거둘 수 있을 것이다. 하지만 룰라 대통령은 브라질의 대외 부채 상환을 공약하였고, 브라질은 원금의 몇 배에 달하는 금액을 이미 지불한 상태이다. 2천 6백억 달러의 부채 중 430억 달러가 매년 상환만기 되고 있는데, 이 금액은 브라질이 수출을 통해 벌어들이는 돈의 3/4에 해당한다. 뉴욕의 여러 은행과 세계은행에게는 브라질의 어린이들에게 교육과 식량을 제공하는 일보다는 브라질로부터 단 한 푼이라도 더 받아내는 것이 훨씬 더 중요한 일이라는 점에는 의심의 여지가 없다.

또 다른 남미 출신 사회개혁가가 고안한 프로그램이 있다. 이 프로그램은 '소(小) 자본주의적'인 것이긴 하지만 분명 자본주의적 성격의 것이다. 그렇지만 적어도 자산이 전혀 없는, 혹은 자산이 전혀 없는 듯 보이는 수백만 명에게 힘을 실어줄 수 있는 것이다. 페루 출신 경제학자 에르난 데 소토가 만들어낸 이 프로그램은 빈민가의 남루한 판잣집일지라도 사람들이 소유하고 있는 재산에 대해서는 공식적인 소유권과 법적 승인을 부여하는 것이다. 아무리 보잘 것 없고 작은 것이라 하더라도 공동체 내에서 일정한 소유권을 갖게 되면 사람들은 상황개선에 대한 자극―이는 일자리 창출로 이어진다―을 받게 되고, 이 소유권은 소액 자금, 예를 들어 독자적인 공방을 운영할 도구를 살 수 있을 정도의 소액 자금을 빌릴 수 있는 담보물의 기능도 하게 된다.

에르난 데 소토가 운영하는 단체의 계산에 따르면 이집트의 빈곤층 사람들은 이런 방식으로 자그마치 2천410억 달러에 이르는 자산을 만들어낼 수 있었다고 한다. 이 금액은 이집트가 해외에서 받은 투자액의 55배, 그리고 나폴레옹 시절부터 이집트가 받은 해외 원조액의 70배에 달하는 것이다. 빈곤층에 속한 이들의 자산이 대부분 그다지 쓸모가 없고 생산에 이용되지 못하는 것은 상부 조직이 이 자산을 인정하지 않고 있기 때문이다. '가난한 사람들이 세계화로부터 어떤 이득을 얻을 수 있는가?'라는 질문에 대해 데 소토는 '재산관련 법안을 통해서'라는 세 마디 말로 답한다.

신분을 증명해주는 온갖 서류와 증서가 존재하는 국가에 사는 우리로서는 이들 서류가 없는 생활을 상상도 할 수 없다. 개발 관련 이론에 대해서는 전혀 무지한 내 친구 하나가 한 말이 뇌리를 강하게 흔든 적이 있다. 예술사가인 그 친구는 사원의 조각과 청동 예술

작품 등을 연구하러 인도에 갔다가 그 엄청난 빈곤 정도에 놀라고 인도에서는 일상이라고 할 수 있을 그곳 사람들의 너무나 인간적인 면모에 충격을 받고 돌아왔다. 자신의 경험에 대해 이야기하며 그 친구는 다음과 같이 말했다. "수잔, 그 사람들은 그 어디에도 전혀 기록되어 있지 않아요." 정말로 틀림없는 사실이다. 그리고 이 사람들은 '기록' 되지 않는 한 우리가 너무나 당연히 여기는 가장 일상적인 일들조차 할 수 없다. 어떠한 재산이 되었든지 간에 그것에 대한 소유권을 부여하는 일은 이 과정을 시작하기 위한 좋은 방편이 될 수 있다.

또 한 가지 좀 더 잘 알려진 '소 자본주의적' 방식은 그라민 양식의 은행 기법인데, '그라민' 이라는 이름은 방글라데시의 빈곤층 여성들에게 아주 소액의 대출을 제공하는 선구적 은행의 이름에서 온 것이다. 이 기관에도 전혀 문제가 없는 것은 아니다. 운영을 지속하기 위해 기부금에 의존해야 하고, 이자율도 높은 편이다. 하지만 그렇다고 해서 포기하기엔 이 프로그램은 너무나 소중하다. 개선점은 고쳐야 하겠지만 빈곤층 사람들의 자립을 도울 수 있는 수단은 남겨두어야 한다. 그라민 은행이 시행하고 있는 것과 같은 소액대출의 개념이 개인대출에만 한정될 것이 아니라, 협동조합 등의 조직이 사업을 시작할 수 있도록 단체를 대상으로 한 대출로 확대될 필요가 있다.

아직 세계인구의 절반은 농업 인구다

지난 30년 동안, 나는 소규모 농가에 혜택을 제공하는 정책과 이들이 가족을 위해 더 많은 식량을 생산할 수 있도록 전통적 농사기법을 개량하는 데 도움이 되는 정책을 장려해왔다. 많은 돈을 들여서 농사를 지을 여력이 없는 사람을 위한 농업 체계 개발을 위해 1970년대에 비해 훨씬 많은 농업학자 및 생태학자들이 노력을 기울이고 있다. 여러 다양한 환경 및 농업 체계 분야에서 이들은 갈수록 놀라운 결과물을 만들어내고 있다. 때로는 해당 지역에서 예전에 폐기된 농업 기법을 되살려냄으로써, 혹은 윤작 및 수자원과 토양의 보존 방식 등을 통해 각기 다양한 자연환경을 가진 세계 곳곳에서 농산물 산출량을 증대시켰다.

몬산토의 유전자변형곡물이 세계를 굶주림으로부터 구할 것이라는 주장은 계속 듣게 되는데 왜 에섹스 대학의 쥴스 프리티 교수와 같은 사람에 대해서는 들어본 적이 없는지 한 번 생각해볼 필요가 있다. 프리티 교수는 총면적이 이탈리아의 전체 면적에 달하는 전 세계 52개 국가의 200개가 넘는 농업지대에 대한 연구를 통해 간단하면서 비용이 전혀 들지 않는 기법을 사용하여 농산물 산출량을 평균 73% 이상 증대할 수 있다는 결과를 발표한 바 있기 때문이다. 아프리카에서는 옥수수 사이에 대마초를 심어 해충이 옥수수 대신 대마초를 먹도록 만드는 방법이 성공을 거두기도 했고, 마다가스카르에서는 화학품이나 비료를 사용하지 않는 단순한 방식만으로 1헥타르당 쌀 수확량을 3톤에서 12톤으로 증가시키기도 했다.

몬산토의 제품은 전혀 필요치 않다. 사실상 오히려 있어서는 안 될 것이라 할 수 있다. 위에서 살펴본 대안적 농업 방식을 선도하고 실천하는 사람들은 다국적기업을 위해서는 단 한 푼도 기여하는 바가 없을 것이다. 이들의 목표란 전 세계 모든 빈곤 농민의 삶을 획기적으로 개선하는 것뿐이다.[49] 그러나 다국적기업의 입장에서 보면 이들이 덜 알려질수록 좋은 것이다.

나는 2002년에 몇몇 생명공학 기업체 간부와 토론에 응해줄 것을 요청받았다. 나는 이를 수락하면서 그들에게 다음과 같은 제안을 했다. "만약 당신들의 유전자변형식품이 정말로 그렇게 훌륭하다면, 그리고 당신들이 정말로 기아 문제 해결에 기여할 수 있다고 믿는다면 과학적으로 한 번 실험해봅시다. 당신들이 연구개발비로 지출하는 예산의 단 5%만이라도 쥴스 프리티 교수가 연구한 것처럼 약간의 예산과 노력만 있으면 되는 농업개선 연구에 투자해보시죠. 유전자변형곡물은 이미 미국과 일부 다른 국가에서 널리 재배되고 있으니 3년 혹은 5년이 지난 후 총수확량을 농민들이 지출한 비용뿐 아니라 환경이나 주변 농장에 대한 영향까지 고려하여 비교했을 때 어느 방식이 얼마의 비용으로 더 나은 결과를 얻는지 과학적으로 판단할 수 있을 겁니다."

나는 이 기업체들이 이 계획을 실행에 옮기는 것은 고사하고 제안을 환영하리라고도 기대하지 않았다. 나는 그들이 농민이나 기아 문제에 대해서는 전혀 관심이 없고 오직 자신의 이익에만 신경 쓰고 있다는 사실을 보여줄 필요가 있다고 생각했다. 하지만 각국 정부는 이 같은 연구를 실행에 옮길 수 있다. 프랑스에는 저비용으로 생태계를 살리는 것을 목적으로 하는 농업연구소가 거의 없다. 대부분 큰 비용을 들여야 하는 연구 방식에 예산이 지원되고 있다. 관심 있는 사람들의 지지와 협력을 바탕으로 적정한 수준의 연구비를 받아 관련 연구를 실행한다면 농촌의 삶을 진정으로 변화시킬 수 있다.

노동, 제조업, 그리고 서비스

나보다 훨씬 뛰어난 사람들이 지금과 다른 세상에서는 노동의 형태가 어떻게 조직될 것인가에 대하여 오랫동안 열심히 연구해왔다. 이 가운데 한 사람인 마이클 앨버트의 저서 『파레콘(Parecon-'참여경제'를 의미)―자본주의 이후 인류의 삶』은 수십 개 국가에서 번역 출간되고 있다.* 나는 이 주제에 대한 깊이 있는 고찰을 담고 있는 작품으로 이 책을 추천하는 바이다. 이 책이 수많은 언어로 번역되었음에도 불구하고 다른 지역보다는 미국적 상황에 대해 더 큰 시사점을 갖고 있기는 하지만 말이다.[50]

나는 또 '세계화지구촌포럼(International Forum on Globalization)'에 참여하고 있는 내 친구들이 공동으로 쓴 책도 추천하고 싶다. 각 지역 단위에서 성취할 수 있는 여러 가지 사안을 다루고 있다는 점을 이 책의 강점으로 꼽을 수 있겠다. 인간에게 꼭 필요한 식량과 교육, 보건, 은행 등을 포함한 수많은 것들이 이를 필요로 하는 사람들이 속해 있는 소규모의 집단 내부에서 자체적으로 충족될 수 있고, 또 그렇게 되어야 한다는 이들의 주장은 매우 타당하다.[51]

수많은 환경론자의 신념에도 불구하고 나는 그 모든 경제활동의 다양하고도 복잡한 욕구가 지역 단위 내에서 완전히 충족될 수 있을 것인지에 대해, 그리고 우리가 이 복잡한 경제활동으로부터 자유로워질 수 있을 것인지에 대해 의구심을 버릴 수 없다. 이 점이 아

---

* 국내에서도 2003년 번역 출간되었다. 『파레콘-자본주의 이후 인류의 삶』, 김익희 옮김, 북로드―옮긴이

마도 이상주의자와 현실주의자를 구분하는 진정한 차이점일 것이다. 국제적인 과세제도의 도입과 이를 통한 부의 재분배는 현실적인 것으로 보이지만, 소박하고 좀 더 전원적인 공동체적 삶으로의 회귀를 위한 시도는 이상주의로만 보인다.

나는 우리가 그 어떤 과거의 황금기로 돌아갈 수 있다는 생각은 하지 않는다. 목가적 삶을 지향하지도 않는다(비록 내가 정원에서 재배한 야채를 먹는 것은 좋아하지만 말이다). 나는 많은 사람이 대도시에서 살기를 바라고, 또한 커다랗고 복잡해서 지역단위로는 생산할 수 없는, 이를테면 비행기―가능하다면 수소를 원료로 하는 환경 친화적 비행기―와 같은 제품들이 계속 생산되기를 바란다. 미래에도 대기업과 중소기업의 존재는 필요하겠지만 이 기업들을 사적으로 소유하는 자본주의적 방식의 운영체제를 갖추어야 할 필요는 없다. 각 제품의 성격과 수요에 따라 이를 생산하는 기업의 규모가 결정되어야 한다. 계속 비행기를 예로 들어보자. 내가 희망하는 미래의 경쟁체제는 현재 에어버스와 보잉이 벌이는 경쟁보다는 오히려 월드컵 축구 경기에서 볼 수 있는 경쟁에 가깝다. 사람들로 하여금 더욱 노력하게 만들고 또 자신이 생산하는 제품을 개선하도록 계속 자극하기 위해서는 물질적인 것을 포함한 동기부여가 있어야 하기 때문이다.

모든 분야에서 자본주의적 이윤이나 주주가치를 보상으로 받아들이기보다는 개인별, 혹은 팀별 성과, 그리고 공동의 노력을 제대로 평가할 수 있는 동기부여 체제에 더 초점을 두어야 한다. 누구나 자신의 일에 대해 인정받을 필요가 있고, 또 그럴 자격도 있다. 금전적 보상도 환영할 만한 것이지만 모든 보상이 금전적인 것이어야 할 필요는 없다. 노벨상 같은 상을 제정하는 방법이 아니라면 각 분야에서 이룬 탁월한 성과를 인정해주는 좋은 방법에는 무엇이 있을까? 오늘날의 사회가 안고 있는 고질병 중 하나는 우리가 왜곡되고 병든 체계를 제도화해놓은 까닭에 모든 보상이 오직 금전으로만 이루어진다는 점이다. 현재의 체제를 우리가 계속 유지해야 할 까닭은 없다. 어느 분야에서건 뛰어난 업적을 이루어 '노벨상'을 받는다면 이러한 사실을 보여주는 깃발을 지붕 위나 창문 밖에 걸 수 있는 자격을 부여할 수도 있는 것이다. 이러한 제도는, 자신의 업적을 과시하기 위해 소비에 열을 올리는 미국 기업체 간부가 방이 17개나 되는 거대 저택에서 살고자 하는 것과 마찬가지의 효과적인 동기부여가 될 수 있다.

사회적 영역에서 수행되어야 할 긴요한 여러 작업이 있음에도 불구하고 자본주의는 이를 위한 지출을 거부한다. 우리는 각 사회 계층(남자들에게만 국한된다고 하더라도)을 공화국이라는 공통된 이념 하에 통합시켜주던 징집제도도 폐기해버렸다. 아무런 예외 없이 모든 사람이—여자도 포함하여—18세에서 25세 사이에 일 년 동안 사회봉사를 해보는 것은 어떨까. 자신이 미래에 직업으로 선택할 분야와 최대한 유사한 업무를 하면서 말이다.

연대는 가까운 곳에서부터

현재의 다국적기업과 같은 거대 조직에 대한 과세를 통해 새로운 세계를 향한 첫 걸음을 내디딜 수 있다 하더라도 일단 우리의 계획이 어느 정도의 단계에 이르면 이 제도를 유지할 필요가 없어질 수도 있다. 대신 우리는 기업체와 금융기관의 규모를 어떻게 하면 제한할 수 있을지, 그리고 이런 조직을 어떻게 하면 공동체의 요구에 부합하도록 만들 수 있을 것인지 고민해야 한다. 현재 다국적기업들은 제3세계의 은행에서도 대출 우선순위를 차지하고 있는데 이는 이 기업들이 대출 상환에 있어서 해당 지역에 국한된 기업체보다 우수한 신용도를 갖고 있기 때문이다. 이 다국적기업들이 가용 자금을 모두 가져가버리는 탓에 해당 지역 기업들은 대출을 받기 위해 더 많은 이자를 지출하게 된다. 아니면 멕시코나 아르헨티나에서 거의 완벽하게 진행되었듯이 지역의 은행들을 모두 없애버리면 일은 분명 더 쉬워질 것이다. 이들 국가에서는 그 이름이 무엇이든 모든 은행이 사실상 미국계다.

과거의 기업들은 설립인가를 받아야 했고, 이 설립인가는 폐지될 수 있었다. 요즘 기업들은 빈약한 법체계(그리고 영리한 변호사들)를 이용하여 이득을 보고 있으며 어떤 행위를 하더라도 살아남을 수 있는 힘을 갖고 있다. 기업이 부정행위를 하거나 규정을 준수하지 않을 경우 제제를 가할 수 있는 설립인가제도로 복귀해야 할 필요가 있다.

나는 지금까지 우리가 남반구의 가난한 국가들에게 어떤 빚을 지고 있는가에 대해 역설해왔다. 하지만 바라건대 새로운 과세제도가 도입될 북반구의 부유한 국가들은 어떠한가? 이들에게도 나름의 어려움이 있는 것은 아닐까? 이는 의심할 여지없는 사실이다. 이들 북반구 국가의 시민들이 제3세계 사람들과 같은 열악한 환경에 처해 있는 것은 아니라 할지라도 이 사람들 또한 자신들이 짊어지지 말아야 할 여러 힘겨운 짐을 떠맡고 있는 것이 현실이다. 따라서 이들 북반구 국가에서 징수한 세금의 일정 부분, 대략 20%에서 25% 정도는 이들이 겪고 있는 문제의 해결을 위해 사용하는 것이 타당하다. 현재 서구 국가들이 겪고 있는 문제 가운데 가장 시급히 해결되어야 할 것은 대량 실업과 비정규 노동, 빈곤, 불안, 그리고 이에 수반되는 절망감 등이다.

기존의 상업적 은행들로부터 충당될 세금을 기반 자금으로 활용하여 은행을 모두 협동조합 체제로 전환하는 일은 아무런 어려움 없이 진행될 수 있다. 하지만 그와 동시에 모든 은행이 적어도 자금의 일부를 해당 지역의 빈곤층이나 기업을 대상으로 대출해줄 수 있어야 하고 거주민에 대한 주택자금 등으로 대출해줄 수 있어야 한다. 미국의 '지역재투자 법안'에 규정되어 있는 바와 같이 말이다.

나는 세계적으로 가장 큰 규모를 자랑하는 미국 경제의 6%~7% 정도가 이미 사실상 자본주의 체제로부터 벗어나 존재한다는 사실을 케빈 다나허를 통해 접하고 매우 놀란 기억이 있다. 협동조합, 결사체, 노동자 관리체제의 기업, 그리고 여타의 다양한 체제가 운영되고 있는 것이다. 우리는 이들에 대한 연구를 통해 이런 체제가 어떻게 운영되고 있는지, 그리고 이들이 어떻게 연대를 형성하는지를 이해하여 실천 가능한 아이디어를 다른 지역으로, 다른 국가로 확대할 필요가 있다. 일반화해서 말하자면, 실천할 수 있는 바에 대한 지식은행을 수립하자는 것이다.

임금 불평등을 초래하는 여러 장벽도 매우 중요한 문제다. 선진국 가운데 가장 적은 격차를 보이고 있는 일본의 경우 공식통계에 따르면 최상위층과 최하위층 간의 임금격차가 5배 정도인 것으로 보고되고 있다. 여러 문제점에도 불구하고 일본 사회는 일반적으로 사회적인 결속력을 갖춘 것으로 평가되고 있다. '효율적 불평등 수준'이 어느 선에서 형성되어야 하는가의 문제도 민주적 토론 과정을 거쳐 결정해야 한다.

　북반구 선진 국가 안에 있는 일부 가난한 이민자 거주 지역은 실직율이 40%를 상회하는 사실상의 빈민가가 되어 있다. 이 지역민들은 편견의 희생양이 되는 경우가 많다. 주거지를 밝히는 것만으로도 취직 기회를 잃게 된다고까지 말한다. 주거지역 규정에 맞추어 이들 지역을 재개발하면서 이곳에 거주하는 사람들에게도 일자리를 제공하는 것은 어떨까? 기준 미달의 이 지역 주거환경에 어떤 문제점이 있는지는 이들 자신이 누구보다도 잘 알고 있을 것이다. 젊은이들이 몇 달 동안 유급 노동을 하면서 몇 가지 기술을 배워나간다면 이 공사현장은 동시에 노동교육장으로서도 기능하게 될 것이다.

　금융거래에 대한 과세정책을 통해 정부 예산에 아무리 많은 자금을 보탠다고 하더라도 남반구의 경우에서와 마찬가지로 북반구에서도 공해와 에너지 문제, 혹은 다국적기업의 여러 활동이 정부 관할로 쉽게 넘어오는 일은 없을 것이다. 북반구의 여러 나라 시민들은 자신이 우선순위로 고려하는 일을 추진하기 위한 위원회를 선거로 구성할 수도 있다. 또한 나는 지방세의 최소 10% 정도를 특정 용도로 사용할 수 있도록 하는 프로그램도 만들었으면 좋겠다. 이 분야에 대한 전문 지식을 갖춘 인사들은 국가의 소득세를 이와 같이 자체적으로 배분하는 것은 바람직하지 못한 생각이라고 나에게 충고한 바 있다. 보건이나 교육, 연구 등, 내가 생각하는 분야가 아닌 잘못된 항목에 세금이 전용될 거라는 지적이다. 나는 이 전문가들의 지적에 대해서는 감사하게 생각하지만 공적자금을 더욱 민주적으로 활용할 수 있는 방안 모색이 필요하다는 생각에는 변함이 없다.

구조적 실업문제를 감소시키기 위한 한 가지 방안은 이원화된 금전 체계를 갖추는 것이다. 모든 이들의 월급 일부를 일정 기간이 지나면 사용할 수 없는, 즉 유통기한이 있는 돈으로 지급하고 소유자가 변경될 때마다 다시 갱신하여 사용할 수 있도록 하는 것이다. 이렇게 하면 '비생산적' 자금의 축적을 억제하고 일자리 창출에 기여하는 자금지출을 장려할 수 있을 것이다.

유럽이 우선적으로 해야 할 일이 무엇인지에 대해서는 이미 설명한 바 있다. 즉, 새로 유럽연합에 가입한 국가와 통합하는 과정을 조속히 추진하고, 지중해 연안 국가들 및 과거에 유럽 식민지를 경험한 아프리카 국가들과 우호적 관계를 수립하는 것이 바로 그것이다. 이 과정은 무엇보다도 WTO의 완전한 해체—이 조직의 실질적인 분해—를 의미하게 될 것이다. 전 세계적인 자유무역은 사회적, 환경적 영향을 전혀 고려하지 않은 채 '극한적 경쟁'과 생산비용의 최소화만을 추구하여 종국엔 파멸만을 초래할 것이다. 하지만 국내 시장만을 통해 모든 것을 제공받기란 어려운 일이다. 그러므로 세계 각 주요 지역은 자신의 교역 관계와 이에 관련된 규정을 스스로 결정할 수 있어야 한다. 하지만 이러한 무역규정이 북미자유무역협정(NAFTA)이나 미국이 미주자유무역지대(FTAA)를 통해 북남미 국가들에게 중용하고 있는 것과 같은 형태가 되어서는 안 된다.

우리의 상대자들은 "당신들은 어떤 규칙도 원하지 않는군요. 오직 정글의 법칙만을 바라는 겁니까?"라고 곧잘 묻곤 한다. 이는 사실이 아니다. 우리도 분명 규칙을 원한다. 그러나 우리가 원하는 규칙은 현존하는 것처럼 극히 제한적인 소수의 사람이 만든 규칙이 아니다. 이와 마찬가지로 우리는 국제기구의 필요성도 인정하지만 오늘날 존재하는 형태의 국제기구는 아니라는 것이다. 우리에게는 정말로 법률이 필요한데, 법률이 없다면 우리가 영원토록 출발선상에만 머물러 있게 될 것이기 때문이다. 시시포스의 삶은 비참한 것이 아니었던가.

우리가 세계정부를 원하는 것인지에 대한 질문도 자주 받는다. 개인적으로 나는 세계정부를 원하지는 않는다. 더 정확히 말하자면 아직은 너무 시기상조라고 생각한다. 내가 보기에 우리는 우리가 필요로 하는 새로운 형태의 민주적 자유를 아직 충분히 연습하지 못했다. 어쩌면 이러한 자유를 아직 쟁취하지 못한 것인지도 모른다. 그리고 현재 세상의 모든 것을 움직이고 있는 사람들, 바로 이 잘못된 인물들이 세계정부도 곧 장악해버리고 말 것이다. 어쩌면 세계사회포럼이 세계의회포럼과 손잡고 국제적 차원의 대의기구를 탄생시키기 위한 씨앗으로 성장할 수도 있겠지만 우리가 아직 그 단계에 이른 것은 아니다. 시애틀에서 벌어진 투쟁 이후 흘러간 불과 5년의 시간이란 역사적으로 매우 짧은 기간에 지나지 않는다. 포도를 수확하여 와인을 만들기에 앞서 밭에서 충분한 햇볕을 즐길 시간이 필요하다.

이번 장에서 다룬 모든 계획은 현재 진행 중이다. 우리의 운동이 지금과는 다른 세상을 만들 수 있도록 하기 위해 필요한 창조력과 결단력이 계속 유지되도록 내가 보탤 수 있는 보잘 것 없는 활동이 바로 이러한 것들이다.

part 2

●

더 나은 세계를 위한 제안

Another world is possible
if

6장 시민운동을 위하여

    지구촌 정의실천 운동에 이미 참여하고 있거나 혹은 앞으로 동참하고자 하는 사람들에게 몇 가지 매우 현실적인 조언을 하고자 한다. 〈워싱턴포스트〉에 실리는 예절 칼럼 같은 느낌의 충고로 새로운 장을 시작하는 것이 권장할 만한 글쓰기 방식은 아니겠지만, 나 스스로 이 운동에 참여하면서 여러 사람의 잘못된 태도를 목격한 바 있기에 언젠가는 반드시 이 주제를 다루어봐야겠다고 생각했다.

    우리 운동의 규모나 효율성에 관심이 없는 독자라면 다음 몇 페이지는 건너뛰고 사회포럼의 출현이나 정당을 둘러싼 문제 등을 다룬 부분으로 넘어가거나 곧장 7장으로 책장을 넘겨도 좋다. 너무 기본적인 문제를 다루게 되어 독자들에게는 미안하지만, 아이디어가 아무리 뛰어나고 제안이 제아무리 훌륭하더라도 세상을 바꾸려는 운동이 성공하려면 많은 사람의 참여와 조직화, 그리고 동맹이 필요하다.

활동가의 모집과 유지

　충분히 많은 사람들이 변화를 원할 때에만 실천을 이끌어내는 것이 가능하기 때문에 우리에게는 더욱 많은 인원이 필요하다. 따라서 우리는 이를 위해 심리학을 조금 이용할 줄 알아야 한다. 완벽한 자신감을 가진 사람이란 거의 없기 마련이다. 누구나 자신이 오히려 폐가 되는 것은 아닌지, 도움이 될 만한 지식이나 기술이 없는 것은 아닌지 불안을 느낄 수 있다. 이따금 자신감에 가득 차서 찾아오는 사람도 있기는 하지만 대부분의 경우에는 우리가 먼저 손을 내밀어야 한다.

　사람들은 타인의 감정을 상하게 만드는 일도 피하고 싶어 한다. 예를 들어 나는 셀 수도 없이 많은 회의에 참석해서 발언을 하지만 사회자에게 새로 오는 청중들을 위해 특별한 신경을 써달라고 말하기가 아직까지도 쉽지 않다. 이런 모임에 오는 청중들은 자발적으로 모이는 것이라고 생각할 수도 있겠지만 사실은 그렇지 않다. 모임을 준비하는 사람들은 시민들을 끌어 모으기 위해 홍보 포스터를 만들어 붙이러 다니고, 지역 언론과 접촉하고, 주말장터에서 전단을 배포하는 등 온갖 수고를 한다. 그리고 그 결과 정말 많은 사람들이 모임에 참석하면 이 모든 것을 준비한 사람들은 마치 이것이 당연한 일이라는 듯 태연한 척 하는 것이다. 많은 사람들이 강연장을 가득 메우고 함께 하는 것은 매우 고무적인 일이다. 우리 운동의 잠재적 후원자라고 할 수 있는 이 사람들은 자신이 환영받지 못한다는 느낌을 받으면 곧 연기처럼 사라져버릴 수 있는 집단이므로 그런 일이 생기지 않도록 해야 한다.

7계명

현장에서 여러 해를 보내면서 나는 스스로 한 가지 종교를 만들게 되었다. 이 종교의 계명은 7개에 불과하기 때문에 계명보다는 오히려 7개의 대죄악*을 연상케 하기도 하고 또 무언가 부족한 느낌을 주기도 한다. 하지만 나를 믿을 지언데 이 7계명만 잘 지킨다면—이는 드문 경우이긴 하지만—수많은 사람이 구원을 얻을 것이고, 자금도 절약할 수 있으며, 불행도 줄어들 것이다.

1. 해당 문제에 대한 분석, 목표, 전략, 그리고 지금까지의 성과 등을 간략하게 담아 알기 쉽게 쓴 유인물을 한 쪽 분량으로 작성해서 모임 장소에 있는 의자 위에 놓아두거나 입구에서 나누어주라. 연락 가능한 사람의 이름과 연락처, 그리고 이메일 주소가 반드시 포함되어야 하며, 정기적 모임이 있다면 그 모임의 시간과 장소도 기재하고 회원가입 양식도 함께 첨부하라. 이 유인물에는 목표를 달성할 때마다 그 내용을 새로 기재하고 현재 목표하는 바가 무엇인지도 함께 적어서 언제 어느 때나 홍보수단으로 활용할 수 있도록 한다. 이러한 서류가 기업에서는 사업전략에 해당하며, 이런 것을 하나쯤 만들어두는 것이 바람직하다.

2. 모임이 시작되면 사회자는 참석자 전원에게 인사를 건네고, 모임에 처음 참석하는 사람을 환영하는 인사도 전달한다. 처음 참석하는 사람에게 손을 들어보라고 하고, 이분들이 모임을 다시 찾

---

  * 기독교의 7대 죄악. 즉 교만, 탐욕, 음욕, 분노, 탐식, 질시, 태만을 일컫는다.—옮긴이

아주길 바란다는 말을 건넬 수도 있다. 이렇게 하면 모임에 정기적으로 참여하는 사람은 새로 온 사람이 누구인지 알게 되고, 나중에 이들에게 말을 건넬 수 있는 기회를 갖게 된다. 모임 중간에 들어온 사람이 자리를 찾지 못하고 회의장 뒤쪽에서 서성이면 모임을 잠시 중단하고 옆자리가 비어 있는 사람에게 손을 들어 달라고 하여 모든 사람이 자리에 앉을 수 있도록 한다. 적어도 프랑스에서는 사람들이 첫 번째 줄에 앉기를 피하려는 경향이 있다. 나(사회자가 이 역할을 맡아주는 것이 좋다)는 사람들에게 모임 중간에 나가야 할 분들이 있는 것을 알지만 중간에 나간다고 해서 나쁘게 생각할 사람은 없으니 빈자리 아무 곳에나 앉아달라고 부탁한다.

3. 눈에 쉽게 보인다 하더라도, 입구에 배치된 탁자에서 모임에 대한 추가 자료와 원하는 경우 회원가입 양식을 얻을 수 있다고 안내한다. 이 탁자에는 참석자를 미소로 반겨줄 수 있는 사람을 배치해야 한다. 회의 시작 전부터 회의가 끝날 때(늦게 오는 사람이나 중간에 나가는 사람을 위해)까지 적어도 한 사람은 이 자리를 지켜야 한다. 이 탁자에는 쉽게 알아볼 수 있는 안내표시를 붙이도록 하고, 사람들의 접근 또한 쉬워야 한다.

4. 관련 서적을 위한 탁자를 별도로 준비해야 한다. 협의를 통해 고른 서적들(모임의 연설자가 쓴 책이 있는 경우 그 책도 포함하도록 한다)을 회의장에서 늦게까지 판매해줄 수 있는 지역 내 서점과 친분을 쌓아둔다. 아니면 할인된 가격으로 서점에서 구매해서 직접 판매하고, 남은 책은 서점에 다시 반납하는 계약을 서점

과 맺을 수도 있다.

5. 유인물에 적혀 있다고 하더라도 다음 모임이 언제, 어디서, 무엇에 관해 열린 것인지 공지한다. 혹은 "모임은 격주로 목요일마다 시청 별관에서 합니다"라는 식의 안내를 할 수도 있다. 프로그램이 무엇인지에 대한 설명도 잊지 않도록 한다.

6. 부모님의 가르침은 잠시 접어두고서 언제든 주저하지 말고 돈에 대한 이야기를 할 수 있어야 한다. 모임 장소를 무료로 빌린 것인지 아니면 돈을 지불하고 빌린 것인지를 확인한다. 만약 유료로 장소를 빌린 경우 사회자는 그러한 사실을 공지하고 참석자들에게 어디에서 기부금을 전달할 수 있는지 공지한다. 그리고 참석자들이 모임에 가입하지 않는다 하더라도 모임의 활동 전반을 위해 기부할 수 있도록 해야 한다. 경비 지출 내역에 대해 언급할 수도 있다(이를테면 교통비와 홍보물 인쇄비 등).

7. 위에서 언급한 모든 내용은 연설 시작 전에 모두 마무리되어야 한다. 나는 사회자가 이런 사항을 마무리하기 전에는 연설을 시작하지 않는다. 그렇게 하지 않으면 모임이 끝난 후 사람들이 옷이나 우산을 챙겨들고 일어서서 웅성대고, 또 일부는 이미 떠나버린 상황에서 이런 일들이 진행되어야 한다. 단 한 가지 예외적 상황은 모임이 끝나고 의자를 정리하든가 탁자 등을 재배치해야 하는 경우이다. 이럴 경우 5분 정도 더 남아서 정리를 도와줄 사람이 있는지 공지하고 이들에게 감사의 말을 전하도록 한다.

조직화를 통한 승리

이방인에서 변혁가로

사실상 평범한 내용에 불과한 위 지침들 덕에 여러분의 모임에도 많은 사람이 몰려들게 되기를 희망한다. 그러면 그 다음에는 어떻게 해야 할까? 현명한 일부 단체는 새로 온 참석자 각자에게 안내자 역할을 맡을 사람을 하나씩 배정하기도 한다. 그러면 새로 온 사람은 안내자 역할을 맡은 사람과 편하게 대화를 나누고 모임 구성원에 대한 이야기도 들으면서 다른 사람에 대해 더 빨리 친숙함을 갖게 된다. 회의만 계속한다면 바람직한 모임을 만들어나갈 수 없다. 모임에 속한 사람이 다 같이 식사를 하거나 술자리를 할 수 있는 기회를 만들도록 하고, 함께 야외로 놀러 가거나 영화를 보러 갈 수도 있다(마이클 무어 감독의 작품들은 이런 경우 확실히 추천할 수 있는 영화들이다).* 적어도 가끔씩은 정치참여도 재밌는 활동이 될 수 있어야 하는 것이다.

모두에게 각자가 할 일을 부여해야 한다. 내 가까운 친구 가운데 한 명은 결국 체포되어 수용소에 수감되기 전까지 프랑스 레지스탕스에서 지도자로 활동한 경험이 있었다. 그 친구가 맡은 임무는 각 정부 부처와 공공기관, 철도, 우체국 등의 조직에 비밀요원을 침투시키는 일이었다. 그런데 임무를 수행하면서 가장 어려웠던 부분은 사람을 구하는 일이 아니었다. 수많은 프랑스인이 목숨을 걸고 용

---

* 마이클 무어 감독의 작품으로는 〈로저와 나(Roger and Me)〉, 〈빅 원(The Big One)〉, 〈보울링 포 컬럼바인(Bowling for Columbine)〉 등이 있다.

감하게 투쟁에 나섰기 때문이다. 오히려 가장 어려웠던 일은 이들에게 지속적으로 무언가 할 일을 찾아주는 것이었다. 비록 아주 중요한 임무는 아닐지라도 계속 임무를 부여하지 않으면 사람들은 어느새 조직에서 멀어져 정작 필요할 때는 일을 할 수 없게 된다는 사실을 그 친구는 알고 있었다.

더 이상 우리의 신념을 위해 목숨을 바칠 필요는 없게 되었지만(적어도 아직까지는, 그리고 내가 운 좋게 태어나 살고 있는 이 지역에서는 말이다) 위의 경험은 어느 정치운동에서나 마찬가지로 적용된다. 조직과 그 조직의 지도부가 현명한 판단을 내릴 수 있는 능력이 있다면 각각의 인물이 어떤 일을 해낼 수 있는지 파악하여 임무를 부여할 것이다. 무언가 함께 이루어나가는 과정을 통해 자신감이 형성되고, 자신감이 커지면 더 어려운 일도 할 수 있게 된다.

언론과의 관계유지가 이런 종류의 일 가운데 하나가 되어야 하는데, 우리가 가진 모든 정보가 집회 참석자에게만 국한되어서는 안 되기 때문이다. 모든 언론사가 여러분을 환대하거나 여러분에 대한 기사를 신문, 방송을 통해 내보낼 리는 없겠지만 언론사의 정치적 성향을 근거로 편파적으로 대하지 말고, 모든 언론사에 여러분이 주최하는 집회에 참석하는 연사의 이력서를 보내 인터뷰 기회를 제공하며, 또 여러분의 활동상을 취재할 수 있도록 해야 한다. 한 쪽 분량을 넘지 않는 보도자료도 준비해야 하고, 여기에는 기자들이 기사의 제목으로 활용하여 일반인의 관심을 끌 수 있을 만한 특정 사실이나 행사 관련 내용이 포함되어야 한다.

시민들이 펼치는 운동 가운데 내가 가장 긴밀하게 관여하고 있는 아탁(Attac) 프랑스 지부는 자신의 활동을 '실천을 향한 대중교육운동'이라고 이름 짓고 있다. 프랑스에서 '대중교육(Education populaire)'은 전 국민을 대상으로 하는 무상의무교육이 법령으로 지정되기 이전인 19세기까지 거슬러 올라가는, 길고도 영예로운 역사를 갖고 있지만 우리는 아직까지 대중교육을 위한 운동을 필요로 하고 있다. 문제는 어떻게 교육과 실천을 균형적으로 동시에 추구할 것인가이다. 주변의 시민들을 끌어들여 실천을 위한 토대를 형성할 수 있도록 특정 이슈에 대해 이해하기 쉽게 설명할 수 있는 연사를 초청하는 일은 중요한 작업이지만, 대중을 상대로 한 연설회는 '실천'이 아니라고 불평하는 사람도 있을 수 있다. 그러면 그 사람에게는 다른 사람들이 토론을 거쳐 한 가지를 선택할 수 있도록 목표가 분명한 몇 가지 실천사항을 스스로 제안하도록 요청할 수 있을 것이다.

아탁(Attac)에서는 특정 활동이나 특정 분야에 관심을 가진 사람들이 정기적으로 모여 머리를 맞대고 전략을 짤 수 있도록 위원회 체제도 만들어놓았다. 이러한 위원회 체제는 전문지식의 기반 확대를 위한 좋은 방법 가운데 하나다. 또한 우리는 특정 주제를 다룰 수 있는 역량 있는 연사의 층을 두텁게 하기 위해서 하루 혹은 주말 동안 진행되는 교육프로그램도 운영하고 있다. 5일 동안 진행한 '여름대학'에 900명의 사람이 모여들어 하루 7~8시간 동안 수업 내용을 열심히 필기하는 열의를 보여준 적도 있었다. 사람들의 지치지 않는 열정에 우리는 그저 계속 놀랄 따름이다.

용어를 둘러싼 문제

어떤 모임에서 나 혼자만 다른 사람들의 이야기를 못 알아듣는 듯한 경험을 해본 적이 있는가? 아니면 대화 주제나 용어가 낯설게 느껴져 이방인이 된 듯한 느낌을 받았거나 혹은 바보처럼 보일까 겁이 나서 입을 열기 어려웠던 적이 있는가? 나는 그런 경험이 있다. 처음에는 내가 아무 경험도 없이 베테랑 정치활동가들과 더불어 베트남 반전 운동에 참여하려 애쓰던 시절에 그러했고, 그 이후에는 북반구와 남반구 간의 역학관계 및 세계기아와 빈곤현상의 원인, 제3세계 채무문제가 야기하는 비극과 주요 국제기구의 작동방식 등에 대해 이해하려고 처음 노력하던 시절에도 그런 경험을 한 바 있다.

빠른 의사소통을 위해 특정 어휘를 사용하는 경우가 있다(예를 들면 의사들끼리 환자상태에 대해 이야기하는 경우). 하지만 자신을 과시하거나 다른 사람을 배제하기 위해 의식, 무의식적으로 전문용어를 사용하는 경우도 있다. 다른 사람이 자신의 표현이나 개념, 지적 체계 등을 이해하지 못할 수 있다는 사실을 아예 생각하지 못하는 경우도 있다. 하지만 어떤 경우이든, 모임에 새로 참여한 사람에게 이런 태도가 엄청난 악영향을 미친다는 점에서는 차이가 없다. 테이블 맞은편에 앉아 있거나 단상에 올라 있는, 이해하기도 어렵고 대개 지루하기 마련인 이런 사람들이 무슨 이유로 그런 태도를 보이든(정상참작을 하더라도) 열등감이나 소외감을 느끼는 경험이 유쾌한 일이 될 수는 없다.

의사들의 대화를 이해하지 못한다고 소외감을 느끼는 사람은 없을 것이다. 하지만 우리는 일상적인 현실 문제를 다루기 위해 모인 사람들이다. 따라서 자신이 옆 사람보다 열등하고 무식하다는 생각이 훨씬 쉽게 들 수 있다. 그렇게 되면 그저 조용히 자리를 떠나 이런 저런 토론회나 활동에 더 이상 참여하기를 포기하고 싶은 생각이 들게 되는 것이다. 알아듣기조차 어려운 이야기를, 그것도 아무렇지도 않게 나누는 별난 사람들과 어떻게 자연스레 가까워질 수 있겠는가?

오랜 경력을 가진 활동가들이 우선 주의해야 할 첫 번째 규칙은 바로 말조심이다. 자신의 발언에 대해 스스로 유념하면서 비판적으로 판단할 수 있어야 한다. 이해하기 어려운 말과 전문용어를 사용하면서 설명조차 건너뛰고 있는 것은 아닌지, 특정 저자에 대해 모든 사람이 알고 있고, 그 저자의 작품을 읽었다고 가정하고 말하는 것은 아닌지, 너무 앞서나간 이야기를 하면서 관중들이 모두 이해하고 있다고 섣불리 판단하고 있는 것은 아닌지, 강연장의 분위기는 의식하지 않은 채 지나치게 세부적인 이야기까지 늘어놓고 있는 것은 아닌지 등에 대해 늘 스스로 경계할 줄 알아야 한다. 자신의 말에, 그리고 주변의 말에 귀를 기울여야 한다.

반면 신참들이 지켜야 할 첫 번째 규칙은 마음을 편히 갖는 것이다. 모든 것이 낯설기만 한 사람들이 느끼는 감정이란 내가 가족과 친구들로부터 멀리 떨어진 외국에서(그때 나는 모로코에 있었다) 첫 아이를 어떻게 길러야 할지 몰라 느꼈던 막막한 심정과 약간은 비슷할 것이다. 유명한 의사 벤저민 스폭 박사의 책 『아기와 육아』를 보면 다음과 같은 글귀가 첫 문단에 실려 있다. "당신은 당신 스스로 생각하는 것보다 이미 더 많은 것을 알고 있습니다." 이 말은 나에게 큰 위안이 되었다.

이는 세계화나 실천적 운동의 경우에 있어서도 마찬가지이다. 비록 지금은 잘 알지 못하는 것들이라 할지라도 어렵지 않게 배울 수 있다. 특정 분야의 전문가가 될 수는 없을지 몰라도—그것도 얼마든지 가능한 일이긴 하지만—공통의 목표를 위해 다른 사람의 말을 이해하고, 자신감을 갖고 발언하며, 우리의 운동에 효과적으로 기여하는 인물이 될 수 있다.

후원금

다른 국가에서 활동하는 아탁(Attac) 조직 가운데 일부는 후원금을 내는 회원제를 운영하지 않고 있다. 프랑스에서는 이 제도를 운영하고 있는데, 이는 우리가 재정적 후원을 중요하게 여기기 때문이다. 정치적 활동에는 언제나 자금이 필요하기 마련이다. 우리는 변덕스러운 지원금이나 보조금보다는 우리 회원에게 의존할 수 있게 되기를 바란다. 소득에 따른 연간 후원금을 장려하고 있지만, 액수는 물론 자유다.

내가 아탁(Attac) 프랑스 지부에 몇 년째 권유하고 있지만 받아들여지지 않고 있는 제도, 즉 은행자동이체(월별, 분기별, 혹은 연간 단위)* 방식을 아탁(Attac) 독일 지부에서는 현재 시행하고 있는데 그곳 사람들은 이를 통해 매우 큰 도움을 받고 있다고 한다. 자동이체를 이용하고 있는 수백만의 다른 사람들처럼 나도 이러한 방식으로 전화비, 전기세 등을 납부하고 있다. 또 내가 후원하는 단체에 자동이체로 기부금을 내는 편이 훨씬 낫다. 나는 기부금 납부 일자가 언제인지도 절대 기억하지 못하고, 오늘날처럼 이메일이 보편화된 시대에 수표에 이서하고 주소를 기재하여 우편으로 보내는 일은 점점 더 번거롭게만 느껴져 계속 뒤로 미루게 된다. 다른 사람도 나와 마찬가지일 것이다. 가능하다면 자동이체를 통한 후원금 납부를 권하고 싶다.

자, 그러면 이제 여러분이 열린 마음으로 환대하는 태도를 갖추

---

* 2005년부터는 아탁 프랑스 지부도 이 제도를 채택할 예정이다.

고 어려운 단어 사용은 자제하면서 새로 참여한 사람을 마음 편하게 만들어주고, 믿음직한 회원을 확보하고, 바람직한 동료애와 건실한 재정을 조직 내에 형성했다고 가정해보자. 이걸로 충분할까? 물론 아니다. 우리 모두가 한마음으로 움직이는 것이 중요하다. 그래서 이제부터는 '연대'에 대한 이야기를 나누어보려 한다.

연대

지금과는 다른 세상을 건설하는 일이 시급한 사안이며, 그러한 세상을 이루기 위해서는 인내와 지혜가 필요하다는 점, 그리고 이 모든 일이 절대 저절로 이루어지지 않으리라는 점에 대해서는 사실상 모든 사람이 동의한다. 하지만 이 과정을 어떻게 이루어나갈 것인가에 대해서도 모두가 같은 의견인 것은 아니다. 내가 모든 정답을 갖고 있는 것도 아니다. 또 이런 문제 가운데 다수는 지역별, 국가별 문화에 따라 결정될 성질의 것이다. 하지만 나는 '연대'가 핵심 키워드라는 점에 대해서는 확신하고 있다. 앞에서도 여러 번 강조했듯이 정치활동은 점점 더 복잡해지고 있으며, 변화를 초래하는 요인의 성격 또한 변하고 있다. 나는 나의 책 『루가노 리포트』*의 끝부분에서 중소업체 경영자도 우리와 연대를 맺을 수 있다는 생각을 밝혔는데 여러 강경파 마르크스주의자는 이 부분을 집중적으로 문제 삼으려 했던 듯 책의 전체적 내용은 완전히 무시한 채 오직 이한 문장에 대해서만 비난을 퍼부어댔다. 강경파 마르크스주의자들

---

* 국내에서도 2006년 번역 출간되었다. 『루가노 리포트』, 이대훈 옮김, 당대. — 옮긴이

에게는 미안한 이야기이지만 이런 비난은 어리석은 행동이었다고 생각한다. 기억하건데 나는 이 경영자들이 '언제나', 혹은 '자동적'으로 우리가 형성한 연대에 기여할 수 있다고 하지는 않았다. 경우에 따라서는 이들도 유용한 역할을 맡을 수 있다고 했을 뿐이다.

여러분의 지방정부, 혹은 중앙정부가 월마트를 들여오려는 계획을 갖고 있다고 가정해보자. WTO 체제 하에서 얼마든지 있을 수 있는 일이다. 모든 물품의 유통은 '서비스교역에 관한 일반협정(GATS)'에 따라 통제되기 때문이다. 월마트가 뭔지 모른다면 어떤 미국인에게 물어보더라도 바로 대답을 들을 수 있다. 월마트는 커다란 창고처럼 생겼으며 온갖 제품을 다 갖추고 있는 유통 체인점이다. 이미 미국에만 3천 개가 있고, 해외에도 1천200개나 된다. 월마트는 78만 명에 이르는 직원들에게 최소한의 임금만을 지급(이 가운데 다수는 연방정부가 저소득자에게 발행하는 식량배급표에 의존해야만 하는 상황이다)한다. 직원들을 형편없이 대우하면서 노조설립도 허락하지 않고 있다. 월마트 구매담당자는 아동 노동까지 포함한 최저임금 노동으로 생산된 최저가의 제품을 찾기 위해 열심히 뛰어 다닌다. 환경 따위는 안중에도 없다. 이곳에서 팔리고 있는 셀 수도 없이 많은 제품이 노동 착취형 공장에서 만들어지거나 중국에서 건너온 것들이다.*

월마트는 아직까지 개인 소유 형태로 경영되고 있는데 이 소유주들은 〈포브스〉에서 발표하는 갑부 명단에 당당히 이름을 올리고 있다. 창립자인 샘 월턴은 몇 해 전 사망했다. 하지만 월턴가(家)의

---

* 월마트의 실태에 대한 전·현직 직원의 발언을 들을 수 있는 www.walmartwatch.com에서는 월마트의 개탄스런 관행에 대한 많은 증언을 확인해볼 수 있다.

웬만한 부호를 뒤져보면 헬렌, 엘리스, 짐, 존, 앤, 낸시, 롭슨 등의 이름을 찾게 되는데 이들 모두의 재산을 합치면 875억 달러라는 어마어마한 금액이 된다. 이는 전 세계 최고의 부자로 알려져 있는 빌 게이츠가 보유한 재산의 두 배에 달하는 금액이다.[52]

월마트가 가는 곳에서는 셀 수도 없을 만큼 많은 영세 상인의 도산이 뒤따른다. 소도시 대로변에 문을 닫은 채 '임대' 표시를 걸고 있는 상점들은 체인점의 파괴력이 어떤 것인지를 똑똑히 보여준다.

월마트를 받아들이자는 움직임에 맞서 중소업체 경영자들이 힘을 다해 우리와 함께 싸우리라는 점은 확실하다. 이들과의 연대를 받아들이는 것이 나은 일인지 아니면 사실이 그렇다 하더라도 순수 마르크스주의를 고집하며 싸움에서 지는 길을 선택할 것인지 강경한 마르크스주의자 친구들에게 묻고 싶다. 중소업체 경영자를 이론적으로 '쁘띠부르주아지'로 규정하고 마는 일이 중요한가, 아니면 공동체의 근간이 파괴되는 현실이 눈앞에 닥친 상황에서 이를 저지하는 일이 중요한가? 후자를 택하지 않는다면 마르크스주의자 스스로가 헬렌, 엘리스, 짐, 존, 그리고 그 이외의 온갖 타락한 자본주의자와 '실질적인 연대'를 맺게 되는 건 아닐까? 내가 시대에 뒤처진 생각을 갖고 있는 걸까?

활동가는 권력을 손에 쥔 국제적 행위자와 국가 내부의 조직을 상대하며 현실적 역학관계를 직시하게 되는데, 그럴 때 연대의 수립이 필수적이라는 사실을 깨닫게 된다. 승리의 쟁취는 연대를 통해서만 가능해진다. 연대에 참여하는 이들이 모든 점에 대한 합의를 이룰 수 있을 때에만 공동의 목표를 위해 함께 행동할 수 있는 것은 아니라는 사실을 인식해야 한다. 여기서는 실리주의가 결정적 의미를 갖게 된다. 각 조직은 자연스럽게 본래의 신념을 지켜나갈 것이다. 환경론자의 주된 관심은 환경에 계속 남게 될 것이고, 농민은 농업에, 노동자는 노동 관련 문제에 계속 자신들 운동의 초점을 맞출 것이다. 이는 지극히 정상적이다.

상황에 따라 다를 수 있지만, 진보적 연대 움직임에 참여할 수 있는 후보 조직으로는 문화 및 지식 산업에 종사하는 노동자(제7장, 제8장 참조), 소규모 농장주의 조직, 노동조합, 실직자나 비정규직 단체, 여성단체, 학생, 에이즈 관련 활동가, 환경론자, 남반구와 북반구의 연대를 위한 모임, 이주자의 권리 보호를 위한 위원회, 인권 단체 등이 있으리라는 점은 대체로 예상해볼 수 있다. 해당 이슈가 무엇인지에 따라 때로는 소비자 권리 보호를 위한 단체와 소규모 자영업자의 조직도 참여하도록 해야 한다. 내가 일일이 기억하지 못하는 단체도 있을 것이 틀림없으므로 여러분의 조직이 여기서 누락되었다고 해서 서운한 마음을 품는 일은 없기 바란다.

지금까지 우리의 진보적 연대와 거리를 두고 있는 두 집단으로는 우선 미국인들이 '종교적' 단체라고 부르는 집단이 있고, 두 번째로는 평화운동 단체들이 있다. 이들 두 집단은 앞서 언급한 단체와는 약간의 차이가 있다. 오랜 역사를 가진 평화운동 단체들은 지구촌 정의실천 운동을 주도하고 있는 단체들과는 전통적으로 상당히 다른 문화적 배경을 갖고 있다. 나는 1999년에 네덜란드에서 개최된 헤이그 만국평화회의에 참석하였는데, 그 전에는 들어보지도 못했던 엄청난 수의 단체가 참석하는 모습을 보고 매우 놀랐던 기억이 있다.

평화운동에 참여하는 사람들은 자신들이 주로 다루는 이슈들, 즉 분쟁 및 무기 거래 등의 문제와 신자유주의적 세계화의 관련성에 대해 대체로 잘 인식하지 못하고 있다. 따라서 이 두 가지 사안의 관련성을 설명하는 것은 지구촌 정의실천 운동에 참여하고 있는 우리들의 몫이다. 진보적 기독교인들은 저소득층에 대한 연민을 갖고 있고, 이들을 위한 연대에도 물론 관심을 기울이고 있다. 하지만 이들도 신자유주의와 신자유주의 행위자들이 자신들이 추구하는 연대의 적대자라는 사실을 늘 인식하고 있는 것은 아니다.

사람들은 조지 부시를 대표적 인물로 꼽을 수 있을 기독교 원리주의자들이 왜 지구촌 정의실천 운동이 추구하는 모든 일에 반대하는 입장을 취하는지에 대해 의문을 갖기도 한다. 이 문제는, 부분적으로는 문화적 측면('좌파가 제멋대로의 도덕적 기준을 갖고 있다는 점은 모두가 아는 사실이다' 라는 그들의 생각에서 알 수 있듯이)에서 기인하는 것이기도 하지만, 나는 이러한 반대가 그들의 비타협적 교리에서 비롯된다고 생각한다. '땅 위에 평화', '서로를 사랑하라' 는 예수의 가르침을 이들에게서는 찾아볼 수 없다. 이들이 섬기는 신은 구약성서에 등장하는 분노로 가득 찬 복수의 신(이들이 이스라엘과 확고부동한 동맹을 맺고 있는 것도 같은 이유이다)과 같은 모습을 하고 있다.

헨델의 오라토리오 〈이집트의 이스라엘인〉에 등장하는 바리톤의 아리아 〈주님은 나의 용사〉가 모든 것을 말해준다. 아니면 집에 있는 성경책을 찾아 출애굽기 15장을 살펴보기 바란다. 14절에는 "블레셋* 주민이 두려움에 사로잡히게 되리라"고 되어 있다. 팔레스타인 주민들이 고통 받게 되는 것은 신의 뜻이라고 성경에 적혀 있는 셈이다. 이런 기독교 원리주의자 수천만 명이 오늘날 미국에서 자신의 믿음을 실천하고 있다. 이 가운데 가장 두려운 존재는 아

---

* 현재의 팔레스타인 지역.—옮긴이

마겟돈, 즉 정의로운 자들이 불의에 맞서 일으킨 마지막 결정적 전투를 기다리고 있는 자들인데 이들은 자신들의 살아생전에 이 시기가 도래할 것으로 기대하고 있다. 분명한 점은 현재의 미국 대통령도 이 가운데 한 사람이라는 것이다. 이들이 그 어떤 평화운동에라도 참여하기를 기대할 수는 없을 것이다.

사회포럼의 출현

'사회포럼'의 출현으로 연대 형성은 큰 힘을 얻게 되었다. 처음에 이들은 매년 1월 다보스에서 개최되며 세계 각지에서 연중 회합을 갖는 '세계경제포럼'과 구분하기 위해 그런 이름을 짓게 되었다. 세계경제포럼에서는 이 세상의 주인들이 한자리에 모여 세계화의 최근 현황과 자신들이 거둔 승리, 그리고 염려되는 사항 등에 대해 논의한다. 사회포럼에서는 여러 활동가들이 한자리에 모여 어떻게 하면 이 주인들의 정체를 만천하에 밝히고 이들의 계획을 저지할 것인지에 대해 토론한다.

사회포럼의 형성은 새로운 정치적 현실, 즉 단일 사안만을 다루는 조직으로는 승리를 쟁취할 수 없다는 현실 인식이 반영된 것이다. 하지만 아직까지는 대부분의 단체가 한 가지 사안에만 집중하고 있다. 아탁(Attac)은 그렇지 않은데 이는 아탁이 급성장을 이루고 이렇게 많은 회원을 끌어들일 수 있었던 원인 중 하나가 아닐까 생각한다. 워싱턴 컨센서스는 하나의 총체적 집합체라고 할 수 있는데 우리의 적수들은 워싱턴 컨센서스에 담긴 강령의 각 부분을 하나씩 실천하는 집단이다. 효과적으로 이들에 맞서 싸우려면 이 강령과 적수의 모든 면모를 이해하고 이에 대응하기 위해 노력해야 한다.

시민운동에 참여하는 각 개인은 대체로 한 가지, 혹은 두 가지 이슈를 선택하여 집중하는 경우가 보통이다. 혼자서 모든 일을 해낼 수 있다는 유혹에 빠져서는 안 된다. 그런 생각을 가지면 대개의 경우 사기 저하와 정력 고갈을 겪게 된다. 예를 들어 나는 아탁 프랑스 지부에서 WTO와 '서비스교역에 관한 일반협정(GATS)'에 관련된 문제에 전문적으로 집중하였고, 유전자변형식품에 대해 일정 부분 다루었다. 하지만 다른 모든 회원과 마찬가지로 나도 여러 다양한 이슈와 관계된 집회, 활동에도 참가하고, 내 전문분야에 비해 잘 알지 못하는 다른 문제에 대해 배울 수 있는 기회도 기꺼이 받아들이고 있다.

일면 사회포럼은 아탁과 마찬가지로 다양한 면모를 갖고 있으며, 내가 확인한 바에 의하면 두 가지 방식으로 전개되어왔다.

우선 첫째로 1999년 여름, 당시로서는 시작된 지 1년밖에 되지 않았던 아탁 프랑스 지부가 파리 교외에 있는 생드니에서 획기적인 행사를 개최하였다. 아탁 프랑스 지부의 자체 자금과 생드니 시위원회로부터 받은 기부금 덕분에 가난한 국가까지 포함한 80개 국가에서 약 1천200명이 이 행사에 참여할 수 있었다. 프로그램은 전체 회의와 세계화의 여러 측면을 주제로 한 워크숍, 그리고 문화 및 음악 행사 등으로 이루어졌다.

이로부터 6개월 뒤 우리는 다보스포럼에 맞서기 위한 실무회의를 다른 단체와 공동으로 후원하였고, 브라질 소작민중연대, 부르키나파소 농민연맹(2만 개 이상의 마을에 지부를 갖고 있다), 한국의 민주노총, 퀘벡에서 출범한 세계여성연대 등의 단체가 초대받아 참가하였다.

취리히에서 이틀 동안 회담을 진행한 후 우리는 모두 기차를 타고 다보스로 향했다. 예상대로 세계경제포럼 회의장 가까이 접근할 수는 없었지만 우리는 기자회견을 열었고, 또 일부는 엄격히 통제된 시위현장—내 평생 가장 추웠던—에서 여러 활동가는 즉석에서 급조한 밴드에 끼어들기도 했다. 여기서 나는 무섭게 생긴 스위스 경찰 차량을 처음 보았는데, 이 차량은 앞 범퍼 부분에 철로 된 창살을 붙이고 있었다. 이 쇠창살은 높이 3미터까지 천천히 펼칠 수 있게 되어 있었는데, 경찰은 이걸로 모든 입구와 출구를 봉쇄하였다.

사회포럼의 또 다른 선구자 역할을 했던 것은 1999년 11월의 시애틀 집회가 있기 전 '세계화지구촌포럼'이 조직한 학생 및 교사 간 토론모임이었다. '세계화지구촌포럼'은 2천400석이 마련된 시애틀 콘서트홀을 대여했음에도 불구하고 최소한 이에 버금가는 사람들이 입장하지 못한 채 바깥에 있어야 했을 정도였다. 이 행사는 대체로 기존 형식대로 진행되고 단일 조직이 주최한 것이었음에도 불구하고 미국 내외에서 상당수 대표들이 참석했다. 시애틀에서 열린 '세계화지구촌포럼'은 우리의 적수들이 모이는 주요 회담장소 주변에서 포럼과 시위를 동시에 진행하는 전통을 수립하였는데, 이를 통해 교육과 실천이 하나가 되면 새로운 형태의 정치를 만들어낼 수 있음이 입증되고 있다. '퍼블릭 시티즌(Public Citizen)', '러키스 협회(Ruckus Society)' 등과 같은 수많은 미국 단체가 행사 시작 몇 주일 전부터 핵심 시위 참가자를 동원하고, 이들에게 비폭력 시위 방식을 교육하였다.

지난 3년간 브라질의 포르토 알레그레에서 개최된 '세계사회포럼'(2004년에는 봄베이에서 개최되었다) 덕분에 각 지방, 국가, 지역 단위에서 수없이 많은 사회포럼이 생겨났다. 또한 우리는 우리의 일정수립을 적수의 손에 맡겨서는 안 된다는 사실도 점차 깨닫게 되었다. 세계은행과 IMF, WTO, G8이 모이는 자리에는 분명 우리 가운데 누군가도 모습을 나타낼 터이지만 우리 모두가 그곳에 있지는 않을 것이다. 우리에게는 우리만의 독자적인 공간이 있어야 하고, 우리의 연대를 세계적 차원으로 확장하여 공통된 주제를 중심으로 조직을 갖출 필요가 있다.

이 대규모 포럼들(2003년 포르토 알레그레에서 개최된 회의에는 156개국에서 10만 명이 넘는 인원이 참가했다)은 종종 혼란스러운 모습을 연출하기도 하지만 또한 넘치는 활력을 보여주기도 한다. 다른 사람과 마찬가지로 활동가도 정기적인 재충전 시간이 필요한데, 특히나 이들의 활동 대부분이 지역 차원에 국한되어 있고, 또 늘 자극이 되는 활동은 아니기 때문에—사실상 그와는 반대의 경우가 많다—더더욱 그러하다. 이 포럼들의 문제점 가운데 하나는 참가비용이 비싸다는 점이다. 아탁(Attac)에서는 경비를 지급해주는 프로그램을 운영하고 있지만 우리의 자금으로는 고작 열 명 남짓에게만 혜택을 줄 수 있을 뿐이다. 앞으로 우리에게 꼭 필요한 협력자가 될 수도 있을 가난한 민중 활동가들이 제외될 수 있는 것이다. 이를 위해 회원들의 기부금에만 의존할 것이 아니라 이 동지들을 끌어안는 것을 목표로 하는 후원금이나 지원금을 확보해야 할 시점이 왔다고 본다. 이 문제는 끊임없이 계속되고 있으며, 우리의 운동이 해결해야 할 여러 문제 가운데 하나이다.

정당을 둘러싼 문제들

해결되지 않은 채 계속되고 있는 문제 가운데 하나는 지구촌 정의실천 운동과 기존 정당의 관계이다. 활동가들 사이에서는 이 문제만큼이나 암담한 토론주제도 없거니와, 이 문제만큼 많은 사람에게 불만을 초래하는 사안을 찾기도 힘들다. 계속되는 논란의 핵심은 바로 '우리의 운동이 정당과 어떤 관계—만약 관계를 맺는다면—를 가져야 하는가?' 이다.

국가별로 상황은 다르지만 근본 문제는 어디에서나 같다. 운동에 참여하는 사람 중에는 과거 정당에 몸을 담았다가 실증을 느끼거나 실망을 겪고 나온 사람이 많다. 정당에 가입한 적도 없으며 진보적 성향의 정당이라도 전혀 신뢰하지 않는 사람도 있고, 우리 운동의 과업 중 하나가 정당에 영향력을 행사하고 정당을 통하여 정치 과정에 영향을 끼치는 것이라고 생각하는 사람도 있다. 대부분의 경우 나는 이 마지막 입장을 취하지만 반드시 그래야만 한다는 주장을 내세우는 것은 아니다. 하지만 이런 몇 가지 견해 사이에 존재하는 차이점에 대해서는 살펴볼 수 있을 것이다.

나는 지구촌 정의실천 운동에 참여하고 있는 많은 사람이 정당에 대해 느끼는 계속되는 불신과 실증은 정당의 성격 및 정당이란 조직이 우리의 목표를 위해 기여할 수 있는 바와 그렇게 할 수 없는 바에 대한 근본적 오해에서 비롯된다고 생각한다. 정당이란 여러 운동 단체나 결사체, 또는 NGO와는 다른 단체이다. 정당은 통치를 소명으로 하기 때문에 우리와는 다른 조직 형태를 갖는다. 군소 정당조차도 자신의 정치적 호소력에 주된 관심을 두기 마련이며, 일반 대중으로부터 얼마나 많은 표를 얻을 수 있을지의 여부에 전적으로 의존한다. 정당은 자신의 역량을 발휘하고 정치적 입장을 표현함에 있어 이와 같은 목표를 항상 염두에 두기 마련이다.

이러한 진부한 사실에서 기인하는 몇 가지 중요한 점이 있다. 여당이든 야당이든 정당은 타협을 전제로 하지 않을 수 없다. 여당의 역할이라는 것도 결국 상충하는 여러 이해관계 사이의 중재와 타협이며, 야당이 하는 일이란 이러한 중재와 타협의 과정에 영향력을 행사하고자 노력하는 것 아닌가? 정당이 속해 있는 정치계란 협상과 거래의 공간이다. 이 말은 단지 사실을 설명하는 것일 뿐 정치계에 대한 그 어떤 비난은 아니다. 정치 활동은 매우 중요한 가치를 지닌다. 프랑스의 경우를 보면, 사회보장제도를 포함한 전후 복지 체계의 여러 면모는 함께 레지스탕스 활동을 펼친 공산주의자와 그 외의 좌파계열, 그리고 드골주의자 사이에 이루어진 타협의 결과였다.

정치, 그리고 정치에 참여하는 각 구성원—국회, 정부부처, 각 정부기관—은 중재를 바탕으로 작동한다. 우리 운동의 주요 목표는 우리의 목소리가 다른 사람의 목소리를 넘어 전달되도록 하는 것이지만, 그렇다고 정부, 심지어는 야당이 우리의 목소리에만 귀를 기울일 것으로 기대할 수는 없다. 운동에 참여하는 이들은 어떤 특정 정당의 지도부가 때로는 자신들과 같은 입장을 취할 수도 있지만 때로는 그렇지 않을 수도 있다는 사실을 분석적이며 냉철한 태도로 이해할 필요가 있다.

이런 이유로 기자들이 우리에게 계속 던지는 질문, 즉 "정당으로 탈바꿈해야 하는 것 아닙니까?"라는 질문에 대한 답변은 매우 간단하다. 우리는 정당이 되어서는 안 된다. 우리는 타협의 공간으로부터 한 발 떨어져 우리의 권리와 의무를 수호해야 하고, 정당의 정책 결정 과정에 제3자로서 영향력을 행사할 수 있어야 한다. 이들 정당이 정권을 얻게 된다고 하더라도 말이다. 룰라가 브라질 대통령에 당선되었을 때 활동가들은 고무감을 느꼈지만 룰라 정권이 스스로의 책무를 잊지 않도록 만들기 위해 자신들은 계속 정치권 외부에 남아 활동해야 한다는 사실에 대해서는 의심하지 않았다. 함께 일하던 동지가 정부를 장악하게 되었다고 해서 마음을 놓아서는 안 된다.

그 본질적 성격상 정당은 모든 사안에 대해 입장을 표명해야 하지만 시민운동은 통치를 목표로 하는 것이 아니므로 그럴 필요가 없다. 매주 열리는 아탁 사무국 회의(집행부 회의라고 볼 수 있는)에는 수많은 단체의 요청이 쇄도한다. 이 단체들은 믿기지 않을 정도로 다양한 여러 주장에 우리가 동참해주기를 원한다. 잘못된 주장에 동참해달라고 하는 단체는 거의 없기 때문에 이런 요청을 거부하기가 쉬운 일은 아니다. 그러나 우리가 정확한 입장을 갖고 있지 않은 사안이 많고, 그런 상황에서 어느 한쪽을 지지한다면 아탁 회원들 사이에 균열이 초래될 수도 있으므로 우리는 많은 경우 이런 요청을 거부한다.

구체적 예를 한 가지 살펴보자. 여기서 다 다룰 필요는 없지만 여러 가지 역사적, 정치적 이유로 프랑스에서는 원자력 발전사업 문제가 논란이 되고 있다. 나는 개인적으로 1960년대부터 군사용뿐만 아니라 민간용 핵발전도 반대해오고 있다. 하지만 아탁은 정당이 아니고 또한 정당이 되려는 의도도 없기 때문에 이 사안에 대한 입장을 표명하지 않는 것이 당연하다고 생각한다. 아탁이 용기가 없어서 그러는 것일까? 많은 사람들이 이렇게 질문할 수 있을 것이고, 또 실제로 많은 사람들이 그런 질문을 던진다. 현재 조직 내에서는 핵발전 반대를 지지하는 쪽으로 무게가 기울어진 것 같다. 지역위원회가 현재까지의 입장을 변경할 것을 결정한다면 우리는 그에 따를 것이다.

하지만 그 외의 많은 사안은 우리의 주요 관심사와 거의 관련이 없다. 어떻게 해야 할지 모를 때에는 그저 핵심 사안에만 집중해야 한다. 아탁의 핵심 사안은 신자유주의적 세계화와 이것이 전 세계 사람들에게 끼치는 영향, 우리가 이에 어떻게 맞설 것인지, 어떻게 하면 신자유주의적 세계화가 초래하는 악영향의 원인을 제거할 수 있을 것인지 등의 문제이다. 그 반면 좌파 및 중도좌파 정당은 우리 운동에 참여하는 사람 가운데 일부에게서는 지지를 얻을 수 있지만 그 나머지에게서는 지지를 얻지 못할 결정도 내려야 할 것이다.

여러분이 참여하고 있는 연대나 사회포럼 등에 몸담고 있는 생태학자가 시간의 대부분을 환경 관련 이슈에 소비하듯 여성은 여성 관련 이슈에, 학생은 교육 관련 이슈에 주된 관심을 갖기 마련이다. 마찬가지로 정당에 참여하는 사람은 시간의 대부분을 정당 정치 및 전략 수립에 보내게 된다. 또 이 가운데 일부는 자신의 목적 달성을 위해 여러분—여러분이 그렇게 하도록 내버려둔다면—을 도구로 이용하려 할 것이고, 여러분이 속한 단체와 그 단체의 명성을 이용하려 할 것이다. 이런 사실을 그다지 놀랍게 받아들일 것도 아니다. 이런 현실에 대한 정확한 평가가 있어야 한다.

예를 들어, 정당이 자신의 목적을 위해 사회포럼이나 이와 비슷한 다른 행사를 장악하려고 하는 경우에는 여기에 참여하고 있는 다른 독립 단체와 협력하여 몇 가지 간단한 규정을 만들 수도 있을 것이다. 아탁의 규정도 매우 간단하다. 정당은 조직위원회가 동의하는 한 포럼에 참여할 수 있지만 포럼의 조직이나 주제 및 연사의 선정에는 관여할 수 없다.

사실상 정당 조직이지만 이름만 달리한 정당 외부단체의 경우에는 어떻게 해야 할까? 준비과정에서 각 단체는 스스로가 어떤 단체인지, 어떤 계층을 대표하는지 명확히 밝혀야 하고, 각 단체는 단 한 사람의 대변인만을 참석시킬 수 있도록 해야 한다. 회의 과정을 관장하는 의장은 각 단체가 균등한 시간을 배정받을 수 있도록 엄격히 관리하고 한 단체가 회의를 독점하지 않도록 한다. 현수막이나 슬로건, 연사, 행사참여자 등에 대한 공지사항은 모든 단체가 검토하고, 다양한 정치적 입장이 반영되도록 한다.

예전에 한 정당이 수천 개나 되는 피켓을 준비해 와서 대규모 집회 장소로 이어지는 모든 도로와 시위행렬이 시작되는 길을 따라 뿌려놓는 것을 본 적이 있다. 다른 준비물을 가져오지 않은 일반 시위참가자는 별다른 생각 없이 계속 피켓을 하나씩 집어 들었고, 시위행렬이 끝날 때까지 이 피켓을 계속 높이 치켜든 채 집회에 참가했다. 나는 이것이 상당히 멋진 전략이라고 생각했던 기억이 있다(나도 이들 슬로건에 상당부분 공감했기에 달리 반대하지 않았다).

그 정당의 입장에서 보면 멋진 성공이었지만, 그렇다고 앞으로도 계속 그렇게 할 수 있으리라 예상해서는 안 될 것이다. 우리와 연대를 맺는 다른 모든 단체에 대해서와 마찬가지로 우리가 잘못된 판단을 내렸음이 입증되기 전까지는 이들에 대해서도 최대한 의구심을 늦추지 말아야 한다. 언제나 적들과 맞설 수 있도록 만반의 준비를 갖추어야 한다.

그렇다면 우리는 정당과 어느 정도까지 진정한 협력 관계를 맺을 수 있는 것일까? 이는 또다시 머리를 아프게 하는 질문이다. 2003년에 우리는 G8회담이 개최되었던 에비앙 근처에 있는 아네마세와 제네바에서 스위스 아탁 지부와 공동으로 주말일정을 계획한 적이 있다. 토론회와 전략 세미나 등으로 이루어진 빡빡한 일정이었다. 십여 개 단체가 참여하였고 프랑스 사회당도 오후에 세미나 하나를 주관할 수 있도록 해달라는 요청을 해왔는데 이에 대해 다른 단체도 특별한 반대의견을 제시하지 않았다. 사회당 당원들은 나에게 그 세미나에서 연설을 해달라는 요청을 했고, '파시스트만 아니라면 그 누구와도 회담할 준비가 되어 있는' 아탁과 협의를 거쳐 그들의 요청에 응하기로 결정했다.

행사가 시작되기 전, 수백 명의 젊은이들이 텐트촌에서부터 사회당 세미나 장소까지 행진한 뒤 행사장 외벽을 때리기 시작했다. 유리창 한두 장이 깨지기는 했으나 그렇다고 큰 혼란이 일어난 정도는 아니었고 다친 사람도 없었다. 이 항의는 무엇에 대한 것이었을까? 성공적이지 못했던, 그리고 결국 패배하고 말았던 리오넬 조스팽의 대통령 선거전 이후 5년의 집권기간 동안 실수와 타협만을 양산한 사회당과 독자적인 극좌세력 간의 관계는 결국 끝나고 말았다. 조스팽은 심지어 "나의 대통령 선거전은 사회주의적인 것이 아니다"라는 발언까지 한 바 있었다.

즉 프랑스 사회당이 많은 사람들, 특히 젊은이들에게는 사회주의 색채를 거의 찾아볼 수 없는 집단으로 보였기 때문에 사람들은 좀 더 분명한 좌파 정당을 바라게 되었던 것이다. 나는 일부 프랑스 사회당 당원이 우리가 유럽 의회와 각국 의회에서 '서비스교역에 관한 일반협정(GATS)'에 관련된 집회를 개최하려 하였을 때 이를 저지하였던 까닭에 아직까지 이들에 대한 분노를 느끼고 있다. 이들은 우리의 집회를 저지하며 "프랑스 집행위원인 파스칼 라미에게 힘을 실어주어야 합니다"라고 했지만 내가 보기에 파스칼 라미는 신자유주의자의 대표격일 뿐이다.

상황은 그렇게 된 것이었다. 건물 안에 있던 사회당 지도부는 경찰을 부르는 결정적 실수를 범했고, 곧 경찰이 들이닥쳐 언제나처럼 최루가스와 곤봉을 사용했다. 그리고 사회당은 세미나를 취소해 버렸다. 이 사건을 어떻게 보아야 할까? 민주적인, 지금과는 다른 새로운 세상을 만들기 위한 민주화 운동을 펼쳐나가려면 우리는 모든 사람에게 표현의 자유를 보장해야 하고, 결국 조직위원회는 사회당의 참가를 허락했다. 그 젊은이들이 좀 더 기발하면서도 철저히 준비된 시위를 벌였다면 사회당에게 훨씬 더 큰 당혹감을 안겨줄 수도 있었을 것이고, 사회당이 스스로 희생양이 된 듯한 태도―사회당은 이 기회를 십분 활용했다―를 취할 수 있는 기회를 주지도 않았을 것이다. 양측에 상호불신과 적대감만 남게 될 것이므로 서로 경찰을 불러들일 수도 없었을 것이다.

이미 불신의 씨앗이 있는 곳에서라면 사태가 급속도록 악화되어 엄청난 해를 끼칠 수도 있다. 우리가 사회주의자, 환경론자, 급진주의자, 공산주의자, 그 이외에 독자 여러분의 나라에서 일을 그르치고 있는 모든 사람을 계속해서 벌할 수만은 없지 않겠는가? 순수성이란 무엇인지를 둘러싸고 계속되었던 논의도 이와 같은 것이다. 이들 모두를 배제한다면 우리는 패배할 수밖에 없을 테지만 이들을, 혹은 적어도 이 가운데 일부를 포용하고 이들의 움직임을 관심 있게 지켜보기만 한다면 우리가 승리할 수도 있다. 내가 왜 이들을 '적'이 아닌 '적수'라고 표현하였던가를 상기할 필요가 있다. 이는 우리가 쟁취하는 것 열 가지 중 아홉은 타협의 결과물일 것이기 때문이다.

우리에게 가장 심각한 문제 가운데 하나는 세계은행이나 IMF, 혹은 WTO와 같이 세계적 차원에서 확고한 토대를 갖춘 조직에 영향을 끼치거나 타협을 맺기가 너무 어렵다는 것이다. 그들과 어떻게 협상을 이룰 수 있을 것인가? 그들이 의무적으로 우리의 말에 귀를 기울여야만 하는 것도 아니고 그들에게 우리가 책임을 물을 수도 없기 때문이다. 그리고 그런 조직은 자신들끼리 서로 지켜주는 체제를 갖고 있다. 때로는 시간을 벌기 위해 조그만 양보를 하기도 한다. 그러니 우리는 좌절하고, 분노하고, 안절부절 못하거나 또는 냉정히 마음을 가라앉히고 이성적으로 생각하려고 노력하는 수밖에 없다.

정당, 특히 거대 정당은 대체로 단일 조직으로 구성되어 있다. 정당의 핵심 인사나 국회의원은 다른 사람에게는 없는 지식을 겸비하고 있고, 국회에서 능숙히 일을 처리해낼 수 있는 능력을 갖고 있으며 또한 우리의 운동에 기여하는 아주 유용한 자원이 될 수도 있다. 다만 이들에게 능력 밖의 일을 요구하거나 지역구 주민 사이에 평판이 안 좋아질 일을 요청해서는 안 된다. 어느 직종에나 정직하지 못하고 무능력한 사람은 있기 마련이다. 마찬가지로 정치인 가운데도 부패하고 무능한 사람이 있기 마련일 뿐이다. 하지만 이런 사람 모두가 다른 모든 사람의 확신에 찬 비판과 적대감의 대상이 된다면 이들 중 가장 현명하다고 할 수 있을 인물 가운데 다수는 결국 자신의 본업으로 복귀할 것이다.

중앙당의 핵심인사들이 너무 마음에 들지 않는다면 우리는 각 지역 차원에서부터라도 행동을 취할 수 있다. 정치활동의 상당부분은 반드시 각 지역단위에서 이루어질 수밖에 없기 때문이다. 지방정부 및 그 지역에서 선출된 국회의원과 좋은 관계를 맺기 위해 노력하는 것은 상식적인 일이다. 운동에 참여하는 사람은 자신과 같은 견해를 갖고 있는지의 여부와 상관없이 자치단체 의원에서부터 시장, 국회의원과 장관에 이르기까지 정치적 지위를 지닌 각계각층의 모든 인사와 만나고 대화할 수 있는 상황을 만들도록 노력해야 한다. 그리고 자신의 견해를 설명하려 노력하고 그들의 입장은 무엇인지도 이해하도록 해야 한다. 최악의 상황이 벌어진다고 하더라도 고작해야 서로의 견해차를 확인하는 것뿐이다. 대화를 거부하거나 대화를 위해 노력하지 않는 태도는 훌륭하다고 할 수 없는 전술이다.*

우리 스스로가 민주적이고자 한다면 선출직 공무원의 존엄성을 염두에 둘 줄 알아야 하고, 민중의 대표로 인정받기까지 얼마나 오랜 세월에 걸친 투쟁이 필요했는가를 기억해야 한다. 정치인들이 우리에게 아무리 큰 실망을 안겨주더라도 그 사실에는 변함이 없고 아무리 불충분해 보일지언정 대의민주제는 우리가 포기할 수 없는 것이다.

연대를 형성하고 정당과 힘을 모으는 일이 우리의 원칙과 신뢰성을 포기하는 일이 되어서는 안 된다. 이는 단지 우리가 우리의 목표달성을 위해 최선을 다할 뿐이라는 사실의 반증에 지나지 않는다. 새로운 세기에 들어서며 역사는 새로운 판을 시작하고 있다. 우리에게는 패를 선택할 권리도, 우리와 맞붙을 상대를 선택할 권리도 없다. 하지만 가능한 침착하게, 그리고 영리하게 게임에 임해야 한다. 그리고 반드시 승리를 염원해야 한다.

---

* 대화와 관련된 잘못된 믿음에 대해서는 제9장 참조.

7장 지식과 실천

　세계화와 그 행위자, 세계화가 인간사회와 지구에 미치는 영향, 그리고 우리가 상대하고 있는 적수를 이해하는 일이 왜 중요한가? 이는 함께 하는 사람의 수와 조직, 그리고 연대와 결합된다면 우리의 지식도 세계를 변화시키기 위한 기본요소가 되기 때문이다. 여기서 의미하는 지식은 어떤 특정 대상이나 이슈에 대한 것이 아니라 그 자체로서 가치를 지닌 지식이다. 변화를 목표로 한 우리의 전략을 검토하기에 앞서 나는 잠시 숨을 돌리고 이 문제에 대해 생각해보고자 한다.

　지구촌 정의실천 운동 내에는 교육자의 수가 상대적으로 많아 보이는데 교사와 학자는 세상의 변화를 위한 특별한 중책을 맡고 있으므로 이는 매우 고무적인 일이다. 뒤에 나오는 한 장은 일반인을 대상으로 쓰긴 했지만 특히 연구자와 학자들을 염두에 두고 집필한 것이다. 이번 장에서는 일반적 차원의 지식에 대해 다루고자 한다.

앞서 밝힌 바와 같이 예전에는 정치가 좀 더 단순한 모습을 띠고 있었다. '미국은 베트남에서 철수하라', '인종차별정책을 중단하라', '핵무기 반대' 등의 구호를 외치면 동의하지는 않더라도 이런 구호가 의미하는 바가 무엇인지는 쉽게 이해할 수 있었다. 하지만 이제 우리는 IMF, WTO, GATS, GMO, OECD 등과 같은 온갖 약자, 그리고 스톡옵션, 토빈세(Tobin Tax) 등의 낯선 단어로 가득 찬 세상에 살고 있다. 이런 표현에 익숙지 않은 사람이라면 금세 하품을 하거나 자리를 피하게 되는 것이 당연하다. 만약 여러분이 이런 단어를 다른 사람에게 설명할 수 없다면 우리의 운동에 더 이상의 성장은 없을 것임이 분명하다.

지식과 정치적 행동은 오늘날 불가분의 관계가 되었다. 어떻게 보면 이 둘 사이의 관계는 언제나 그러했다. 통치자는 항상 지식을 장악하고 있었고, 지식의 소유를 통해 그들은 통치자의 권좌에 오를 수 있었다. 수세기 동안 사제가 평민 위에 군림하며 육체노동을 피할 수 있었던 것은 이들이 신과 직접적 관계를 맺고 있었고, 이들의 추종자는 신에 대한 이들의 지식을 믿었기 때문이었다.

과거에는 지도(地圖)가 일급기밀로 다루어졌다. 지도만 있다면 보물을 찾아갈 수도 있었고, 노예를 얻기에 가장 좋은 곳으로 이르는 길도 찾을 수 있었다. 그러므로 이런 지도가 경쟁자의 손에 넘어가는 것은 좌시할 수 없는 일이었다. 오늘날 우리는 위성항법시스템을 이용하고 고화질 위성방송을 시청하는 세계에 살고 있다. 통치기관은 정보의 중요성을 알기 때문에 언제나 스파이―오늘날에는 좀 더 점잖은 용어로 불리고 있지만―를 고용해왔다.

과거에는 최소한의 재산과 여가시간이 없는 사람은 문맹과 무지의 상태 속에서 평생을 보냈다. 하지만 교육이 보편화되면서 지구촌 많은 곳에서 이러한 현실은 변화하였다(비록 여성은 아직까지 불리한 상황에 처해 있음이 분명하지만). 인터넷의 확산이 지식의 민주화에 더 기여할 수도 있다. 아무리 뻔한 사실일지라도 여기서 다시 언급해두어야 할 점은 현실을 변화시키려면 우선 이 현실에 대해 알아야 한다는 것이다. 하지만 현실을 알기가 늘 쉬운 일은 아니다. 지식을 소유한 자들은 결코 이를 반기지 않는다. 왜냐하면 그들은 '지식은 힘이다'라는 속담이 그 어느 때보다도 오늘날 더 들어맞는다는 사실을 알고 있기 때문이다.

가난하고 힘없는 사람이 자신의 주장을 펼치기 어려운 이유 중 하나는 자신과 자신이 속한 집단에 대한 지식조차 제대로 갖추고 있지 못하기 때문이다. 예를 들어 수백만에 달하는 아프리카의 에이즈 환자들은 '우리 3천만 에이즈 환자들은……' 등의 표현은 상상도 못한 채 모두가 홀로 병마와 싸우고 있는데 이는 에이즈란 병이 여러 국가에서 엄청나게 많은 사람을 죽음으로 몰아가고 있는 병이란 사실을 모르고 있기 때문이다. 그러므로 이들에게는 관심과 의약품, 그리고 치료를 요구할 수 있는 길이 주어지지 않는 것이다.

여럿이 모여 '우리'란 표현을 쓸 수 있을 때에만 연대와 동맹이 형성될 수 있다. 그렇게 되기 전까지는 각자가 단지 'A' 공장에 근무하거나 'B' 업종에 종사하는 노동자이거나 이곳저곳의 빈민가에 사는 주민, 그리고 이런저런 지주에 매여 있는 소작농에 불과할 뿐이다. 토지를 소유하지 못한 브라질 농민들이 현재는 30만 명을 아우르는 세력으로 성장해 있는 '소작민중연대(Movimento sim Tierra)'를 결성하기 전까지는 단지 기아에 허덕이는 개별 농가에 불과했다. '우리'라고 말할 수 있게 되었다는 사실은 진정한 힘을 갖게 되었음을 의미한다. 지구촌 정의실천 운동에 속해 있는 '우리'

는 이 힘을 이용하고 다른 사람에게까지 뻗칠 수 있도록 노력해야 한다. 이 모든 과정에는 지식이 필요하다.

이런 관점에서 볼 때 우리의 적수에게는 큰 어려움이 없다. 각국 정부, 특히 부유한 국가 정부는 자국민에 대해 적어도 통계적 측면에서 많은 것을 파악하고 있다. 이들에게는 전문적 정보기관이 있고, 범죄자를 상대하는 것만이 아니라 자신들에게 적수로 인식되는 집단까지를 상대하도록 훈련된 경찰조직이 있다. 이들이 적수로 인식하는 집단에는 19세기까지만 하더라도 '불온계급'으로 불리던 가난한 사람들과 사회적 약자들이 포함되어 있다. 그리고 이제 이들은 우리에게로 눈길을 돌리고 있다. 적어도 시애틀 시위 이후로 정보기관들은 운동에 참여하고 있는 이들을 관리하기 위해 신상명세서를 작성하기 시작했다.

다국적기업은 소비자에 대한 정보를 갖고 있고, 기업경영에 영향을 끼칠 수 있는 법안이 발의되거나 제도적 변화가 있을 경우 즉각적으로 이를 파악한다. 언론사도 자신들 매체의 소비자에 대해 잘 알고 있으며, 이들이 어떤 정보를 사실로 받아들일 것인지 파악하고 있다. 기업계와 금융계 고위인사는 소액주주보다 한참 앞서 매수시기와 매도시기를 알아낸다. 이런 예는 끝도 없이 찾을 수 있다.

또한 재력가와 권력자는 자신이 어떻게 해서 현재의 위치에 오를 수 있게 되었는지, 그리고 특히 어떻게 현재의 위치를 유지하고 있는지에 대해 다른 사람이 알아내는 것을 막을 수 있는 위치에 있다. 너무나 뒤늦게 밝혀진 사실이고 그나마 그렉 팔라스트 기자의 용기 있는 보도 덕분에야 알려진 사실이지만, 조지 W. 부시가 어떻게 해서 미국의 대통령이 될 수 있었는지에 관한 이야기가 바로 이러한 경우를 보여주는 한 가지 예라고 할 수 있다. 마침 부시 대통령의 동생이기도 했던 당시 플로리다 주지사는 주로 흑인과 민주당 지지자였던 합법적 투표자 5만 7천 명의 명단을 이들이 다른 주에서 중죄를 범했기 때문에 플로리다주에서 선거권이 없다는 이유로 한 기업체의 도움을 받아 선거인 명부에서 삭제해버렸던 것이다. 팔라스트의 조사는 흠잡을 데가 없는 것이었으며, 이 기사가 영국에서는 신문의 1면에 실리고 BBC 방송의 황금시간대에 다루어지기도 했지만 미국 언론은 일절 다루지 않았다. 국민들이 알지 못하는 한 이들에게는 위험할 것이 없는 것이다.[53]

음모론을 들먹일 필요는 없다. 특정 조직이 온 힘을 다해 지키려고 하는 이해관계가 무엇인지만 파악하면 될 뿐이다. 정치란 지역이나 국가, 혹은 국제적 차원에서 벌어지는 이 같은 이해관계의 충돌을 그 대상으로 하는 것이므로 그다지 놀랄 일은 아니다. 사람들이 자신의 이익을 지키기 위해 이용하는 강력한 도구 중 하나가 바로 지식이다. 지식을 이용한다 함은 자신의 주장을 대외적으로 강력히 전달하고 언론을 조작하며 자신의 행적을 감출 수 있는 능력을 얻는 것을 의미한다. 말할 수 있는 것과 말할 수 없는 것을 결정할 수 있는 능력, 그리고 심지어 사람들의 생각까지 결정지을 수 있는 능력이야말로 통치자가 지닌 진정한 비밀무기다.

사실을 은폐할 수 있는 능력이 보통 사람보다 더 많기 때문에 권력자는 자신에게 질문을 던지는 사람을 상대할 때는 불충분한 답변만을 늘어놓은 채 회피할 가능성이 높다. 아니면 질문을 던지는 사람이 감춰진 사실을 알지 못하고 있다는 이유만으로도 무시해버리려 할 수 있다. 흔히 쓰이는 표현은 '지금 말씀하신 것보다는 사태가 더 복잡하게 얽혀 있습니다' 란 것이다(그 사태라는 것이 어떤 것이든 말이다). 그저 팔짱만 끼고 있으면 모든 현실이 우리에게는 이해할 수 없을 정도로 복잡한 것이 되고 말 수도 있다. 그러나 지식을 이용하여 행동을 취하는 방법은 비교적 쉽게 익힐 수 있다. 그 방법 중 하나는 '반박과 또다시 질문하기'인데, 상대가 숨겨놓은 정보를 연구하고 파악하는 것이다.

여러분의 적수가 우월한 지식을 이용하여 여러분을 겁주려 할 때에는 주어진 사실이나 상황에 대한 여러분의 판단능력이 상대방과 대등하다는 점을 명심해야 한다. 지금까지 우리가 다루어온 세계화와 이에 관련된 여러 현상은 어떤 과학적 개념이 아니다. 이 점은 중요한 의미를 갖는다. 만약 대화의 주제가 천문학이나 생물학과 같은 것이라면 여러분과 상대방은 현재까지 알려진 인정된 사실을 가지고 논의에 임하게 된다고 받아들일 수 있다. 즉 관찰과 실험을 통해 입증되어 있고, 권위 있는 과학저널에 실린 바 있으며 수정될 가능성도 있는 그런 사실 말이다.

하지만 경제학을 비롯한 여타의 사회과학에서는 그러한 확신이 불가능하다. 경제학은 진정한 과학이라고 경제학자들이 아무리 강하게 주장한들 말이다. 사회과학에 해당하는 모든 학문의 이면에는 언제나 특정 사회체제에 대한 선택을 내포하고 있는 정치와 이데올로기가 숨겨져 있기 마련이다. 토론에 임할 때는 상대방이 말하고 있는 것이 무엇인가를 파악하는 것뿐 아니라 상대방이 다루지 않고 있는 사실은 무엇인가를 주의 깊게 보는 것이 더 중요할 때가 많다.

뒤에서 자세히 다루겠지만, 경제학이 일부 사안에 대해 인과관계를 이용한 설명을 제공할 수 있다고 해서 자연과학과 동등한 지위를 바라는 것은 불가능하다. 그렇게 할 수 있는 경우라 하더라도 오직 국가와 민족의 운명에는 영향을 끼치지 않는 사소한 사안에 국한해서만 그런 주장을 펼 수 있을 따름이다. 왜 경제학은 과학적이기보다는 이데올로기적 성격을 갖게 되는가? 우선은 '비용'은 무엇인지, 그리고 '이득'은 무엇인지에 대한 규정이 순전히 자의적이라는 점에서 그 해답을 찾을 수 있다. 이러한 자의적 규정은 특정 체제나 특정인의 이익을 대변하는 것이다. 완전히 다른 종류의 경제 체제에서라면 비용과 이득이 매우 다른 방식으로 구분될 수도 있다.

예를 들어 고전경제학은 환경 문제에 대한 이해를 완전히 결여하고 있으며 자연 자산의 파괴를 어떻게 측정할 것인지에 대한 방법론을 전혀 갖고 있지 못하다. 산림을 베어내고 목재를 팔아서 남긴 이윤을 계산하고, 여기에서 노동비와 전기톱의 감가상각, 운송비용을 제하고 나면 그걸로 경제학자(아니면 회계사)의 임무는 끝난다. 벌목으로 인해 멸종된 동식물, 토양유실로 인해 강바닥에 쌓인 침전물, 수자원 손실과 홍수침해, 벌목으로 인해 증가하게 될 이산화탄소의 양 등을 비용으로 계산하려 한다면 정신이 나간 사람 취급을 받거나, 그게 아니라면 적어도 주류 경제학자로는 인정받지 못할 것이다.

그들에게 있어 발전이란 얼마나 많은 공해와 자연파괴가 일어나는가의 문제와는 전혀 상관없이 언제나 좋은 것일 뿐이다. 대다수 경제학자로 하여금 기존의 사고틀에서 벗어나 현실을 직시하도록 만드는 일은 생태학자에게 너무나 힘든 작업이었고, 지금까지 큰 성공도 거두지 못하고 있다. 환경은 모든 이들의 고려 대상에서 사라져버렸다. 그리고 진정한 의미에서 인간적인 이익이라 할 수 있는 것도 많은 경우 마찬가지 대접을 받고 있다. 새로운 산업화 과정이 성장에 기여할 수도 있겠지만 그와 동시에 수천 명이 일자리를 잃게 될 것이다. 아니면 어느 반체제 경제학자가 지적한 것처럼 '국내총생산을 늘리는 가장 손쉬운 방법은 전쟁을 일으키는 것이다' 라는 생각이 받아들여질지도 모른다.

경제학이나 사회학, 정치학 등의 사회과학이 객관적이라고 말하는 것은 지나치게 순진한 생각이거나 거짓말이라고밖에 볼 수 없다. 나를 포함하여 사회과학 영역의 현업에 종사하는 사람은 의식, 무의식적으로 자신의 가치체계와 정치적 성향을 기반으로 활동하기 마련이다. 그리고 이를 바라보는 일반인은 이러한 가치체계와 정치적 성향이 어떠한 성격의 것인지에 대해 알 권리가 있다. 만약 스스로가 자신의 정향성에 대해 밝히지 않는다면 그들(IMF에 종사하는 사람을 포함하여)에게는 날카로운 질문을 던져볼 필요가 있다.

그 한 예로써, 이 책의 목표 중 하나는 여러분이 다른 사람과 연대하여 내가 위험하다고 판단하는 인물·조직에 반대하는 더 효과적인 행동을 펼칠 수 있도록 여러 사실에 대해 비판적으로 볼 수 있는 능력을 갖고 있다는 사실을 확신시키는 것이라는 점을 분명히 밝힐 필요가 있겠다. 이는 그 인물과 조직이 나와는 다른 가치체계를 갖고 있기 때문만은 아니다. 그들의 정책으로 인해 사람들이 쓸데없는 곤경에 처하거나 목숨을 잃고 있기 때문이다.

나의 적수들은 당연히 이와 상반된 내용을 여러분이 받아들이기 바랄 테고, 따라서 그들의 주장에는 우리와는 다른 사실이 담기게 될 것이다. 경제학과 정치학에서는 권위를 등에 업은 주장, 즉 '누가 그렇게 말한 것이므로 틀림없는 사실이다' 와 같은 주장은 절대 받아들여져서는 안 된다. 이러한 태도는 특정 종교에 대한 신도의 태도는 될 수 있을지언정 교육받은 시민의 태도는 될 수 없다.

'지성의 비관주의, 의지의 낙관주의'란 표현을 언급하며 앞에서도 다루었던 이탈리아의 마르크스주의 사상가 안토니오 그람시는 여러 해를 감옥에서 보내며 '문화적 헤게모니' 또는 '문화적 권력'이란 개념을 만들어냈는데 이는 어느 통치계급에서나 발견할 수 있는 속성이다. 이는 대중을 자신이 원하는 방식대로 생각하게 만들어 어항 속 물고기가 스스로는 물속에 있다는 사실을 인식하지 못하는 것과 같은 상태로 만드는 힘이다. 사람들의 머릿속을 조종할 수 있게 되면 눈에 드러나지 않는 권력을 행사할 수 있다. 그렇게 되면 사람들의 생각과 행동에 대해서는 더 이상 염려하지 않아도 되는 것이다.

지난 50년간 신자유주의자들은 그람시의 가르침을 훌륭히 실천에 옮겨왔지만 진보진영에서는 이 같은 교훈이 잘 받아들여지지 않은 것 같다. 우익진영은 일찍이 '사상의 영향력'(보수주의의 대부격인 리처드 위버가 1948년에 출간한 책의 제목이다)을 파악하여 학자와 작가들에게 자금을 후원하며, 대학 교수진과 연구소에 기금을 지원하고, 각종 세미나와 회의, 주요 저널과 대학신문 등에 돈을 대기 시작하였으며, 기업의 이윤과 금융시장에 호의적이고 현재 지배계층의 이익을 증진시킬 수 있는 모든 인물과 조직을 대상으로 후원을 제공해왔다. 지난 20년간 미국 내 극단적 보수주의 성향의 재단들은 이런 목적으로 10억 달러의 돈을 지출했다.

그 결과 유럽위원회나 IMF, 세계은행, WTO 등 가장 큰 권력을 소유한 국제기구는 이들의 사고방식을 토대로 기능하게 되었다. 극단적인 사회적 다원주의(패자가 자취를 감추게 되는 것은 자연스러운 일이라는)가 이렇게 널리 받아들여지게 되리라는 사실은 50년 전만 하더라도 소수의 불평불만분자를 제외한 대다수에게는 상상도 할 수 없는 일이었다. 또한 아무런 거칠 것이 없는, 많은 사람을 배척하고 환경을 파괴하는 자본주의가 전 세계적으로는 말할 것도 없이 어느 일개 국가 내에서조차 지속적인 체제로서 기능할 수 있으리라는 생각도 당시에는 받아들여질 수 없는 것이었다. 50년 전에는 사실상 거의 모든 사람이 기독교적 민주주의자나 사회민주주의자, 아니면 케인스주의자였고, 그것도 아니라면 마르크스주의적 색채를 띠고 있었다.

하지만 더 이상 현실은 그렇지 않다. 명목상 좌파에 속한 많은 인물─토니 블레어가 바로 떠오른다─은 자신의 정치적 선구자라고 할 수 있는 인물, 즉 블레어의 경우에는 어나이어린 베번*보다는 조지 부시와 같은 우익 지도자에 더 가까운 모습을 보인다. 그리고 유럽 통상위원이며 프랑스 사회당 당원이기도 한 파스칼 라미보다 더 신자유주의적 인물은 찾아보기도 힘들 정도다. '우익 그람시주의자'들의 의식적 노력을 등에 업고 이데올로기적 균형은 서서히 변화를 겪어온 것이다.

지식과 실천─'쥬빌레 2000'의 경험

실천 가능한 지식이 일반 대중에게 전파되어야 함을 보여주는 구체적 사례를 통해 지식과 정치적 실천 사이의 관계에 대해 살펴보도록 하자. '쥬빌레 2000(Jubilee 2000)'이라고 하는, 제3세계 채

---

* Aneurin Bevan(1897~1960). 탄광노동자로 태어나 보조탄갱부로 일하였다. 이후 정치에 입문하여 1929년 노동당 하원의원이 되었고 보건부와 노동부 장관을 역임하였다. 1951년 의료보장제도의 축소에 항의하며 노동부 장관직에서 사임하였다.─옮긴이

무 문제에 항의하는 강력한 국제적 캠페인은 1990년대 후반 이래로 수백만 명의 서명을 받아냈고, 또 수만 명이 참가하는 대중집회를 여러 차례 성공적으로 벌인 바 있다. 1998년에는 7만 명이 모여 인간사슬('채무의 사슬을 끊기 위한 인간사슬')을 만들어 블레어 총리가 영국 버밍엄에서 주최한 G7 정상회담 참석자에게 메시지를 전달하기도 했다.

쥬빌레 운동은 기존 좌파의 범주를 훨씬 뛰어넘는 것이었다. 평생 데모에 참여해서 행진해본 적이라고는 없는 사람들의 동참을 이끌어냈다. 나도 버밍엄에 있었는데 그때 많은 사람에게 직접 물어보고 알게 된 사실이다. 이 캠페인의 이름은 성경에 등장하는 개념인 '쥬빌레', 즉 '빚의 탕감'이라는 단어에서 비롯된 것이다. 이 운동은 특히 기독교 내부에서 좋은 반응을 얻었다. 새천년이 시작되는 2000년은 빚의 사슬이 끊어지고 채무에 허덕이는 사람들이 해방되는 해가 되어야 했다. 결국 이 캠페인은 세계에서 가장 부유한 국가 G7의 정치인들로 하여금 행동을 취하도록 만들 수 있었다. 많은 사람의 박수를 받으며 G7 정치인들은 수백억 달러에 이르는 부채탕감을 선언했던 것이다. 쥬빌레 운동에 참여한 사람들은 너무나 기뻐했고, 스스로의 업적에 대해 긍지를 느꼈다. 그리고 그것은 충분히 그럴 만한 가치가 있는 것이었다. 버밍엄 집회 다음 해인 1999년, 독일 쾰른에 다시 모인 G7 정상들이 42개 국가를 대상으로 천억 달러 상당의 부채탕감을 약속했을 때 쥬빌레 운동 참가자들은 자신들의 목표가 완전히 이루어졌다고 느낄 수 있었다.

하지만 이렇게 분명한 성취감과는 반대로 여기서 바로 지식의 문제가 등장한다. 사실상 탕감된 부채는 얼마 되지 않았다. 채권국들이 말장난을 한 것에 불과했고, 언론은 대체로 채권국의 발표를 무비판적으로 받아들였던 것이다. G7 국가들이 명목상 일부 부채를 탕감한 것은 사실이다. 하지만 그렇다고 해서 최빈국 국가들의 형편이 조금이라도 나아진 것은 아니었다. 이 점에 대해서는 자세한 검토가 필요하다.

우선, 탕감된 채무의 대부분은 가난한 국가들이 이자를 지불하지 않고 있던 채무였다. 예를 들어 어느 국가가 100억 달러의 채무를 지고 있는 상태에서 이 중 50억 달러에 대한 이자만을 간신히 지불하고 있다면 그 나머지 50억 달러의 채무 중 일부가 탕감되는 것은 그다지 중요하지 않다. 실제 이자 지출 액수에는 변동이 없기 때문이다.

그리고 두 번째로, 세계은행과 IMF가 그 어떠한 채무탕감안도 수용하지 않으려 했기 때문에 G7의 동의를 얻어 마침내 채무탕감 혜택을 받으려는 국가는 추가로 3년의 구조조정 기간—이후 6년으로 늘어나게 된다—을 받아들여야 한다는 결정이 내려졌다. 오랜 시간이 지난 지금 일부 국가가 자격심사를 받을 수 있는 단계에 이르렀고, 극소수만이 자격요건을 완전히 충족하여 약간의 혜택을 얻을 수 있었다. 하지만 특히 심각한 부채 문제로 허덕이고 있는 42개 빈곤 국가—최빈채무국— 가운데 오직 4개 국가의 부채 상태만 관리 가능한 수준에 있고, 20개 국가는 자격요건을 완전히 충족시켜 혜택을 받게 되더라도 여전히 심각한 부채에서 벗어나지 못할 것이다. 또 다른 6개 국가는 고유한 여러 문제와 계획 진행 부진으로 고통 받고 있다는 점을 세계은행 스스로 인정한 바 있다. 수단이나 소말리아 같은 일부 는 아예 이 계획에서 누락되어버렸거나 사실상 방치되어 있는 상태이다.

대부분의 빈곤 국가는 아직까지 실질적 구제책에 대한 희망을 버리지 않고 있다. 이런 국가에 결정타가 되는 현실은 부채탕감 계획 자체가 기존의 다른 원조 프로그램의 일부로서 제공되기로 되어 있었으나 본래의 원조마저 감소하면서 '최빈채무국이 받고 있는 원조의 절대 금액은 1995년에 비해 오히려 감소하였다'는 사실이다. 그리고 이러한 내용은 세계은행 스스로가 밝힌 사실이다.[54] 실제 현실은 세계은행이 밝힌 것보다 더욱 좋지 못하다. 1998년에서 2001년 사이에 아프리카의 사하라 사막 이남 지역 국가들은 총 175억 달러에 이르는 금액을 부유국으로 송금해야 했는데, 이는 개발 원조 및 자금지원, 그리고 새로운 융자 등으로 받은 금액보다 더 많은 금액을 기존 부채의 상환과 기타의 비용 등에 지불하고 있음을 의미한다.*

하지만 G7과 세계은행의 주장에 맞서기 위해서 여러분 스스로가 실제 부채 현황과 전체 금융 관련 자료를 살펴보지 않는다면 G7의 대변인들이 그런 작업을 대신 해주리라 기대할 수는 없다. G7은 자신들의 주장을 있는 그대로 믿어주는 무지한 시민을 훨씬 더 선호한다.[55]

'쥬빌레 2000' 캠페인이 처음부터 결정했던 사항은 이름이 암시하는 바처럼 2000년까지만 활동한다는 것이었다. 그래서 이들이 거둔 승리가 매우 제한된 것이었음에도 불구하고 조직을 해체하고 말았다. 나를 포함한 많은 사람은 이러한 결정을 너무나 안타깝게 여기고 있는데, 이는 남반구에서 부채 문제로 인해 너무나 큰 재앙이 계속되고 있다는 사실 때문만이 아니라 이 캠페인을 지지한 사람들

---

* 세계은행과 국제통화기금이 몇 가지 제한된 품목을 모든 국가가 공통적으로 수출하도록 함으로써 초래된 1차 생산품목의 엄청난 가격폭락은 이 수치에 포함되어 있지 않다. 이러한 사태로 이득을 보는 것은 네슬레(Nestlé)와 유니레버(Unilever) 뿐이다.

이 처음의 목표를 성공적으로 이루었기 때문에 조직을 해체하게 되었다고 스스로 믿게 되기 때문이다.

남아프리카공화국과 같은 채무국에서 활동하고 있는 쥬빌레 2000 남반구 지부는 좀 더 적극적이지 못한 북반구 쥬빌레 조직에 대해 신랄한 비판을 제기했다. 나는 이들이 아직까지 활동을 벌이고 있다는 소식을 접한 바 있다. 이들은 말리의 바마코와 에콰도르의 구야킬 등에서 회의를 개최하기도 했다. 하지만 다른 모든 문제와 마찬가지로 부채 문제에서도 남반구 국가들은 실질적인 힘이 없다. 채권국들은 멀리 떨어져 있는 피해자들이 아무리 목청 높이 외쳐대도, 그리고 이들의 주장이 아무리 정당하다고 하더라도 이들의 말에 귀를 기울일 의무가 없다. 채권국 정부와 국제기구에 압력을 가하던 북반구 활동가들이 자취를 감추면서 정치적 활력도 대부분 사라지고 말았다. 남반구 국가들의 전체 채무액은 아직까지 약 2조 5천억 달러에 이르고 있다.

다자간투자협정(MAI)

지식과 권력 사이에 등식이 성립되는 경우가 어떤 것인지 보여주는 예를 한 번 살펴보자. 파리에 있는 경제협력개발기구(OECD)에서는 1995년부터 다자간투자협정(MAI)에 관한 협상이 비밀리에 진행되고 있었다. 다자간투자협정(MAI)은 다국적기업에게 원하는 곳 어디에서든 투자를 할 수 있도록 함으로써 엄청난 혜택을 제공하게 될 협정이었다. 이 협정은 각국 정부가 수용해야 할 의무사항과 다국적기업이 받게 될 온갖 특혜, 권리 등을 명시하고 있었다. 여기에는 정부가 기업의 현재, 심지어 미래의 수익을 제약할지도 모를 조치를 취할 경우 기업이 정부에 대한 소송을 걸 수 있는 권리까지 포함되어 있었다.

시민단체들은 협상이 2년 반 동안 진행되고 난 다음에야 이러한 사실을 접할 수 있었다. 다자간투자협정(MAI) 조약의 초안을 입수하는 과정조차도 첩보전을 방불케 하는 노력을 기울여야 했다. 사태를 파악하자마자 곧 이 부당한 협정에 반대하기 위한 국가적 연대를 서둘러 결성했다. 이 과정은 미국 시민단체 '퍼블릭 시티즌(Public Citizen)'의 창립자 로리 월리치가 '드라큘라 전술'—흡혈귀를 빛에 오랜 시간 노출시키면 결국 죽는다는 것에서 착안—이라고 이름 붙인 방식대로 전개되었다. 드라큘라 전술을 실천하기 위해서는 지식이 필요하다. 흡혈귀에 대해 알아야 하고, 습성은 무엇인지도 파악해야 한다. 드라큘라는 그 본성상 만족할 때까지 피를 빨아들이는 족속이라는 사실을 알아야 하는 것이다. 이러한 지식 습득과 전파가 다자간투자협정(MAI)을 막아내는 데 결정적인 역할을 했다.

때로는 지식의 전파가 쉽지 않을 수도 있다. 프랑스에서는 다자간투자협정(MAI)에 대한 기사를 쓰거나 뉴스를 내보내는 것을 처음에는 기자들이 거절했다. 그러면서 기자들이 똑같이 되풀이했던 말은 실망스럽게도 다자간투자협정(MAI)에 대한 내용이 너무 복잡하고 전문적이라 독자들이 관심을 갖지 않으리라는 것이었다. 우리로서는 다행스럽게도 일부 유명인사들이 언론을 통해 다자간투자협정(MAI)에 대한 비판을 제기하기 시작했다. 그 이후 나머지 언론도 관련 내용을 다루기 시작하였다. 그러자 놀랍게도 다자간투자협정(MAI) 관련 소식은 신문의 제1면을 장식하기에 이르렀다. 이와 같은 조약이 어떤 결과를 초래할 것인지가 언론을 통해 다루어지고 알려지게 되자 일반인들은 자신들이 이 내용을 충분히 이해할 수 있다는 사실을 입증해보인 것이다.

이처럼 언론에서 비판이 제기되고 관련 시위—다자간투자협정(MAI) 협상이 진행되던 회의장 근처에서 열린 소란스러웠던 집회를 포함하여*—가 열리자 사회당, 공산당, 녹색당 연합으로 구성되어 있던 당시 프랑스 정부는 조사위원회를 임명하지 않을 수 없었다. 이 위원회는 다자간투자협정에 반대하는 몇몇 인사에게 증언을 요청했다. 여기서도 다시 한 번 단지 이 협정에 반대한다는 사실만으로는 충분할 수 없었다. 지식, 그것도 단지 협정 내용에 대한 지식뿐 아니라 국제적 투자동향에 대한 지식이 결정적으로 작용했다. 다국적기업이 실제로 고용하는 직원의 숫자가 얼마나 미미한지, 그리고 이 다국적기업의 투자금액 중 기업의 인수합병을 위해 지출되는 비용(독과점 현상만을 증대시키는)이 차지하는 비중이 얼마나 되는지를 보여주는 구체적인 숫자를 제공할 수 있었던 것이 크게 작용했던 것이다.

다자간투자협정(MAI)에 반대하는 측에서는 소수만이 목소리를 낼 수 있었던 반면 고용자연합회와 기업체의 로비단체는 엄청나게 많은 발언 기회를 얻을 수 있었다. 하지만 다자간투자협정(MAI)에 절대적 호의를 보내던 이들의 증언에도 불구하고 위원회의 최종보고서에는 협정에 반대하는 인사들의 의견이 거의 그대로 반영되었다. 정부로부터 다자간투자협정(MAI)에 대한 정보를 단 한 차례도

---

* 소문에 의하면 레온 브리탄이 소란스러운 소리를 듣고는 "어떤 멍청이가 저 건달들을 정원에 들여놓은 거야?"라고 화가 나서 소리치며 문 쪽으로 왔다고 한다.

제공받지 못했던 국회의원들 사이에서 분노가 터져 나왔다. 정부는 곤경에 처하였고, 결국 조스팽 총리가 국회 본회의에서 프랑스의 협정 탈퇴를 선언하는 극적 장면이 연출되었다.

다자간투자협정(MAI)을 막아낼 수는 있었지만 이는 단지 최악의 상황을 저지한 것에 불과했다. 이미 확립된 제도를 변화시키거나 제거하기란 이보다 훨씬 더 어려운 일이다. 많은 활동가들이 '서비스교역에 관한 일반협정(GATS)'의 변화나 폐지를 바라고 있지만 그 전문 자체가 잘 알려져 있지 않고 매우 복잡하기 때문에 쉽지 않다. 파스칼 라미나 WTO의 대변인, 그리고 기업체 인사들처럼 권력을 손에 쥐고 있는 인물은 끊임없이 자신의 상대자를 얕잡아보며 일반 대중과 언론에게는 걱정할 것이 아무것도 없다고 말한다. 이는 지식을 둘러싸고 벌어지는 전쟁의 전형적인 한 단면이다.

또한 우리는 지구촌 모두를 위해 완전히 새로운 전 지구적 금융체제를 도입하도록 해줄 국제적 과세제도의 시행을 원한다. 다국적 기업과 금융시장의 행위자에게는 이러한 제도가 그 무엇보다 받아들일 수 없는 것이고, 심지어 관련 공무원조차도 급격한 변화 앞에서는 망설이는 모습을 보인다. 새로운 세계를 만들기 위한 작업의 많은 부분은 언뜻 보기에 도저히 불가능한 변화를 어떻게 일으킬 것인지 배워나감으로써 이룰 수 있고, 따라서 철저한 연구수행은 정치투쟁의 일환이 된다.

이와 관련하여 마지막으로 언급하고 싶은 사항은 다음과 같다. 우리는 자세한 지식을 필요로 한다. 이는 틀림없는 사실이다. 하지만 우리는 또한 이를 간단하게 정리하여 제시할 수 있는 능력을 갖추어야 한다. "사람들을 지루하게 만들고 싶다면 모든 것을 다 이야기해주라"고 볼테르는 말한 바 있다. 이로부터 수백 년이 지난 뒤 영국의 경제학자 조안 로빈슨은 다음과 같은 말을 남겼다. "무엇인가에 대한 지식을 얻으려 한다면 그 주제에 대한 모든 것을 알아야 한다. 하지만 그 주제가 무엇이든 간에 그에 대해 다른 사람에게 이야기하고자 한다면 당신이 이야기하려는 것 가운데 많은 부분을 버릴 수 있어야 한다." 나는 여기에 "무엇에 관해서 글을 쓰든 간에 많은 부분을 버릴 수 있어야 한다"는 말을 덧붙이고 싶다. 나는 이 글을 쓰면서도 내가 언급하지 않은 부분이 무엇인지에 대해 끊임없이 생각한다. 그리고 지나치게 많은 이야기를 하지 않으려고 애쓴다.

전철역이나 상가 등지에서 배포하는 전단에 진실되고 적절하며 의미 있는 이야기를 담으려면, 특정 주제에 대해 신문기자를 상대로 30분 이내에 정리해서 말하려면, 라디오에서는 5분 이내로, TV에서는 30초 이내로 메시지를 전달할 수 있으려면 지식을 갖추어야만 한다. 지식은 해당 매체와 관객에 따라 다른 모습으로 전달되어야 한다. 그리고 누구나 약간의 도움만 얻는다면 필요한 지식을 습득할 수 있다는 점에는 의심의 여지가 없다. 학습은 자신감을 얻게 하고 힘을 실어준다. 그리고 솔직히 말하면 우리의 적수가 하는 거짓말을 꼬집어내는 것만큼 재미난 일도 없다.

우리는 미국의 각종 재단이나 기업체 로비단체처럼 수억 달러의 자금을 갖고 있지는 않지만 많은 사람들로부터 힘을 얻기 시작하였으며 이미 지적인 토대와 에너지도 갖추었다. 우리의 적수는 높고도 두꺼운 벽 속에 지식을 숨겨둔 채 자신들의 세계관과 체제가 의구심의 대상이 되는 일이 없도록 하려고 애써왔다. 우리에게 주어진 가장 시급한 과제 가운데 하나는 바로 이 벽을 허무는 일이다.

8장 교육자의 역할*

지구촌 정의실천 운동에 참여하고 있는 많은 교육자와 학자는 전문적 '지식노동자'이다. 이들은 모든 학생을 대상으로 배움에 대한 욕구를 불어넣는 일에 평생을 바치고 있다. 따라서 다른 사람이 대신할 수 없는 중요한 역할을 맡고 있다고 할 수 있다. 교육자와 학자는 우리의 운동을 위해 매우 소중한 자원이지만 지금까지는 이 자원을 너무 낭비해왔다.

1973년 설립 이래 현재까지 내가 소속되어 있는 '트랜스내셔널 협회' 인사들은 자신들을 '학자 겸 활동가'라고 부르기를 좋아한다. 이 협회는 우리 시대의 요구에 부응하는 연구 결과물을 만들어내기 위해 항상 노력해왔다. 시민운동이라고 부를 수 있을 만한 그

---

* 약간 형식은 달랐으나 이 글은 캘리포니아 대학교의 산타바바라 분교에서 2003년 5월에 열린 '비판적 세계화 연구' 컨퍼런스에 기고했던 글이다. 매우 흥미로운 프로그램을 기획하고 나의 글을 이 책에도 수록할 수 있도록 허락해준 빌 로빈슨과 리치 애플밤에게 감사의 마음을 전한다.

어떤 움직임도 찾을 수 없던, 정치적으로는 끔찍하리만큼 암울한 시대였던 1980년대와 1990년대 초반에도 우리는 북반구와 남반구 간의 연대를 맺기 위한 시도를 계속했었다. 이 과정에서 우리는 불의의 구조를 분석하기 위해, 변화를 목표로 실천 가능한 제안을 만들기 위해, 이러한 제안이 가진 타당성을 일반인과 정책결정자에게 확신시키기 위한 최선의 전략을 만들어내기 위해, 그리고 우리의 적수와 우리들 사이에 형성되어 있던 세력관계를 변화시키기 위해 연구와 전문적 기술이라는 수단을 활용했다.

이런 목표는 아직까지도 우리의 의제로 남아 있지만 1980년대와는 달리 오늘날에는 수없이 많은 문화·지성계 노동자들이 이런 목표에 관심을 갖게 되었고, 함께 노력하고 있다. 또 한 가지 1980년대에 비해 나아진 점은 이 같은 지적 성과물에 대한 상당한 수요가 있다는 사실이다. 아탁이 일반인을 대상으로 전개해온 교육프로그램은 놀랄 만한 성공을 거두어왔다. 이 프로그램에는 150명으로 구성된 과학 분야 위원회가 수립되어 있고, 매년 여름에 개최되는 하계대학 프로그램에는 다양한 연령층의 학생 수백 명이 참가한다. 뿐만 아니라 이 프로그램을 통해 저가의 소책자 시리즈도 발간하고 있는데 이 가운데 일부는 수만 부가 판매되었다. 비디오와 DVD를 이용한 프로그램도 활발하다.

일부 국가, 특히 아탁이나 아탁과 유사한 단체들이 확고히 뿌리를 내리지 못하고 있는 앵글로-색슨 계열의 국가에서는 지성인과 학자들이 어떻게 활동을 시작해야 할지, 이러한 과정에 어떻게 참여할 수 있는지 잘 모르는 경우가 많다. 이들은 세상에 대해 관심을 갖고 있고 여러 문제에 관여하고자 하지만 자신이 몸담고 있는 학문분야와 일반 시민으로서 누리는 삶 사이의 관련성을 언제나 잘 파악하고 있는 것은 아니다.

　감사하게도 지구촌 정의실천 운동에는 정해진 지도자 그룹, 즉 명령을 하달하는 간부진은 존재하지 않는다. 하지만 상징적 지위를 차지하고 있으며 사람들로부터 존경을 받는 도덕적·지적 권위를 지닌 인물들은 존재한다. 이런 저자나 사상가 가운데 다수는 운동의 시작단계부터 함께 해왔다. 심지어 정의실천 운동이 시작되기 이전부터 이미 이 영역에서 활동해왔다. 따라서 지식노동자들이 '참여할 수 있다'는 사실에는 의심의 여지가 없다. 하지만 우리의 앞길에는 이들이 빠지기 쉬운 함정이 너무나 많다. 따라서 나는 운동에 참여하고 있는 교사나 지식인들이 긍정적 역할을 할 수 있다는 확고한 신념을 바탕으로, 여기에서는 이들이 피하도록 노력해야 할 위험요인과 실수 등에 논의를 집중하려 한다.

　특히 미국에서는 일부 용기 있는 학자들이 '비판적 세계화 연구'라고 하는 새로운 영역을 개척해나가고 있다. 캘리포니아 주립대학의 산타바바라 분교에서는 1999년에 개설된 학과에서 800명의 학생이 이에 관련된 전공을 공부하고 있다. 다른 학교들도 이 선례를 따르고 있다. '비판적 세계화 연구'의 주제 중 상당수는 예전에 '비판적 개발학'이라고 불리던 분과에 속하던 것이다. 좀 더 일반적인 논의를 시작하기에 앞서 학계와 지식인의 역할에 대한 질문에 대해 비판적 개발학을 오랜 기간 실천해온 내 개인의 답변을 제시해볼까 한다.

　비록 그 당시에는 내가 '비판적 개발학'이라는 용어를 몰랐지만 이 분야에서 내가 처음으로 기울인 노력의 결과는 나의 첫 번째 책 『지구의 나머지 반은 어떻게 죽어가고 있는가?(*How the Other Half Dies?*)』였다.[56] 나는 이 책의 부제를 '세계 기아 문제의 진짜 이유들'이라고 붙였는데 이는 그 이유가 무엇인지에 대해 설명하려는 사람이 거의 없다는 생각 때문이었다. 연구와 그 연구의 분석적 적용 사이에 생기는 괴리는 연구자의 위선 때문이라기보다는—그런 경우도 일부 있기는 하지만—모든 사람의 눈에 가리개를 씌우는 것 같은 작용을 하는 이데올로기적 종속 때문이다. 세계 기아의 진정한 원인을 파헤치기 위해 필요한 여러 범주와 개념은 아예 찾아볼 수가 없었고, 이 주제에 대해 전문가라는 사람들의 머릿속에서도 이 점에 대한 문제의식은 없었다.

위와 같은 발언이 지나친 교만으로 보이리라는 점은 잘 알고 있다. "베테랑 학자 모두 바보 같고, 이해력도 떨어지고, 잘못된 판단을 내리고 있는데 신참내기 수잔 조지라는 사람 혼자서만 정확한 사태파악을 하고 있다는 말씀이시군!" 이런 독자들의 반응이 보이는 듯하다. 이해할 수 있는 지적이다. 하지만 학계와 지식인의 문제를 다루기 위해서는 우선 내 경험을 이야기하지 않을 수가 없다. 왜 내가 나의 판단이 부당할 정도로 가혹한 것이 아니라고 생각하는지 설명하기에 앞서 다음과 같은 내용을 간단히 정리해둘 필요가 있겠다.

1973년부터 1974년 사이 세계는 또 한 번의 식량난을 겪고 있었다. 기아와 영양부족으로 인해 아프리카와 아시아에서는 여느 때와 마찬가지로 수많은 사람이 목숨을 잃고 있었다. 언론과 학계에서는 하나같이 가뭄, 인구증가, 기술부족, 곡물산출량 부족 등의 판에 박힌 문제만을 원인으로 내놓고 있었다. 이보다 조금 더 용기를 냈던 인물도 정부의 부패 문제만을 간접적으로 언급할 따름이었고 농경지역에 사는 사람이 가장 굶주리고 있다는 역설적 상황에 대해서는 관심을 가지지 않았다. 빈곤 문제를 언급한다고 하더라도 녹색혁명을 일으킬 수 있는 종자와 기계화, 그리고 여기에 수반되는 '근대화'를 '가난한 이들'이 필요로 한다는 점을 확인하는 수준에 그치는 것이 대부분의 경우였다.

농업관련 산업이나 곡물수출, 식량원조 등이 해당 지역의 식습관 변화에 미치는 영향, 녹색혁명의 부정적 영향, 북반구에서 값싼 곡물을 수입하는 것이 남반구 각 지역 농가에 미치는 영향 등에 대한 고려는 사실상 거의 찾아볼 수 없었다. 일부 계층에 집중된 토지 소유와 토지를 소유하지 못한 계급을 둘러싼 문제, 착취나 다름없는 토지계약 행태와 소작농 문제, 이농현상도 거의 관심을 받지 못하고 있었다. 부유한 국가의 농업 생산 및 이에 관련된 정책은 전체적인 식량수급에 긍정적 영향을 미칠 것으로 간주되고 있었던 까닭에 학계의 기아 관련 논의에서는 이들 사항이 거의 언급되지 않았다. 내가 첫 번째 책에서도 언급한 바 있지만 다음과 같은 간단하고도 분명한 사실, 즉 '배를 채울 수 있으려면 곡식을 기를 땅이나 식량을 살 돈이 있어야 한다'는 생각은 당시로서는 상식을 완전히 벗어난 발상이었다.

그렇다면 기후나 인구, 기술부족 등으로 기아 문제를 설명하는 사람들이 잘못된 편견을 갖고 있으며 오류를 범하고 있는 것이라고 주장하던 나는 당시 어떤 위치에 있었던가? 나는 말 그대로 완전히 '아무것도 아닌 사람'에 불과했다. 나에게는 관련 분야의 경력이나 실력을 증명해줄 것이 아무것도 없었다. 내 학위가 해당 분야와는 상관없는 것이었을 뿐 아니라, 내세울 정도도 안 되는 단 하나의 경력조차 로마의 식량농업기구(FAO) 본부에서 1974년에 개최된 세계 식량회의를 위한 보고서를 쓰기 위해 워싱턴 D.C. 정책연구소에서 구성한 팀의 일원으로 참여한 것뿐이었다. 심지어 그 팀 내에서조차 내 역할은 주로 보조에 불과했다.

그 팀에서 보고서 작성을 담당했던 인물은 칠레의 아옌데 정권에서 농업 및 토지분야의 개혁을 담당했다가 보고서 작성 당시로부터 얼마 안 된 시점에 추방당했던 전직 각료들이었다. 실무와 지식을 갖춘 브라질인 세 명이 이들의 작업을 돕고 있었다. 이들의 견해를 들을 수 있는 기회를 얻은 것은 나에게 큰 행운이었다. 내가 맡았던 일은 이들이 영어로 작성한 보고서를 수정하고 출력한 뒤 책으로 엮어 로마까지 가져가는 것이었다. 내가 보고서를 잔뜩 넣은 가방을 들고 마침내 로마에 도착했을 때 발견하게 된 사실은 세계식량회의 참석자 가운데 가장 많은 수가 농업관련 산업계('산업협력 프로그램'이라고도 알려져 있던) 출신 인사들이라는 점과 그 다음으로 많은 참석자는 미국인이라는 점이었다. 나와 함께 작업했던 팀원의 견해를 공유한 사람은 찾아볼 수 없었다.

회의가 끝나고 집에 돌아와서 내가 선택했던 길은 이 주제에 대해 가능한 깊게 파고들어보는 것이었다. 몇 번의 거절을 당한 끝에 피터 라이트라는 펭귄출판사의 한 용감한 편집자가 내 원고에 모험을 걸어보겠다는 결정을 내렸다. 누구나 일생에 한 번은 이런 엄청난 행운이 찾아오기 마련인데 나에게는 이 경우가 바로 그런 행운에 해당한다.

이번 장의 내용과 관련하여 내가 말하려는 요점은 바로 학자들 중에서는 이런 책을 쓰려고 할 사람이 없었으리라는 점이다. 주제에 대한 접근방식 자체가 전통 방식에서 벗어나 있기 때문에 비난을 피할 수 없음이 분명하고 교수로서 지키고 싶은 명성에도 피해를 입게 될 것이 뻔했기 때문이다. 이 책이 변두리에 있는 조그만 인쇄소, 이를테면 첼튼엄* 같은 곳에는 책을 배포할 능력도 없는 그런 출판사가 아니라 런던에 자리 잡은 유명 출판사에 의해 출판될 가능성은 더더욱 적어 보였다. 이 출판 기획은 애초부터 성공을 기대하기 힘들어 보였던 것이다.

조 콜린스와 프랜시스 무어라페(콜린스도 나와 마찬가지로 세계식량회의를 위한 보고서 작성에 참여했었으며, 두 사람 모두 학자 출신은 아니다)의 책 『식량의 중요성(Food First)』과 더불어 나의 책 『지구의 나머지 반은 어떻게 죽어가고 있는가?』는 너무나 오래된 문제이면서도 동시에 바로 오늘날의 문제이기도 한 기아 문제를 바라보는 새로운 시각을 제공하기 시작했다. 내 책은 세계 각국 언어로 번역 출간되었고, 높은 판매량을 기록하면서 일반 대중으로부터는 큰 반향을 불러일으켰지만〔심지어는 식량농업기구(FAO)의 잡지인 〈세레스(Ceres)〉에 기고하는 서평가로부터도 큰 호평을 받았다〕 학계에서는 대체로 냉담한 반응을 보였다.

계속 이 분야에 몸담게 되면서 나는 오만하고 대체로 남성인 교수들이 "이 여자는 자신이 설명하고 있는 이 끔찍한 이야기를 거론할 자격이 없습니다"라고 주장하는 데 신물이 나서 이후 소르본 대학에서 박사학위(박사논문은 미국 식량체제가 전 세계로 확산되는 현상에 대한 것이었다[57])를 받았다. 그리고 이제는 적대적인 분위기가 감지될 때면 우선 내 자신을 '박사'로 소개한다.

독자들이 지루하게 느꼈을지도 모르지만 나는 이 이야기에서 몇 가지 교훈을 얻을 수 있으리라 생각한다. 우선 지적할 점은 이 책이 명확하고도 직설적인 방식으로 쓰였기 때문에 널리 읽힐 수 있었다는 사실이다. 이 책에서 나는 허위적인 '균형 맞추기'나 조심스러운

---

　* 런던에서 기차로 3시간 정도 걸리는 곳에 있는 도시. 온천 휴양지로 유명함. - 옮긴이

얼버무리기 등은 하지 않았다. 학자들은 자신의 전공 분야에 대해 잘 알지 못하는 일반 독자를 상대할 경우 전문용어를 버리고 진솔한 태도로 간결한―지나친 단순화는 피할지라도―글쓰기를 해야 한다.*

그 다음으로 우리는 '비판적인 학자가 살아남을 수 있는가?' 라는 매우 현실적이며 근본적인 질문을 던져볼 필요가 있다. 나처럼 운이 좋은 경우가 아니라면 진보적인 지식인이 살아남기란 매우 어려운 것이 현실이다(지금은 세상을 떠난 내 남편이 초기에는 나에게 후원을 제공했었다). 이들 대부분에게 주어지는 선택이란 학계로 들어가든가 아니면 평생 가난하게 사는 것 둘 중 하나이다. 이들의 일은 주로 가르치는 일이 될 것이고, 이는 쉽지 않은 일이다. 전공이 무엇이든지 간에 학자들은 일반적으로 받아들여져 있는 진리만을 전달하리라는 기대를 받게 되며 학문 간 경계를 허무는 일은 섣불리 할 수 없을 것이다. 그리고 많은 경우 자신의 만족감보다는 자신이 속한 학과를 먼저 생각해야 하며, 정년을 보장 받지 못한 많은 사람들은 너무 큰 위험을 감수하다 보면 평생 안정적 직장을 얻지 못하게 될 수도 있다. 종신 교수직 보장에 찬성하는 사람들은 이

---

* 문체에 관련된 여담을 한 가지 하자면, 나는 영국 국교회의 미국 내 교파라고 할 수 있을 감독교회파 환경 속에서 성장한 것을 매우 감사하게 생각한다. 감독교회파의 예배에 사용되는 독본과 기도서를 쓴 영국 성직자들이 영어가 전성기를 누렸을 때의 인물이기 때문이다. 이러한 영어의 리듬과 힘이 내 귀에 파고들었던 것이다. 내가 원하는 만큼 글쓰기를 잘하지는 못하지만 어린 시절 매주 일요일 참석하곤 했던 그 예배시간 덕분에 나는 훌륭한 글이 어떻게 소리 내어 읽히는지, 그리고 간결함, 명료함, 우아함이 어떻게 어우러질 수 있는지 깨달을 수 있었다. 자신이 전공하는 분야의 전문용어를 쓰지 않으면서도 좋은 글을 쓰는 작업에 어려움을 느끼는 학자는 펜을 잡거나 자판 앞에 앉기에 앞서 스트렁크(Strunk)와 화이트(White)가 쓴 『문체의 요소들(The Elements of Style)』을 한 권 구해서 그 내용을 완전히 익혀야만 한다. 영국 국교회의 일반기도서(The Book of Common Prayer)를 읽어보는 것도 나쁘지는 않을 것이다.

제도를 통해 비판적 연구가 가능해진다고 하지만 이 제도로 인해 비판적 연구가 위축되고 있는 것이 현실이다.

다행히 아직까지 많은 학자들은 창의적 역량이 온전히 남아 있는 상태에서, 그리고 전통적 방식에서 벗어난 연구방식을 채택해보려는 의지가 사라지지 않은 상태에서 종신 교수직을 얻고 있다. 어떤 위치에 있든지 위험을 감수하는 일에는 용기가 필요하다. 특히나 오늘날처럼 그 어느 때보다도 순종적 태도가 강하게 요구되는 시기에 위험을 감수하려 하는 모든 학자들에게 경의를 표한다.*

모든 학자, 특히 현재 미국에서 활동하는 학자들에게는 자유로운 발언의 권리가 모든 면에서 제한되어 있다. 그리고 이러한 현실은 분명 사회과학자 스스로가 자신은 지구촌 정의실천 운동에 기여할 수 없으리라고 느끼게 되는 이유 중 하나가 되고 있다. 이들의 참여를 가로막고 있는 또 한 가지 현실은 이 학자들이 주어진 현실에 대한 주류적 해석에 동참함으로써 언젠가는 기득권을 확보하게 되리라는 점이다. 이런 주류 해석을 거부하는 일은 정서적, 직업적, 그리고 때로는 물질적인 이유로 불가능해지고 있다. 세계관의 형성은 많은 경우 열정을 가진 배움의 시기에 이루어지는 것이라서 주류 해석에 반기를 드는 일이 정서적으로 불가능해지는 것이다. 직업적으로는 일단 주류에 속하게 되면 계속해서 조직에 대한 충성도를 갖게 되는 법이고 주류에 속한 일원으로서 자긍심을 획득하게 되며, 물질적으로는 월급 이외의 소득을 얼마나 올릴 수 있는가의 문제가 계약 상대방에게 그가 듣고 싶어 하는 이야기를 얼마나 잘 해

---

* 미국의 명문 대학에 재직 중이며 현재는 학과장을 맡고 있는 한 교수가 나의 책『지구의 나머지 반은 어떻게 죽어가고 있는가?』를 교재 목록에 포함시켰던 사실로 인해 종신 교수직 심사를 받으면서 비판을 당한 적이 있다고 나에게 털어놓기도 했다.

줄 수 있는가에 달려 있기 때문에 반기를 드는 일이 쉽지 않게 된다. 사회과학을 전문적으로 다루는 사람이란 최소한의 적을 만드는 방식으로 기존 지식을 재구성하는 전문가에 불과하다.

토마스 쿤은 『과학혁명의 구조』라는 책을 통해 사실에 근거한다는 과학이 지배적 패러다임―주류적 설명 기제―에 의해 얼마나 집요한 통제를 받고 있는지를 훌륭한 솜씨로 보여준 바 있다.[58] 토마스 쿤은 기존의 패러다임이 부적절하거나 잘못되었다고 입증됨에 따라 변화하는 것이 아니라 이를 옹호하던 인물들이 점차 사라지면서 결국 새로운 패러다임이 기존 패러다임을 대체하게 된다는 점을 위대한 독일 물리학자 막스 플란크를 인용하여 보여주었다. 토마스 쿤의 작품은 너무 일찍이 쓰여진 탓에 미국과 영국의 우익세력이 신자유주의적 이데올로기를 발전시키고 확산시키기 위해 돈으로 사회과학자를 고용해서 이루어낸 성과에 대해서까지 다룰 수는 없었다. 쿤이 작품을 쓰던 시절 신자유주의는 아직 그 세력을 확고히 하지 못하고 있었고, 성공 가능성도 그다지 밝지 못했다.

자신들의 세력이 보잘 것 없었음에도 불구하고 장기적 안목과 극단적 우익 성향을 갖고 있던 일단의 부유한 인물들은 자신들의 사상을 널리 확대시키기 위해 자신들과 긴밀한 유대관계를 맺은 지식인 집단을 1950년대 초반부터 형성해나가기 시작했다. 프로젝트에 대해서는 기금을 지원하였으나 사상의 형성을 위해서는 자금지원을 하지 않았던 좌파 성향의 좀 더 진보적이었던 재단과는 달리 올린, 스카이프 멜론, 브래들리 등의 기업자금에 의존하고 있던 보수적 재단은 싱크탱크에 자금을 지원했다. 이들은 '미국기업협회(American Enterprise Institute)', 워싱턴에 있는 '헤리티지 재단', 시카고 대학의 학자들, 런던에 있는 '아담스미스협회' 를 비롯하여 이데올로기를 창출해내는 수많은 집단을 후원하였다. 이들 '우익 그람시주의자'는 진보주의자나 마르크스주의자와는 달리 사상의 영향력과 '문화적 헤게모니'란 개념을 몸으로 받아들였던 것이다. 이제 우리는 그들이 했던 그러한 활동의 결과물 속에서 살아가지 않을 수 없게 되었다.[59]

누구든지 막대한 자금을 동원함으로써 가장 반동적이라고 할 수 있을 정책에 대해서까지도 학계의 동정적인 분위기를 얻어낼 수 있음을 보여주는 증거가 셀 수 없이 많다. 그럼에도 불구하고 사회과학자들은 학문이 중립성을 견지한다는 주장을 여전히 제기하고 있다. 나는 수학 등의 분야에서 진정 객관적이며 사심이 없고 중립적인 자세를 취하는 것이 가능한지를 판단할 수 있는 위치에 있지는 못하지만, 경제학, 사회학을 비롯한 여타의 사회과학에서는 그러한 일이 있을 수 없다는 점에 대해 확신할 수 있다.

'객관적 현실'이라는 구실 아래 우리는 지배적 패러다임의 가정과 이데올로기적 사고방식을 받아들이는 것이다. 그리고 현재 압도적으로 지배적인 패러다임이란 바로 신자유주의적 세계관이다.

비판적 지식인이 짊어져야 할 우선적 책무 중 하나는 이들 가정과 이데올로기적 사고방식의 정체를 특히 자신의 학생들에게 명확히 설명하는 것이다. 또한 자신의 입장이 어떠한 것인지를 분명히 밝힐 수 있는 정직함을 지녀야 한다. 일반적으로 이러한 과정은 자신이 상정하는 사회적 목표는 무엇인지, 그리고 시민권에 대한 자신의 생각은 무엇인지를 밝힘으로써 이루어질 수 있다. 강의실에서, 그리고 학문적 저술을 통해 학자가 자신의 사회적 지향점이나 시민권에 대한 생각을 밝히는 일은 안타깝게도 일반화되어 있지 않다. 이러한 활동은 (마치 종교활동처럼) 학문의 영역에서 벗어난 사적 영역에 국한되어 있다. 이러한 금기는 우리의 적수에게만 이로운 것이다. 우리는 이를 깨뜨리기 위한 집단적 노력을 기울일 필요가 있다.

학자가 특정 이슈를 초기에 어떤 식으로 정형화하고 정의하는지의 문제는 매우 큰 의미를 갖는다. 예를 들어 경제학의 핵심 목표는 무엇인가? 사실상 해당 사안을 어떻게 정의하는가에 따라 목표도 결정되기 마련이다. 칼 폴라니의 견해처럼 경제활동이란 사회를 위해 이루어지는 것이라고 보아야 할까? 아니면 급진 자본주의 경제에 대한 신자유주의적 사고방식대로 사회는 한 발짝 뒤로 물러나 시장이 스스로 사회와 조화를 이루어나가도록 내버려두어야 할 것인가?*

이 문제에 관련된 질문을 받는다면 대부분의 진보적 지식인은 한 사회 혹은 공동체의 모든 구성원이 인간적 욕구를 충족할 수 있는 최선의 생산 및 분배를 경제학의 목표로 정의할 것이다. 이러한 정의에 따르면 경제학자의 임무는 제한된 자원을 이러한 욕구충족을 목표로 수집, 가공, 분배하기 위한 가장 효율적 방안을 모색하고 제안하는 것이 될 것이다. 이 과정에서 고려해야 하는 인간의 욕구에는 깨끗한 물, 적절한 식량, 의복, 주거, 에너지, 교통수단, 보건, 교육, 문화, 그리고 특히 '괜찮은 일거리(국제노동기구의 표현대로)'를 얻을 수 있는 기회 등이 최소한의 것으로 포함될 것이다. 이러한 정의에는 다른 모든 경우와 마찬가지로 가치 판단이 내재되어 있다. 이러한 판단은 지구촌 정의실천 운동이 시작될 수 있는 하나

---

* 이 문제에 대한 이해를 얻고자 한다면 칼 폴라니의 다음 책을 반드시 읽어야 한다. Karl Polanyi, *The Great Transformation*, Rhinehart: New York 1994. 출간된 지 오래되었음에도 불구하고 오늘날의 현실에 너무나 잘 부합하는 책이다.

의 출발점이며, 이와 같은 판단에 대해서는 칼 폴라니는 물론 아담 스미스와 칼 마르크스도 동의할 것이다.

하지만 권력을 쥐고 있는 많은 단체는 이 점에 동의하지 않을 것이다. 자신들 스스로가 인정할 리는 없겠지만 이들의 세계관에는 인간의 기본적 필요에 대한 고려가 부족하다. 심지어 완전히 배제되어 있을지도 모른다. 세계은행은 '인간적 욕구의 충족'을 중시한다고 말로만 주장하고 있을 뿐 이를 실천하는 경우는 드물다. IMF는 이 점에 대한 답변을 강요받을 경우 이러한 인간적 욕구가 자유로운 시장, 워싱턴 컨센서스와 같은 유형의 거시경제적 조치를 통해 더욱 잘 충족될 것이라고 말할 것이다. WTO는 이 점에 있어서 더 극단적인 입장을 취하고 있는데, 이 조직은 식량, 물, 보건, 교육, 문화, 그리고 인간의 삶 그 자체까지 포함한 인간의 모든 영역을 잠재적 수익성을 가진 상품으로, 따라서 세계시장에서 거래될 수 있는 대상으로 취급하기 때문이다. 그럼에도 불구하고 세계은행과 IMF, WTO는 하나같이 자신들이 '개발'('도하개발라운드'처럼 잘못된 이름을 가진 WTO의 협상에서 볼 수 있는 바와 같이)을 위해 일하고 있다고 공언한다.

이 조직들은 학문적 배경을 가진 사회과학자, 특히 경제학자를 엄청나게 고용하는데 이 학자들은 스스로가 '과학적'이라고 자처한다. 그럼에도 불구하고 이 학자들은 객관적 기준을 근거로 자신들의 가설을 심사해보는 것도 거부하고, 심지어는 무엇을 객관적 기준으로 삼아야 할 것인가에 대한 합의과정 자체도 받아들이려 하지 않는다. 현실이 이러하기에 경제학이 사실에 근거한 과학의 지위를 주장하기란 불가능한 일일 것이다.

예를 들어 '인간의 필요'를 기준으로 보았을 때 세계은행이나

IMF가 강제하는 구조조정 정책은 의심할 여지도 없는 실패작이다. 적절한 식량 및 깨끗한 식수의 부족과 불평등의 심화 등 구조조정이 가난한 사람들에게 끼친 엄청난 영향을 보여주는 수십, 수백 편의 보고서가 존재한다. 우리는 또 이 기관들이 추구하는 '수출우선' 정책으로 인해 전 세계적으로 1차 품목의 가격하락과 이에 따른 생활수준의 하락이 일어났음을 익히 알고 있다.

경제학은 인간의 생사가 달린 문제를 연구대상으로 하고 있음에도 불구하고 권력을 쥐고 있는 경제 조직을 강제하거나 이들의 정책적 실패를 파악해낼 수 있는 그 어떠한 기제나 방법, 혹은 견제책을 전혀 마련해주지 못하고 있다. 학자는 실험이 계속 실패로 드러날 경우 자신의 가설을 버리고 새로운 방식을 채택해야 한다. 교량이 붕괴되었다면 이 교량이 받치게 될 하중을 계산했던 건축가의 실수가 있었다고 보아야 할 것이다. 하지만 국제경제학이나 금융기관, 그리고 이들이 고용하고 있는 정책결정자들은 이러한 책임으로부터 벗어나 있다. 이들은 절대 자신의 실수에 대해 책임을 지지 않는다. 사실상 이들은 실수를 저지르는 법이 없는 사람으로 여겨지고 있다.

제3세계의 부채와 구조조정 문제에 대한 수년간의 연구와 집필 과정을 통해 나는 사람들이 아무리 큰 고통을 겪는다고 하더라도 이 조직들이 스스로 정책을 변화시키는 일은 없을 것이라는 냉엄한 사실을 깨닫게 되었다. 세계은행과 IMF에 종사하는 사람들은 틀림없이 이들 정책 자체가 잘못된 것은 아니라는 주장을 펼 것이다. 그들은 이 정책이 충분한 기간 동안 실행되지 않았거나 강제적으로 적용되었기 때문에 문제가 생긴 것이라는 변명을 늘어놓을 것이다. 경제학자들은 실패에 대한 비난을 이런 식으로 해당 국가 정부에 전가한다. 이런 이유로 현재 그들은 '거버넌스'에 대해 예외 없는 강조를 하고 있는 것인데 이 '거버넌스'란 개념은 '기업 거버넌스'의 경우에서 볼 수 있듯이 오랜 기간 기업경영 분야에서만 사용되어온 용어이다.

내가 보기에 논리적으로 추론 가능한 결론은 오직 다음 두 가지뿐이다. 주요 정부 간 기구들이 실천하고 있는 종류의 경제학이란 인간의 욕구를 전혀 고려 대상으로 삼고 있지 않은 것이거나, 만약 인간의 욕구 충족이 이들의 진정한 목표라면 이들 기관에 종사하는 경제학자들이 정말 형편없다는 추론만이 가능한 것이다. 어느 경우이든 지구촌 정의실천 운동에 종사하는 사람들과 비판적 지식인들은 이들 기관과 이들이 무고한 사람들에게 행사하는 영향력을 상대로, 그리고 이들이 실천에 옮기고 있는 무책임한 사회과학을 상대로 투쟁해야 할 것이다.

하지만 긍정적 조짐도 보이고 있다. 이 기관들을 상대로 수십 년 동안 비교적 소수에 불과한 인물과 더불어 싸워온 한 사람으로서, 오늘날에는 수천 명이 시애틀, 프라하, 워싱턴에 집결하여 세계은행과 IMF, 그리고 WTO에 대한 자신들의 반대를 표명하고 이 기관들이 일반인에 대한 책임을 질 것을 요구하고 있다는 사실은 놀랍고도 반가운 일이다.

마지막으로 나는 연구원, 학자, 그리고 지식인이 지구촌 정의실천 운동과 관련하여 갖고 있는 역할 및 책임의 세 가지 측면에 대해 간략하게 정리해보려 한다.

우선은 연구주제의 선택에 관련된 측면에 대해 살펴보도록 하자. 진정으로 지구촌 정의실천 운동에 기여하려는 사람이라면 가난하고 힘없는 사람이 아니라 부유하고 권력을 가진 사람을 연구 대상으로 삼아야 한다. 이 점은 내가 『지구의 나머지 반은 어떻게 죽어가고 있는가?』라는 책에서 같은 주장을 제기했던 그 시절보다 오늘날 훨씬 더 잘 이해되고 있다. 부유하고 힘 있는 자는 언제나 자신의 비밀과 활동을 감추기에 유리한 위치에 있고, 따라서 이에 대한 연구를 진행하기는 더 어렵기 마련이지만, 이들에 대한 그 어떤 단편적 지식이라도 지구촌 정의실천 운동에는 소중한 자산이 된다. 가난하고 힘 없는 사람들은 자신이 안고 있는 문제가 무엇인지 이미 알고 있다. 그 사람들에게 도움을 주려면 그들을 현재의 처지로 몰아넣고 있는 세력의 정체를 분석해야 한다. 따라서 혼자 아이를 키우는 어머니나 도시의 폭력조직에 대한 연구보다는 펜타곤이나 휴스턴 골프장에 대한 사회학적 연구가 더 큰 도움이 될 수 있는 것이다.

하지만 만약 가난한 사람을 대상으로 연구를 하려 한다면 이러한 연구는 우리가 그 사람의 협력자로서 수행하는, 우리 모두에게 도움이 되는 지식을 생산하는 연구가 되어야 한다. 이러한 연구에는 오랜 기간이 소요될 수도 있는데, 이는 아무런 힘도 갖지 못한 사람은 자신의 지식과 경험이 가치 없는 것이라고 생각하기 쉽고, 사실은 그렇지 않다는 점을 이해시켜야 하기 때문이다.

두 번째로 언급하고 싶은 사항은 규범적으로 받아들여져 있는 방법론이나 학문 분과에 얽매이지 않고, 의미 있는 결과나 새로운 시각을 제공할 수 있을 듯 보이는 그 어떠한 방법이라도 채택하여 사용할 수 있어야 한다는 점이다. 그리고 규칙이란 깨지기 위해 있는 것이듯 학문 간 경계도 허물어지기 위해 존재할 뿐이라는 생각을 받아들여야 한다. 인류학자 파브리지오 사벨리와 내가 『신앙과 신용도(Faith and Credit)』라는 책에서 세계은행을 하나의 종교기관으로 다루었을 때 사용한 방식이 바로 그와 같은 것이다.[60]

마지막으로 지적하고자 하는 점은 사회운동에 기여하려는 목표를 가진 지식인이라면 주류에 속한 자신의 동료보다 더 정확하고 엄밀한 연구를 수행해야 한다는 점이다. 이는 생존을 위해 반드시 지켜야 할 규칙이라 할 수 있는데, 만약 여러분이 학계의 소수에 속해 있다면 주류의 공격을 받을 것이 뻔한 일이고, 그럴 경우를 대비해서라도 빈틈없는 준비가 되어 있어야 하기 때문이다. 이를 위한 한 가지 방법은 적수의 발언을 그대로 다시 반박하는 것이다. 인터넷 덕분에 이러한 방법은 과거보다 훨씬 쉬워졌다. 우리의 적수는 모두 웹사이트를 운영하고 있으며, 이들은 자신의 문서가 '보통' 사람에게는 어떤 느낌으로 받아들여질지에 대해 때로는 잘 인식하지 못한다. 가장 많은 정보를 담고 있는 서류는 웹사이트에 공개되지 않는다는 점이 안타까울 따름이다. 해당 문건의 대상 독자층이 제한적일수록 내용이 더 솔직하고 더 많은 진실을 알려준다는 사실이 경험적으로 드러나 있다. 따라서 기밀문서가 유출되는 경우 우리는 가장 큰 수확을 거둘 수 있다.

나는 '유출된' 보고서 형식으로 쓰여진 책을 저술함으로써 이 점을 명확히 보여주려 시도한 적이 있다. 『루가노 리포트』는 처음부터 끝까지 내가 저술한 '사실적 허구' 지만 일단의 전문가들이 어느 위원회의 익명의 간부들에게 제출한 기밀보고서 양식을 갖춘 책이다.[61] 이들 위원회 간부들이 제기한 질문은 '자본주의 체제가 어떻게 하면 21세기에도 잘 보존될 수 있을 것인가?' 라는 간단한 것이었다. 이에 대한 답변으로 작성된 내용은 기분 좋게 읽을 수 있는 성질의 것은 아니지만 나는 이러한 허구적 양식을 취함으로써 현재와 같은 체제가 계속 성공적으로 유지될 경우 우리의 미래가 얼마나 끔찍한 것이 될지에 대해 충분히 살펴볼 기회를 얻었다. 이러한 종류의 보고서가 실제 존재한다고 하더라도 나는 그다지 놀랄 것 같지 않지만 정말로 이런 문서가 존재한다면 아직까지는 유출되지 않은 듯 보인다.(나는 이 책이 액면 그대로 받아들여지기를 원치 않았기 때문에 그 내용이 허구임을 분명히 밝혀두었지만 그럼에도 불구하고 내용을 있는 그대로 받아들인 독자도 있었다.)

결론적으로, 학자와 지식인은 자신이 빠질 수 있는 함정을 피해 몇 가지 기본적 규칙만 준수한다면 지구촌 정의실천 운동을 위해 분명 큰 기여를 할 수 있다. 하지만 이와 반대되는 사실도 참이라는 사실을 잊지 말아야 한다. 지구촌 정의실천 운동도 학자의 연구에 많은 보탬이 될 수 있는 것이다. 우리의 운동이 갈수록 힘을 얻고 있으며 우리가 더 많은 활동을 펼쳐나가고 있다는 사실 그 자체가 '현재와 같은 체제 이외의 대안이란 없다'고 하는, 신자유주의자들이 대중을 상대로 너무나 필사적으로 펼치고 있는 주장에 대한 반론으로서 기능하고 있다. 그렇지 않다면 왜 그들이 자신의 이데올로기를 만들어 전파하는 일에 그렇게나 많은 소중한 재원을 쏟아 붓고 있겠는가?

신자유주의의 가면을 벗기고 그들을 몰아내는 작업에 있어 포르토 알레그레에서 열린 세계사회포럼에 참여하여 '지금과는 다른 세상이 가능하다'고 외쳤던 수천 명의 사람들이 있었다는 사실이 수백 명의 학자들이 제기하는 반론만큼이나 귀한 역할을 할 수 있다는 점에는 의심의 여지가 없다. 우리가 문제를 분석하고 비판을 제기하며 방법을 만들어내고 전략을 짜는 과정에서 잊지 말아야 할 점은 우리 모두가 서로의 해방을 위해 함께 노력하는 커다란 집단의 일원이며, 우리가 다른 사람들의 해방을 위해 노력할 때 그들 또한 우리의 자유를 위해 노력하고 있다는 사실이다.

9장 버려야 할 착각

"자본주의의 문제점은 이 체제가 자본주의자를 만들어
냈다는 사실이다. 그들은 너무나 탐욕스러운 존재이다."

허버트 후버 (미국 대통령, 1928~1932년 재임)

전투에서 패하는 지름길은 잘못된 전제와 오해를 근거로 전략을 수립하는 것이다. 나는 30년이 넘는 세월 동안 여러 국가에서 연설회를 개최하고, 활동단체의 회의와 질의응답 시간에 수없이 참석해보았다. 따라서 사람들이 흔히 갖고 있는 오해의 실체를 목격한 기회를 다른 사람보다 많이 가졌다고 생각한다. 자리에서 일어나 "당신들이 오랜 시간 간직해온 생각은 잘못된 것이다"라고 말하기란 쉽지 않은 일이다. 그 누구도 자신의 생각에 전적으로 확신할 수는 없기 때문에 이런 행동이 지식인으로서 취해서는 안 될 행동으로 보일 수도 있다. 역사의 진실이 어떻게 밝혀질지는 그 누구도 모르는 일 아니겠는가. 이런 행동을 취하는 것은 인간적으로도 즐거운 일이 아니다. 사람들은 자신의 눈에 분명히 보이는 이 세계의 여러 문제에 대한 해답을 얻기를 나만큼이나 간절히 원하기 때문이다.

오만하고 눈에 거슬리는 인물이라는 비난을 받을지라도 나는 이런 잘못된 생각과 그릇된 해결책을 한 줄로 세워 교수대로 보낼 수 있게 되기를 바란다. 나는 여러 형태의 착각을 수도 없이 접해왔다. 그 착각은 반드시 처단되어야 할 대상이다. 왜냐하면 그러한 착각이 폭력범 같은 존재이기 때문에 그렇다기보다는—이런 생각 대부분은 부드럽고 온순한 것들이다—그로 인해 우리가 시간을 낭비하고 기력을 빼앗기게 되기 때문이다. 이들 착각이 초래하는 최악의 결과는 우리가 흔들리는 모습을 보이며 엉뚱한 방향으로 시선을 돌리고 있는 사이 우리의 적수가 극악한 활동을 계속 벌일 수 있게 된다는 점이다.

이제부터 내가 우선적으로 처단되기를 바라는 대상을 살펴보도록 하겠다.

적수가 변할 수 있을 거라는 착각

사람들이 흔히 가지는 착각 가운데 하나는 '그들', 즉 부유하고 힘 있는 자들이 우리와 견해를 공유하고 자신의 부와 권력을 포기하게 될 수도 있으리라는 생각이다. 이런 생각을 가진 사람의 도덕적 상상력('모든 사람의 탐욕에는 한계가 있기 마련이다. 누구나 일정 단계에 이르면 '이만하면 충분하다'는 생각을 가지지 않을 수 없을 것이다'라는 상상)을 존중은 하지만 나는 이들의 분석에는 동의할 수 없다. 궁정생활과 권력보다 농사짓기를 더 좋아했다는 고상

한 품격의 고대 로마 장군 킨키나투스와 같은 인물이 간혹 있을 수 있다는 점에 대해서는 나도 인정한다. 그러나 개개인이 아닌 전체 계급에 대한 논의에서는 이런 경우를 기대할 수 없다.*

이런 경우를 기대하기보다는 차라리 "이 계급이 역사상 바라온 단 한 가지가 있으니 그것은 바로 세상의 모든 것을 차지하는 것이다"라는 마이클 파렌티의 말에 귀를 기울여야 할 것이다. 총재산이 870억 달러에 이르면서도 피고용인은 식량배급표에 의존하도록 만들고 있는 월턴가(家)의 경우를 다시 상기해보자. 이 계급의 인물들은 터럭만큼의 기회라도 주어진다면 우리 모두를 기꺼이 19세기적 상황에 몰아넣으리라는 점에 추호의 의심도 없다. 이제부터는 부와 권력을 가진 사람들을 간단히 '가진 자들' 이라고 부르려 한다. 나는 이들을 위해 헌신하고 있는 공공, 혹은 민간 기관까지 이 집단에 포함시키는데 이들 기관에 대해서는 '행위자' 들에 대해 다룬 제3장에서 살펴본 바 있다.

안타까운 일이지만 '이만하면 충분하다' 는 생각은 이들의 이론적, 실천적 사고 틀 속에 아직까지 자리 잡지 못하고 있다. 빈곤, 절망, 배척 등과 같은 인간 존재의 하한선은 명확히 정의되어 있지만 인간 존재의 상한선은 아직까지 정의된 바가 없다. 적어도 자본주

---

* 프랑스의 독자들은 프랑스에서 귀족과 성직자 계급이 자신의 봉건적 특권을 포기했던 '1789년 8월 4일 밤' 의 사건이 나의 주장에 부합하지 않는다는 점을 지적할 수도 있다. 하지만 그 당시에 장 폴 마라가 자신이 발행하던 신문 〈인민의 벗(L' Ami du Peuple)〉에서 밝혔듯이 이들 스스로가 자신의 '희생' 이라고 불렀던 이 행동은 당시의 국민의회가 특권철폐의 법적인 결과를 둘러싼 끝없는 논의 속에 빠져들도록 하여 '인권선언문', 그리고 무엇보다도 '헌법이라는 위대한 작품' 에 대한 논의가 이뤄지지 않도록 하기 위한 시도였다. 너무나도 날카롭고 정확했던 마라의 이 정치적 소고(小考)는 혁명을 지지하는 신문조차도 싣기에 부담스러울 정도였던 까닭에 8월 6일에 쓰였지만 출간되지 못하고 있다가 1789년 9월 21일이 되어서야 보도되기에 이른다.

의적 사회체제 내에서는 말이다. 이들 가진 자들이 '충분하다'고 생각하게 될 날은 오지 않으리라는 단순명료한 주장을 모두가 받아들인다면 우리는 엄청난 시간을 절약할 수 있을 것이고 불필요한 논쟁과 고통으로부터도 벗어날 수 있을 것이다.

 이 점에 관해 분명한 사실은 이들이 논리적 주장으로는 절대 흔들리지 않는다는 점이다. 그런 까닭에 금융거래에 대한 적정 수준의 과세는 '분명히 실행 가능하지만 동시에 절대 수용할 수 없는 것'일 수 있는 것이다. 우리에게는 흠잡을 데 없으며 설득력 있는 논리가 있다. 우리의 상대자는 이런 사실을 알기 때문에 때로는 자신들이 더 부유해지고 더 많은 권력을 가질수록 이 세상을 위해 더 많이 베풀 수 있으리라는 궁색한 설명을 늘어놓지 않을 수 없게 되는 것이다. 이는 거론할 가치도 없는 주장이며, 사악한 자가 선한 사람에게 바치는 경의의 표시에 불과하다. 우익 정권은 언제나 이런 주장을 근거로 가장 부유한 개인과 기업을 위한 감세 혜택을 옹호한다.

적수가 합리적으로 판단할 것이라는 착각

 위에서 다룬 오해보다 사람들이 더 쉽게 받아들이는 조금 더 골치 아픈 오해는 가진 자들이 어떤 식으로든 장기적 관점에서 얻게 될 이해득실을 고려하게 되리라는 생각이다. 우리에게는 너무나 큰 희망을 안겨줄 수도 있는 발상이지만, 사실 그런 경우란 거의 찾아볼 수 없다. 내가 『루가노 리포트』에서 주장했듯이 프랭클린 루즈벨트 대통령은 자신이 추진한 뉴딜 정책으로 미국 자본주의의 구세주가 되었지만 정작 자신이 구제하려 했던 사람들은 루즈벨트를 무척이나 싫어하였고, 심지어는 루즈벨트의 이름을 부르는 것조차 피할 정도였다. 특히 여성과 아이들 앞에서는 더욱 그러했고, 루즈벨트 대통령을 이름 대신 '그 사람'이란 호칭으로 불렀다.

안타깝게도 이들은 '단기간'에 제한된 시선으로 모든 것을 재단한다. 이러한 틀을 깨고 기존 체제에 속한 사람들로 하여금 먼 훗날을 보도록 만들었던 근래의 경우는 2차 세계대전뿐이었던 듯하다. 결과적으로 당시에는 진보적 기관이었던 세계은행과 IMF가 수립되었고 이와 더불어 유럽 재건을 위한 마셜 플랜이 실시되었는데, 미국 국내총생산의 3%에 가까운 자금이 지출된 마셜 플랜은 너무나 성공적인 프로그램이었다.

대화를 통해 무언가 얻을 수 있다는 착각

가진 자들이 무엇이 자신들에게 장기적 이익이 될지 고려하지 않는다는 사실은 우리가 '대화'에 임할 때 조심스러운 태도를 가져야 하는 이유 가운데 하나이기도 하다. 우리가 이들 적수와 대화를 통해 얻을 수 있는 이득이란 거의 모든 경우 극히 제한적이다. 꽉 막힌 사람으로 보이거나 이들에게 경멸적인 태도를 보이고 싶지는 않기 때문에 이들이 대화를 제안하면 응하게 된다. 원한다면 세계은행이나 기업체연합회와도 대화가 가능하고 이런 계기를 통해 배우는 점이 있을 수도 있다. 경우에 따라서 나도 이런 자리에 참석하곤 하지만, 여러분의 주장으로 그들을 설득시킬 수 있을 것이라거나 더 장기적 관점의 정책을 채택하는 것이 그들 스스로에게 이익이 될 것이라고 설득하는 일이 가능하리라는 생각은 접어두는 것이 좋다.

이 기관들은 종종 '대화'와 '해명'을 혼동한다. 이들은 자신의 생각이 잘못되었다거나 자신이 부당한 입장을 취하고 있다고는 받아들이지 않는다. 따라서 자신들과 여러분 사이에 의견 차이가 생길 경우 상호간 신뢰나 의사소통에 문제가 있는 것으로, 즉 자신들의 설명이 충분치 않았던 것으로 치부하고 만다. 그들은 "우리에게 반대하는 사람 가운데 일부는 그저 언제나 말썽을 일으키기 마련인 사람이거나 정치적 의도를 가진 사람이고 나머지는 '대화'로 설득해서 곧 조용히 시킬 수 있는 사람"이라는 생각을 갖고 있다.

'대화'란 대등한 존재 사이에 이루어지는 것이라는 상식이 그들에게는 받아들여지지 않는다. 그들의 관심은 혼자만의 독백과 상명하달식의 대외홍보에만 쏠려 있다. 그들의 이러한 태도는 왜 유럽위원회 무역부가 개최하는 '시민사회와의 대화'에 아직까지 참여하고 있는 시민단체(NGO)가 거의 없는지를 설명해준다. 한두 개 정도의 시민단체만 자신의 견해를 발표하기 위해 여기에 참석할 뿐이고, 이를 제외한다면 이 회담은 그저 위원회가 미리 결정해놓은 입장을 정당화시키는 데만 기여할 뿐이다.

우리의 적수는 자신들이 진보적 태도를 갖고 있다는 사실을 보이려고 여러분을 초대할 수도 있다. "우리가 얼마나 너그러운 자세를 갖고 있는지 보세요! 우리는 악명 높은 반세계화 운동가 누구누구 씨를 이 자리에 모셨습니다."라고 말하는 격이다. 현실이 이렇다는 점을 알고 있다면(심지어 연단에서 이런 사실을 언급할 수도 있다), 그리고 특히 일회성 자리라면 참석해도 무방하긴 할 것이다.

이와 다른 경우는 우리의 적수가 시간을 벌려는 목적으로 여러분에게 일정 기간에 걸친 대화에 응해주기를 요청하거나 '상설 대화창구'를 열 것을 요구하는 경우이다. 안타까운 일이지만, 언젠가는 이들의 정책이 180도 선회할 때가 오리라는 희망을 갖고 이러한 대화 시도가 끝도 없이 계속되게끔 할 일부 온건한 시민단체가 틀림없이 있을 것이다.

그 한 예로써 다자간투자협정(MAI)을 좌초시켰던 때의 일화를 상기해보자. 1998년 10월 프랑스 정부는 프랑스가 다자간투자협정(MAI) 협상 과정에서 탈퇴한다고 선언했다. 벨기에 등 좀 더 작은 몇 개 국가가 뒤따랐다. 그리고 그때부터 이 회담은 거의 중단되었다고 볼 수 있었다. 하지만 1995년부터 이 협상과정을 주도했던 경제협력개발기구(OECD)는 패배를 인정하려 하지 않았다. 다자간투자협정이 완전히 매장되기 직전이었던 1998년 12월 초에 경제협력개발기구는 소멸을 눈앞에 둔 이 협정과 투자규정을 만드는 데 있어서 경제협력기구가 앞으로 맡게 될 역할 등에 대해 논의하기 위한 회담에 참석해줄 것을 요청하는 조심스런 문구의 초청장을 발송했다. 주요 국제 NGO단체 가운데 두 곳이 이 요청을 수락하였다. 이들이 당황하지 않도록 이름은 밝히지 않겠지만 우리는 이들이 누구였던가를 아직 잊지 않고 있다.

기업과 이들의 전위조직은 때로 대형 비정부단체의 이름을 빌어 자신을 보호하려 한다. 네슬레의 전직 회장이었던 헬무트 마우허의 도움을 받아 코피 아난 전 유엔 사무총장이 만들어낸 유엔 프로젝트 '글로벌 컴팩트(Global Compact)' 를 다시 떠올려보라. 다국적기업은 노동, 인권, 환경의 3개 분야에 걸친 9개 원칙에 서명만 하면 '글로벌 컴팩트' 의 일원이 될 수 있었다. 유엔의 역량 부족으로 인해 이 기업은 감시도 받지 않고 아무런 대가도 지불하지 않은 채 유엔의 이름을 빌릴 수 있게 된 것이다.

유엔은 '국제자유노동조합연합(ICFTU)' 을 비롯한 몇몇 유명 비정부단체에게도 '글로벌 컴팩트' 가입을 요청했지만 우리가 파악하였듯 여기에 참여할 경우 이런 단체는 단지 이 프로그램의 도덕성을 보장하는 역할만 하게 될 것이 분명했다. 현재로서는 국제사면위원회(Amnesty International)가 가입을 고려하고 있는 듯 보인다. 저들이 시도하는 이런 일로 불명예스러운 일을 겪지 않기 위한 최선의 방책은 통제는커녕 우리의 감시조차 받을 리 없는 단체와는 지나치게 가까이 지내지 않는 것이다. 특히 지속적인 관계 유지는 피해야 한다.

대화란 언제나 바람직한 것이고 전략적 돌파구가 생길 수 있다는 가능성은 언제나 염두에 두어야 하지만 다른 모든 경우와 마찬가지로 대화 과정에는 상대적 권력관계가 반영되기 마련이다. 따라서 이에 대비하기 위해서는 분명한 목표와 전제조건의 설정이 필요하다. 이를테면 '당신들이 △△일까지 ○○를 실천한다면 당신들─기업체나 기관─이 우리와 진지한 태도로 대화에 임하려 한다는 사실을 인정하겠다'와 같은 자세가 필요한 것이다. 적절한 시간 내에 이러한 목표가 충족되지 않는다면 회의장에서 나와 좀 더 생산적인 다른 업무로 돌아가는 편이 나을 것이다. 변화해야 할 것은 기업과 기관이지 시민단체가 아니다. 따라서 시민단체는 자신들이 방패막이로 이용될 수도 있는 대화의 장에 들어가기 전에 얻고자 하는 바가 무엇인지를 분명히 파악해야 한다.

'우리'의 정체성

그렇다면 사적, 그리고 공적 영역에서 가진 자들에 맞서 대항할 수 있는 사람들은 대체 누구인가? 이들과 싸움을 벌이기 위한 전쟁터에서, 그리고 협상 테이블에서 이들과 마주하고 있는 이 집단은 분명히 규정하기도 어렵고, 모든 경우에 가리지 않고 사용되는 대명사 '우리'란 말로 지칭되고 있다. 나 또한 '우리'란 표현을 계속해서 사용해왔지만 이제는 이 점에 대해 비판적으로 살펴보아야 할 때가 온 듯하다. '우리'란 단어를 계속 사용하다 보면 기본적으로 공통의 관심사를 가진 선량한 사람들로 이루어진 행복한 인간 집단이 존재하는 듯한 느낌을 받게 된다. 이 '우리'에 해당하는 집단이 다 함께 이런저런 일들을 해내기만 한다면 기아와 불행은 사라지고 부를 공유할 수 있으며, 모든 아이들이 자신의 땅을 얻게 되는, 즉 새로운 세상이 도래할 수 있을 것만 같다. 하지만 이러한 믿음은 본질적으로 잘못된 것이다.

어떤 상황에서나, 그리고 특히 결정적인 역사적 고비의 시기에는 언제나 이 '우리'에 속해있는 사람이 누구인지를 분명히 인식해야 한다. '우리'에 해당하는 집단은 시대에 따라 변하고 함께 하는 세력 집단이 누구인가에 따라서도 변할 것이다. 따라서 우리의 적수로부터 양보를 얻어내려는 노력을 벌이기 이전에 이 '우리'가 누구인지에 대한 세심한 분석이 필요하다. 가진 자들은 변화를 요청하는, 그리고 자신의 이익에 도전하는 집단과는 동일한 이해관계를 가질 수도 없고, 또 갖고 있지도 않기 때문이다. 이러한 과정은 세력 균형에 대한 분석이라고도 볼 수 있다. 우리의 적수는 '우리'가 충분한 수적 세력을 확보하고 결연한 태도를 보일 때에야 비로소 우리의 존재를 인식하고 존중하며 대화를 시도하게 될 것이다.

기존 해결책의 효과에 대한 착각

사람들이 흔히 갖고 있는 또 다른 오해는 변화의 추구를 목표로 미리 만들어둔 대책이 갖는 효과에 대한 것이다. 이러한 믿음이 새로운 것은 아니다. 19세기 개혁가이자 유토피아주의자였던 로버트 오웬은 '인류를 무지, 가난, 분열, 죄악과 고통으로부터 해방시키기 위한 세계적 협정'을 진지하게 제안한 바 있다. 나는 이와 비슷한 내용을 담은—비록 대체로 죄악에 대한 언급은 빠져 있지만—제안서를 편지와 인터넷을 통해 셀 수도 없이 받고 있다. 자신의 생각이 받아들여지기를 간절히 원하며 열망에 사로잡힌 사람들은 내가 연설을 마치고 강연장을 나설 때면 직접 제작한 소책자를 내 품에 거의 강제로 안겨주다시피 하기도 한다.

세상의 모든 문제를 일거에 해결하고픈 이들의 바람을 나는 너무나 잘 이해한다. 나 또한 스스로 이런 글을 작성한 경험도 있다. 나는 9·11 직후에 「위기다발시대의 세계협약」이라는 짧은 글을 발표한 적이 있다.[62] 굳이 변명을 하자면 나는 테러리스트가 극악한 활동을 시작한 이 시대에 서구 강대국들이 이번 한 번만이라도 무엇이 자신에게 진정한 이익인지를 인식하고 정책적 변화를 일으킬 작은 가능성이 있지 않을까 하는 생각을 가졌던 것이다. 순진한 생각이었다.

이러한 유형의 해결책 제시가 어떤 것인지는 '문제는 이미 해결되어 있다(supposer le problème résolu)'는 의미의 프랑스어 표현 속에 잘 나타나 있다. 즉 현재 계속되고 있는 문제는 잘못된 논리와 잘못된 정치의 결과라는 것이다. 가진 자들이 정치, 경제, 사회를 자신들의 이익대로 이끌어가는 것을 포함한 자신의 특권을 포기할 마음의 준비를 한다면 이 계획 가운데 몇 가지는 틀림없이 성공할 것이다. 하지만 이 전제조건이 충족되기 전까지는 이 계획의 성공은 요원한 일로 남을 것이다. 다시 말하면 절대로 일어날 수 없을 것이다.

더 나아가 현재 우리가 직면한 모든 문제를 일거에 해결하려는 백지수표 형식의 해결책은 필연적으로 권력과 부의 재분배를 필요로 하기 마련이다. 그럴 가능성은 적어 보이지만 이런 계획이 만약 채택된다면 이는 곧바로 가진 자들의 적대감을 불러일으킬 것이고 그들은 눈 깜짝할 사이에 반격에 나설 것이다. 이러한 형태의 즉각적인 문제 해결법을 제시하는 사람은 가진 자들이 품게 될 적대감은 고려하지 않은 채 문제가 이미 해결된 것이나 다름없다는 가정을 받아들이고 있는 셈이다. 이런 해결책을 내세우는 사람은 대개의 경우 다른 사람을 해칠 줄 모르는 선한 사람이다. 따라서 자본으로 무장한 세력이 이러한 해결책에 맞서기 위해 어떤 태도로 나설 것인지를 제대로 파악하지 못하는 오류를 범한다.

한 가지 작은 예(이 문제에 목숨이 달려 있는 사람에게는 절대로 작은 문제가 아니겠지만)를 들어보겠다. 아프리카의 사하라 사막 이남 지역에서 미국 제약업체가 벌어들이고 있는 돈의 액수는 그다지 많지 않지만 이 기업들은 에이즈 관련 일반의약품이 가난한 환자에게까지 제공될 수 있도록 하는 그 어떠한 조치도 사활을 걸고 저지할 것이다.*

제약업체의 주장은 자신들이 에이즈나 결핵, 또는 말라리아 치료용의 일반의약품에 대한 현재의 입장을 변경할 경우 이상주의자

---

* 칸쿤에서 열린 WTO 각료급회의 개최 직전인 2003년 8월에 불충분한 수준의 합의가 도출된 바 있다.

들은 더 큰 힘을 얻게 되어 다른 질병을 위한 의약품에 대해서도 곧 같은 요구를 할 것이고, 남아프리카공화국처럼 이 의약품들을 생산할 수 있는 능력을 가진 국가가 약품을 가난한 이웃국가뿐만 아니라 부유한 국가를 상대로 수출하게 되리라는 등의 주장을 제기한다. 이들의 주장에는 끝이 없지만 결국 이들의 단순한 한 가지 결론은 모든 것이 시장에 의해 결정된다는 것이다. 이들의 주장에서 시장의 규모와 가치에 대한 논의는 찾을 수 없다.

즉각적인 실효를 꿈꾸는 해결책이 대체로 해를 끼치는 성질의 것은 아니다. 이 가운데 몇 가지는 일부에게는 지금 당장 도움을 줄 수도 있다. 나는 이러한 제안은 모두 지지한다. 누군가의 삶의 짐을 덜어주는 일이라면 그 어떤 것이라도 나는 환영할 것이다. 사람들은 자신이 살고 있는 지역의 문제를 해결하기 위한 실천적 해결책을 만드는 일에 참여해야만 하고 어느 지역에서건 간에 이슈가 되는 사안에 대해서는 행동을 취해야 한다. 아르헨티나 주민은 그들만의 교역 체제를 가질 수 있어야 하고 또 노동자는 파산한 공장에 대하여 스스로 관리에 나서야 한다. 자신들의 논리적 결론에 따라 이러한 행동을 취한다면 이 과정을 통해서만 얻을 수 있는 교육적 효과가 있기 때문에 내가 이러한 실천을 지지한다는 사실을 진실로 믿어주기 바란다.

하지만 내가 이러한 입장을 취한다고 해서 이와 같은 실천이 모두 더해진다면 미래의 어느 날엔가 이런 일들이 세계적으로 이루어질 수 있을 것이라든지 현재의 소득 분배나 권력 분배 구조를 근본적으로 변화시킬 수 있다고 믿는 것은 아니다. 나의 추론은 이미 앞에서 제기했던 바와 같다. 만약 이런 움직임이 제한된 집단이나 특수한 상황을 넘어 확대될 조짐을 보인다면 가진 자들은 즉각적인,

그리고 필요하다면 실력을 동원해서라도 반대에 나설 것이다.

앞으로 한동안은 '지역별교환체제(LETS)'*가 아닌 중앙은행이 발행한 화폐가 계속 이용될 것이고, 대부분의 교통수단이 해바라기씨로 만든 기름이 아니라 그 종류가 무엇이든 초대형기업이 공급하는 연료(아마도 석유 이외의)를 사용할 것이며, 북반구에서 소비되는 커피와 차의 대부분이 '공정거래'에 의해 생산되는 제품이 아니라 우리가 흔히 접하게 되는 다국적기업의 상표를 붙인 제품이 될 거라고 예상하는 것은 바로 그런 이유 때문이다.

그러나 이 주장이 자본의 권력에 순종해야만 한다는 의미를 담고 있는 것은 아니다. 이 주장이 진정 의미하는 바는 대부분의 정치활동이 아무리 소소한 기회라 하더라도 포착하여 공간을 확보하고, 이런 기회를 철저히 활용하여 가장 넓은 의미의 진정한 정치가 실현되도록 해야 한다는 것이다. 내가 보기에 반자본주의 활동이란 손에 넣을 수 있는 모든 수단을 활용하여 기회를 포착하고, 이러한 우리의 공간을 확보하는 것을 의미한다. 그 나머지 부분은 우리의 예측이 불가능한 것이다.

소비자에게 책임이 있다는 생각

우리가 싸워나가야 할 여러 잘못된 생각 중에서도 더욱 보편적으로 퍼져 있고 더 큰 해악을 초래하는 착각은 '우리 모두가 각자

---

* 해당 지역 주민이 국가에서 발행한 화폐를 이용하지 않고도 상품과 서비스를 교역할 수 있도록 해주는 독립적 체제.—옮긴이

자신의 소비행태를 변화시키고 각 개인이 지금과 다른 선택을 내린다면 다국적기업도 변화하지 않을 수 없을 것이다'라는 생각이다. 이러한 접근법은 일면 타당해 보이기도 하고 심지어 시장 중심적인 시각으로 보이기까지 한다. 이 생각에서는 약간의 자학적인 모습까지 발견할 수 있다. 이러한 생각을 가진 사람은 "우리의 잘못이 크다"라는 말도 많이 한다. 오늘날의 모든 문제가 우리 모두의 잘못으로 인해 생긴 것인데 '우리' 모두가 잘못된 소비자이기 때문이라는 것이다.

하지만 이는 절대로 받아들일 수 없는 주장이다. 만약 이렇게 주장하는 사람이 불치의 자학 증세를 가진 사람이라면 이런 생각을 품는다고 해도 어쩔 수 없겠지만 나는 이런 생각에 동의할 수 없다. 우리 모두는 자본주의 사회 속에서 살고 있다. 대안적 소비를 꾸준히 실천함으로써 이러한 체제로부터 벗어날 수 있으리라는 가정은 어리석을 정도의 낙관주의라고밖에 볼 수 없다.

다시 한 번 강조하는 바이지만 내가 윤리적 소비행위에 반대하는 것은 절대 아니다. 오히려 더욱 장려하는 입장이다. 가능한 많은 상품이 최소한의 인적·자연적 손실을 바탕으로 생산되도록 하는 것은 분명 바람직한 일이다. 공정 무역을 추구하는 운동은 이런 변화를 만들기 위한 훌륭한 기제로서 작동하고 있으며, 지역을 불문하고 정직하게 식량을 생산하는 농민에게 감사하고 이들을 후원해야 한다. 하지만 모든 사람의 소비행태에 변화를 기대하는 것은 꿈속에서나 가능한 일이다.

『지구의 나머지 반은 어떻게 죽어가고 있는가?』에서 나는 이러한 잘못된 신념에 대해 '햄버거 한 개 덜 먹기' 운동이라는 조금 색다른 표현으로 언급한 바 있다. 당시에는 '우리 모두가 햄버거를 하나씩만 덜 먹는다면' 햄버거에 들어가는 가축을 기르는 데 쓰일 곡식이 어떻게든 배고픈 사람의 식량이 될 수 있을 거라는 믿음이 유행처럼 번지고 있었다. 좋은 의도로 햄버거 한 개 덜 먹기 운동에 열광했던 이 사람들은 육식으로 배를 불리는 사람과 남반구의 굶주린 사람 사이에 직접적인 연관성을 상정하고, 자신의 웰빙이나 그 어떤 윤리적 원칙에 따르기 위해서가 아니라 '우리' 모두 이를 실천한다면 가난한 사람들이 더 많은 식량을 얻을 것이기 때문에 채식주의자가 되어야 한다는 생각이었다.

또 다시 내가 악역을 맡아 이러한 믿음은 순진한 생각이라고 말하게 되어 안타깝지만, 설령 육류 수요가 상당히 감소한다 하더라도 그 결과는 육류의 공급 감소일 뿐이라는 사실에는 변함이 없다. 소를 키우는 농가의 수가 줄게 될 것이고, 소를 먹이기 위한 사료로 쓰일 작물 재배도 줄어들 것이다. 우리가 육류소비를 줄임으로써 가난한 이들에게 돌아갈 식량이 더 생기는 것은 아니다. 기아 문제는 가난한 사람들을 둘러싸고 발생하는 것이다. 한마디로 정리하자면 기아는 이들에게 곡식을 재배할 땅이 없거나 곡식을 구매할 수 있는 돈이 없어서 초래되는 것이다. 여기에서도 다시 부와 권력의 논리가 드러난다.

설령 육류소비량(혹은 다른 종류의 소비)을 줄이는 것이 해결책이 될 수 있다 하더라도 햄버거를 좋아하는 많은 사람에게 소비를 줄이라고 설득하는 일이, 특히나 이들에게 햄버거를 살 수 있는 돈이 있는 한 그러한 일이 가능할지에 대해 나는 회의적이다. 통계적으로 보면 조금이라도 경제적으로 잘 살게 된 사회에서는 두 가지 품목의 소비가 증가함을 알 수 있는데, 이는 바로 육류와 에너지다.

하지만 이런 보편적 진실도 잠시 접어두자. 저스틴 포더의 언급처럼 "부유한 국가에 살고 있는 사람의 일상적인 소비는 체제의 결과물이지 그 원인이 아니다." 포더는 계속해서 다음과 같이 적고 있다. "가난한 국가 사람들이 굶주리는 것은 부유한 국가 국민들의 소비 때문이 아니지만, 양쪽 사람들 모두 자신들에 대해서는 전혀 고려하지 않는 체제에 의해 이용당하고 있다." 그리고 뒤이어 포더는 핵심을 찌르는 말을 남긴다. "부유한 국가의 국민들에게 역사가 가혹한 판결을 내린다면 이는 개개인의 소비를 둘러싼 선택 때문이 아니라 이러한 선택이 이루어지도록 하는 환경을 만들어내는 지배와 권력의 구조에 대항하여 싸우지 않았기 때문일 것이다." 동감하지 않을 수 없는 지적이다.[63]

기업이 고려 대상으로 삼는 유일한 소비자 행태란 자신의 마케팅에 의해 조직되고 광고에 의해 형성되는 행태뿐이다. 개인들이 생활태도를 변화시킨다 하더라도, 그리고 수많은 개인들이 각자 많은 변화를 일으킨다고 하더라도 이들 기업의 규모가 너무나 압도적이기 때문에 어떤 효과를 기대하기란 힘들다. 홍보를 잘해서 조직해내는 대중적 구매거부 운동은 전적으로 다른 문제이며 영향력을 발휘할 수 있다. 하지만 기업 측의 반격도 거세게, 그리고 분명하게 이루어질 것이고 이들도 대중이 쉽게 받아들일 수 있는 반론을 제기할 것이기 때문에 이러한 구매거부 운동을 너무 자주 전개할 수도 없는 노릇이다. 구매거부 운동을 전개하기 전에는 참여가능 인원을 예측하는 것이 중요하다. 만약 이러한 예측을 게을리 한다면 추진하려던 운동의 약점을 노출시킴으로써 오히려 역효과를 볼 수도 있다.

집단적으로 이용한다면 '낙인찍기'는 아주 강력한 도구가 될 수 있다. 기업이 자신의 명성에, 특히 브랜드에 결정타를 입는 것만큼이나 두려워하는 것도 없다. 남아프리카공화국의 아웃스팬 오렌지에 대한 불매운동이나, 정유업체 셸을 상대로 나이지리아 오고니족에 대한 학살*과 북해 시추작업에 대한 책임을 물어 진행했던 불매운동은 언론의 도움으로 성공을 거둔 경우였다. 이런 불매운동은 남아프리카의 인종차별정책 종식에, 그리고 셸의 명성이 응분의 대접을 받아 땅에 떨어지도록 하는 일에 기여했다.

하지만 이러한 시도에는 역동적이고도 창의적인 조직구성이 뒷받침되어야 한다. 개인의 생활양식이나 소비습관의 변화, 순전히 희망에 근거한 사고방식 등은 이러한 활동과 아무런 관련이 없다. 이러한 개인적 변화를 통해 기분이 좋아진다거나 건강해진다면 좋은 일이겠지만 그런 변화를 통해 더 큰 세상에 보탬이 되었다는 자부심을 느끼는 일은 없기를 바란다. 그리고 그런 일로 우리에게서 박수를 받을 것이라는 기대도 접어야 할 것이다. 우리에게는 그보다 중요한 일이 더 많다.

---

* 1990년대 초반 나이지리아의 오고니족은 거주 지역에서 정유업체 셸이 환경파괴를 일삼으며 시추를 계속하자 회사의 철수와 보상을 요구하며 집단행동을 추진하였다. 이를 저지하기 위해 1994년 5월과 6월에 걸쳐 정부군이 자행한 테러로 2천 명의 민간인이 사망하고 10만 명의 난민이 발생했다. — 옮긴이

10장 비폭력의 의미

적수를 상대로 폭력으로 맞서는 일이 정당한 것일까? 지구촌 정의실천 운동에 참여하는 모든 사람이 이 문제에 대해 어떤 해답을 내놓을 것인가의 문제는 이 운동의 미래에 있어 매우 큰 중요성을 갖는다. 내 개인적 입장은 지구촌 정의실천 운동이 벌이는 집회가 그 어떠한 폭력도 수반해서는 안 된다는 것이다. 그 이유에 대해 이제부터 설명하려 한다.

적어도 미국 혁명과 프랑스 혁명 이후로, 압제에 대항하기 위한 수단으로서 폭력의 효과와 정당성을 둘러싼 문제는 근대정치운동에서 핵심적 사안으로 다루어져왔다. 1775년 벌어진 보스턴 차 사건의 주동자들은 부당한 과세에 대항하여 정치적 '쇼'로 맞섰다. 인디언 복장을 한 미국 식민지 주민은 당시로서는 엄청난 금액이었던 7만 5천 파운드 상당의 영국 차 373상자를 보스턴 항구 앞바다에 던져버렸다. 사유재산에 대한 폭력행위에 해당하는 이 행동은 메인주에서부터 조지아주에 이르는 지역의 식민지 주민으로부터 박수갈

채를 받았고, 예상대로 영국 왕실은 이에 대해 강도 높은 압박을 가하기 시작했다. 그 결과 미국의 독립선언과 프랑스 혁명 전쟁이 초래되었다.

프랑스 혁명부터 러시아 혁명, 그리고 그 이후의 여러 사건까지 너무나 많은 사례가 있기 때문에 우리가 여기서 지난 200년간의 관련 역사를 모두 살펴볼 필요는 없겠지만 정치와 폭력 간의 관계에 대한 논쟁, 특히 국가권력이 걸려 있는 상황에서 정치와 폭력 간의 관계에 대한 논쟁이 오랜 기간 계속되어왔다는 사실은 염두에 둘 필요가 있다.

그러면 여기서 우리의 현재 상황을 간략히 정리해보자. 우리는 권력과 이익의 축적을 목표로 삼으며 시장의 가치가 인간의 가치에 우선하고 초대형 다국적기업과 금융시장의 지배가 특징인 신자유주의적 자본주의 세계화에 대항하여 세계적인·조직적 저항운동을 시작하는 새로운 역사적 단계에 진입하고 있다. 인간의 모든 활동이 상품화되고, 세계은행, IMF, WTO, 그리고 유럽위원회와 같은 초국가적 기관이 많은 민간 기관과 더불어 신자유주의적 기획에 기여하고 있고, 그 결과 불평등의 심화와 인간의 배제, 그리고 많은 사람의 죽음이 초래되고 있다.

우리 앞에 놓인 문제는 이 적수들과 여러 문제에 대항하여 폭력으로 맞서는 일이 가능할 것인지를 결정하는 일이다. 괴테보르그와 제노바에서 2001년 6월과 7월에 발생했던 사건들, 그리고 같은 해에 발생한 9·11 테러 등이 남긴 강력한 여파로 인해 운동에 참여하는 거의 대다수가 이제는 우리 자신의 폭력 사용에 반대하는 입장을 보이고 있다. 나는 이러한 경향이 현실이기를 바라지만 이 정도의 변화로는 충분치 않을 수도 있으며, 우리가 새로이 직면하고 있는 현 상황은 또 다른 문제점을 제기하고 있다.

이 문제가 처음 전면에 등장한 계기가 되었던 사건에 대해 먼저 알아보자. 대부분의 평론가들은 세계화에 대한 대중적 저항이 WTO에 치명타를 남기고 폐막된 WTO 시애틀 각료회의(1999년 11, 12월) 때부터 시작되었다고 보고 있다. 시애틀 집회에 모인 수만 명은 놀랄 정도의 비폭력적 모습을 보였다. 이 가운데 상당수는 집회에 앞서 비폭력 저항의 실천을 위한 훈련을 이미 받은 상태였다. 이들은 최루가스와 곤봉 세례 앞에서도 꿈쩍하지 않고 자리를 지키는 놀라운 용기를 보여주었다.

여느 때와 다름없이 언론은 이들 수천 명의 평화적 시위대에 대해서는 거의 언급하지 않은 채 창문을 깨고 상점을 부수며 쓰레기통에 불을 지르던 검은 옷차림의 덩치 큰 청년 수십 명만 부각시켜 보도하였다. 같은 날 밤에는 시위에는 참가하지 않았지만 이 소란을 틈타 상점의 물건을 가져가려고 도심으로 진입한 시애틀 빈민 거주지역 주민들이 이 청년들과 합세했다.

이후 유럽에서 벌어진 집회는 훨씬 더 심각한 사건으로 이어졌다. 스웨덴의 괴테보르그에서는 경찰이 시위대 진압을 위해 말과 경찰견을 동원했고(이들은 그러한 방법을 사용하지 않을 것이라고 약속한 바 있다) 집회에 참가한 청년 세 명이 실탄에 맞는 사건도 발생했다. 다행히 회복되기는 하였으나 이 가운데 한 명은 중태에 빠지기도 했다. 한 달 뒤 G8 정상회담에 반대하기 위해 개최된 제노바 집회에서는 경찰이 다시 실탄을 발사하여 카를로 줄리아니라는 청년의 목숨을 앗아갔다.

그리고 이탈리아 경찰은 활동가들이 자고 있던 학교를 급습하였다. 이들은 저항도 하지 않던 사람들을 마치 사냥이라도 하듯 잡아

발로 차고 곤봉으로 구타했다. 최소 백여 명이 중상을 입었지만, 경찰의 이러한 수치스런 폭력행사에 대해 베를루스코니 총리가 공식 조사를 약속했음에도 불구하고 아직까지 아무런 조치도 취하지 않았다(그다지 놀라운 일도 아니지만). 따라서 사건의 전말에 대해서는 알려진 바가 없다. 민간 차원에서 조직된 조사위원회의 결과는 아직 공개되지 않았지만 현장에서 촬영된 필름은 경찰의 과잉진압 정도—이들이 그저 명령에 따라 움직인 것일 수도 있지만—를 분명히 보여주고 있다.

대부분의 사람들과 기자들이 '반세계화 운동의 폭력성' 에 대해 이야기할 때 다루는 사건을 아주 간략히 정리해보면 대개 이상과 같다. 스칸디나비아 지역에서는 이 사건들이 계속해서 신문의 1면을 차지했고, 이로 인해 괴테보르그 시위 이후 1년도 훨씬 넘는 기간 동안 운동세력 전체가 무력해지지 않을 수 없었다. 2003년 들어 스칸디나비아 지역의 운동이 점차 활력을 되찾고 있는 듯 보이기는 하지만 이 지역에서는 일찍이 이러한 충돌사태가 발생한 적이 없기 때문에 이 기억들은 영원한 상처가 되어 남을지도 모른다.

이와는 대조적으로, 세계은행과 IMF에 반대하여 열렸던 2004년 4월의 워싱턴 집회, 2001년 6월과 2002년 3월의 바르셀로나 집회, 그리고 2002년 11월 피렌체에서 개최된 대규모의 유럽사회포럼 집회에서는 폭력사태가 전혀 발생하지 않았다. 집회에 앞서 선동적 기자인 오리아나 팔라치가 폭력사태가 일어날 것이라고 예측(그녀는 그런 사태를 바랬을지도 모른다!)하고 피렌체 주민과 상점 주인들에게 창문을 모두 닫고 집안에 피신해 있으라는 경고까지 했던 상황이었기에 백만 명에 이르는 사람들이 민주주의와 평화를 외치며 행진하는 광경은 더욱 감격적이었다.

우리는 우선 사람에 대한 폭력과 재산에 대한 폭력을 구분할 필요가 있다. 내 개인적으로는 부당한 경제체제로 인한 것이든, 국가나 테러리스트에 의해 자행되는 것이든 혹은 시위대에 의한 것이든 간에 사람을 상대로 행하는 모든 폭력에 반대한다. 나의 이러한 반대는 도덕적 이유에 근거한 것이다. 세계무역센터에서 그랬듯이 일터에 나와 있는 사람을, 혹은 불행히도 단지 그때 그 자리에 우연히 있었던 사람을 살해하는 경우나 바스크족의 테러리스트처럼 특정 정치인이나 공직자를 목표로 자행하는 테러, 그리고 시위대를 상대로 실탄을 사용하는 행위 등은 절대로 용인할 수 없는 비열한 행위다. 누가 저지르는가에 상관없이 살인은 살인일 뿐이다.

사람을 상대로 한 폭력은 진정한 정당방위이거나, 혹은 생명을 구함으로써 전체적 폭력 수준의 감소에 기여하는 경우에만 정당화될 수 있다. 예를 들어 사태가 악화되기 이전에 히틀러의 암살이 이루어졌다면 이런 경우에 해당했을 것이다. 하지만 그렇다고 해서 상황을 격화시켜 우리의 폭력 사용이 정당방위가 되도록 고의적으로 경찰을 자극하여 그들이 폭력을 사용하도록 만들어도 된다는 의미는 아니다.

또한 우리는 사람을 상대로 한 폭력이 정당화될 수 있는 여러 상황도 구분하여 고려할 수 있어야 한다. 한 국가가 다른 국가의 점령을 받고 있을 때에는 어떠한 종류의 저항이라 할지라도 정당한 것으로 인정받을 수 있다. 다른 저항 수단이나 사태를 바로잡을 수 있는 법적 제도에 의존할 수 없는 전체주의 국가에서도 폭력은 정당화될 수 있지만 이런 상황에서도 폭력에 의존하는 것이 언제나 현명한 방식은 아닐 수 있다. 소련 치하의 전체주의 체코슬로바키아에서 바츨라프 하벨과 그의 동지들은 폭력 사용을 거부하였음에도 불구하고 벨벳 혁명을 이룰 수 있었다. 아무리 많은 결함이 있다고 하더라도 발언과 언론의 자유가 보장되어 있고 권력으로부터 독립된 사법체계가 확립되어 있는 민주국가에서는 인간을 상대로 한 폭력이 선택의 한 가지가 되어선 안 된다.

그렇다면 다수가 모이는 집회에서 발생하는, 재물에 대한 폭력은 어떻게 보아야 할까? 여기서 내가 제안하는 주장은 다소 전략적 성격을 띠고 있다. 재산에 손실을 끼치는 행위는 도움이 되지 않는다. 이러한 행위는 집회 참여자들이 추구하는 목표의 달성에 해가 될 뿐이다. 특히나 이러한 행위가 소규모 상점이나 일반인의 차량 등에 행해질 때에는 역효과만 초래한다. 은행 유리창을 부수는 행위는 유리 판매업자의 영업에는 도움이 될 수 있을지언정 다국적 자본을 상대로는 상징적 효과조차도 거둘 수 없다. 따라서 나는 이러한 행위에 대해 정치적, 현실적, 그리고 전략적 이유로 반대한다.

하지만 나는 잘못된 현실을 바로잡기 위한 모든 민주적 방법을 시도했음에도 그 모든 노력이 실패로 끝났을 때 행해지는 재물에 대한 폭력은 때로 정당화될 수 있다고 믿는다. 호세 보베와 그의 동료들이 프랑스 남부에 건설 중이던 맥도널드 점포를 허물어버린 경우나 재배 중인 유전자 조작 식물을 뿌리째 뽑는 행위 등은 이런 사례 가운데 성공적이었던 것으로 꼽는다. 나는 이런 행위가 보스턴 차 사건을 떠올리게 하는 경우라고 보는데, 여기서는 기업체나 WTO가 영국의 국왕 조지의 역할을 하는 셈이라고 볼 수 있겠다.

유럽이 호르몬 주사를 맞은 미국산 쇠고기 수입을 거부하자 미국이 이에 대한 보복으로 자그마치 1억 천6백만 달러에 달하는 보복과세를 부과한 조치가 WTO에서 승인되자 여기에 대한 항의 표시로 맥도널드 사례가 발생했다는 사실을 많은 사람들은 잊고 있다. 미국이 보복성 과세를 부과했던 품목 중 하나가 로크포르 치즈였다. 프랑스 빈곤 지역에서 양을 기르던 보베와 그의 동료들은 아무런 잘못도 없이 갑자기 큰 시장과 생계수단을 잃게 되었고, 이들에게는 불만을 제기할 수 있는 민주적 수단이 전혀 주어지지 않았다.

오래 전에 멀리 떨어진 곳에서 다른 사람이 내린 결정—호르몬을 먹고 자란 쇠고기의 수입을 거부한 유럽의 결정이 옳은 것이었다고 할지라도—으로 고통 받게 된 농부들에게 유죄판결을 내리는 법체계란 나의 상식으로는 도저히 받아들일 수 없고, 납득할 수도 없다. 왜 이들이 자신들과는 아무 상관도 없는 잘못으로 인해 벌을 받아야 하는가?

나는 환경에 초래될 위험과 우리의 식량을 대기업이 모두 생산하게 됨으로써 초래되는 위험이 기업의 실험용 재배지에 끼칠 손실보다는 훨씬 크다고 판단했기에 유전자가 조작된 유채꽃을 뽑는 행동에 직접 참여하기도 했다. 프랑스 법에 따르면 위험에 처한 사람을 돕지 않는 행위는 범죄에 해당된다. 유전자 조작 식물이 환경을 오염시키도록 내버려두는 것은 위험에 처한 사회를 돕지 않는 범죄 행위에 해당된다고 생각한다. 필요하다면 나는 다시 이러한 행동에 동참할 것이다.

강자의 폭력

운동 참가자 가운데 일부는 전 세계적으로 만연해 있는 구조적 폭력의 정도를 감안한다면 우리의 그 어떠한 전략도 모두 정당화될 수 있으며, '우리'가 어떤 일을 하더라도 세계적인 경제 및 정치 체제에 의해 자행되는 폭력에 비하면 아무 것도 아니라는 생각을 갖고 있다. 일리가 있는 지적이다.

만약 누가 저질렀는가에 상관없이 살인이 모두 같은 것이라면, 우리가 모든 것을 충분히 가진 상황에서 사람들이 가난과 기아로 불필요하게 목숨을 잃는 일을 방치하는 행위 또한 용납되어서는 안 된다. 인류의 반이 처해 있는 현재 상황도 세계적인 폭력의 결과물로 볼 수 있는 것 아닐까? 충분히 예방할 수 있는 질병으로 매일같이 천 명의 아이들이 전 세계 어디에선가 죽어가고 있다면, 그리고 앙골라처럼 세 명 중 한 명이 5세 미만에 죽는 상황이라면, 이는 이 아이들과 그 가족에 대한 폭력이 아니겠는가? 자연이 너무나 파손되고 토지가 너무 오염되어 더 이상 농사를 짓지 못하게 된다면 이는 자연에 의존해 살아가고 있는 인간에 대한 폭력이 아닌가? 에이즈 환자가 좀 더 나은 조건에서 살도록 해줄 수 있는 의약품이 분명 존재하는데 그저 서서히 죽어가도록 내버려두는 일이 폭력이 아니라고 할 수 있는가? 열악한 환경에서 하루 12시간씩 중노동에 시달리는 여성과 아이들이 경험하고 있는 것이 폭력이 아니라고 할 수 있는가? 이런 예는 셀 수 없이 많다.

운동 참여자들은 IMF와 세계은행 등의 단체가 때로는 해당 지역 주민의 생계를 직접 파괴시키는 여러 사업을 통해, 또 때로는 장기적으로 폭력을 공고히 하는 정책 틀을 만들어냄으로써 이러한 구조적 폭력을 행하고 있다고 믿는다. 나도 이 점에 대해 동의한다.

남반구 국가에서 부채가 초래하고 있는 고통은 수백만의 죄 없는 사람에게 이러한 구조적 폭력이 어떻게 작용하는지를 보여주는 교과서이다. IMF와 세계은행은 이 부채를 이용하여 막대한 권한을 갖게 되며, 이들이 실행하는 구조조정 프로그램은 이들이 행사하는 폭력의 결정체와 같은 것이고 이 프로그램으로 인해 직접적인 폭력이 빚어지기도 한다. 빵, 쌀, 물, 식용유, 연료처럼 생존을 위해 반드시 필요한 물품가격이 두 배, 세 배로 치솟으면 사람들은 거리로 나서게 된다. 이러한 시위에 나서는 사람들은 스스로를 'IMF시위대'라고 부른다. 수십 개 국가에서 이런 시위가 발생했다. 이들 시위로 인해 수백 명이 목숨을 잃고 부상을 당했으며, 또 투옥되었다. 하지만 이러한 폭력은 무엇으로부터 비롯되는 것인가? 이들 폭력이 시위참가자 때문에 생기는 것인가, 아니면 이들에게 견딜 수 없는 희생을 강요한 조직으로부터 비롯되는 것인가?

내가 국제형사재판소에서 심판을 받아야만 할 사람으로 우선 꼽고 싶은 인물은 첫 번째로는 헨리 키신저—여러 가지 명백한 이유가 있다—이고, 두 번째로는 사람들을 죽음으로 몰아넣는 IMF 정책을 아무런 죄책감도 없이 13년간 총괄한 미셸 캉드쉬이다(현재는 교황청의 '정의 및 평화 위원회' 소속이다).

북반구에서 운동에 참여하고 있는 사람들은 자신의 국가 정부를 남반구에서 벌어지고 있는 폭력의 공범자로 인식하기도 하는데, 이는 정부가 위에서 언급한 다국적 기관의 주요 후원자이자 기부자이기 때문이다. 사실상 모든 정치지도자에 대한 불신이 증대되고 있다는 점이 갈수록 두드러지는 저항 운동의 경향인데 이는 앞으로 벌어질 정치를 염두에 둔다면 여러 가지 측면에서 우려해야 할 추세이다.

현명한 분노

내 경험상 오늘날 많은 사람, 특히 젊은이들은 국제 문제에 대해 자연스런 관심을 갖는 듯하다. 이들은 자신의 개인적 삶과 국내정치뿐 아니라 지구 반대편에서 벌어지고 있는 일에 대해서도 진지한 관심을 갖는다. 이들은 유럽연합이나 G8에 속한 자국 정부 인사가 마치 전 세계에 대한 지배권이라도 가진 듯 매우 거슬릴 정도로 화려한 회의장에 모여 가소로울 정도로 빈약한 내용의, 그리고 구체적인 결과는 전혀 없을 것이 뻔한 회담문만 만들고 있는 모습을 보며 분노한다.

남긴 것이라고는 아무 것도 없는 제노바 회담을 떠올려보자. 2001년에 G7 정상은 에이즈, 말라리아, 그리고 결핵 퇴치를 위해 15억 달러를 모금하기로 약속했다. 하지만 이로부터 불과 수주일 전에 코피 아난 유엔 사무총장이 에이즈 퇴치 한 가지를 위해 70억 내지 100억 달러의 자금을 요청한 상태였다. 그리고 G8 정부는 그나마 자신들이 했던 약속마저 이행하지 않았다. 조지 부시는 2003년 여름 아프리카에서 똑같은 약속을 했다. 몇 해 전과 다를 바 없는 면면의 정치인들이 다시 모여 여러 해에 걸친 진정한 의미의 부채탕감을 약속했지만 이 역시 실천되지 않았다. 2003년 프랑스의 에비앙에서 열린 G8 회담에서도 동일한 결의안이 작성되었고, 사람들은 멋지고도 공허한 약속만 반복할 뿐이었다.

환멸감이 일어날 정도의 불평등을 이들 각국 정상과 언론이 계속해서 무시하고 있는 현 상황에 내재된 구조적 폭력이 어떤 것인지를 보여주는 예는 셀 수 없이 찾아볼 수 있다. 모범이 되기는커녕 잘못된 결정만을 내리는 이 정치지도자들에게서 진실된 모습을 발견할 수 없다는 사실에 대해 일반인은 의분을 느끼고 있다. 이들에게 분노를 느껴 무언가를 부수거나 누군가에게 주먹을 날리고 싶은 충동을 느끼기 십상이지만 G8과 IMF 등의 수뇌부는 우리에게서 너무 멀리 떨어져 있다.

합법적 폭력의 독점

하지만 여전히 의문은 남는다. '이들'의 구조적 폭력에 대항하여 우리가 폭력 시위로 맞서는 것이 현명하거나 효과적인 일이라고 할 수 있을까? 독일의 사회학자 막스 베버는 국가란 '합법적 폭력의 독점체'라는 유명한 정의를 내린 바 있다. 즉 국가기구는 경찰, 경찰견, 총, 군대, 법정, 그리고 감옥을 갖추고 있다. 그리고 대체로 국가기구는 형벌로부터 자유롭다. 정당방위까지 포함한 어떠한 상황에서라도 만약 당신이 경찰을 살해한다면 아마도 당신은 여생을 감옥에서 보내게 될 것이다. 하지만 당신이 범행을 저지르는 상황도 아닌데 경찰에게 살해당할 경우 당신 가족은 도움을 청할 곳도 찾기 힘들 테고, 보상을 기대하기도 어려울 것이다.

군대와 경찰을 폭력에 기반한 국가기구라고 한다면 테러조직은 폭력에 기반한 비국가기구라고 할 수 있다. 이들은 대개의 경우 자신이 민족해방이나 부당한 정권타도 등 가치 있는 명분을 위해 활동하는 거라고 주장한다. 이들 중에서 훗날 수상직에 오르는 인물이 나오기도 한다. 이스라엘의 경우를 보면 말이다.

9·11 테러는 전 세계를 충격으로 몰아넣었다. 빈곤과 인간 사이의 상호배제 문제를 해결함으로써 이런 끔찍한 테러를 제거할 수 있으리라고 말하는 이들도 있었다. 언뜻 그럴듯해 보이는 주장이지

만 나는 알카에다와 관련해서는 이런 주장이 타당하지 않다고 본다. 밝혀진 바에 따르면 9·11 테러를 감행한 사람들은 교육을 받은 중산층, 혹은 상위층의 아랍인들로서 대부분은 사우디아라비아와 예멘 출신이었고 이들은 팔레스타인 사람들이 처해 있는 곤경이라든가 자국의 빈곤 문제 등에 대해서는 관심을 갖고 있지 않았다.

빈곤과 민족 간 갈등 등의 문제가 원한의 감정을 초래할 수 있고 이러한 감정이 폭력으로 이어질 수 있다는 사실, 특히나 이러한 감정이 근본주의적 종교와 결합될 경우 전 세계 어느 지역에서나 분쟁을 야기할 수 있고, 또 그렇게 되고 말리라는 점은 분명하다. 우리에게는 증오감이 발생되는 상황을 줄여나가야 할 의무가 있지만 그렇게 한다고 해서 모든 폭력이 끝날 것으로 믿어서는 안 된다.

알카에다가 무고한 희생자를 대상으로 저지른 행동은 어떤 식으로도 정당화될 수 없다. 다른 나라의 무고한 시민은 거의 고려하지 않은 채 행동하는 미국에게도 동일한 비판이 적용된다. 과거 인도차이나 반도의 경우나 최근의 이라크 사태에 이르기까지 미국이 벌인 폭격과 군사작전, 그리고 미국의 후원 하에 벌어진 쿠데타 등으로 인해 수십 개 국가에서 헤아릴 수 없을 정도로 많은 민간인 사상자가 발생했다는 사실을 우리는 알고 있다.

또한 미국이 그 이전에는 사담 후세인을 후원했듯이, 소련을 등에 업고 있던 아프가니스탄 정권이 1992년 붕괴되자 사실상 탈레반 형성을 주도하고 있던 빈 라덴에게도 도움을 제공했다는 사실은 잘 알려져 있다. 미국이 직접 참전하지 않더라도 전쟁에서 사용되는 무기는 미제인 경우가 많다. 이스라엘이 어떤 정책을 추진하더라도 흔들림 없는 지지를 보내는 미국의 태도를 어떻게 이해해야 할까? 조지아주 포트 베닝에 있는 '아메리카지역학교'에서 50년간 수천 명의 고문기술자와 암살단이 배출되었다는 사실에 대해서는 어떻게 변명할 수 있을 것인가?

"우리의 적을 가능한 최단시간 내에, 가능한 무참히 말살시키는 작업에 착수해야 한다."는 주장은 누구의 말처럼 들리는가? 빈 라덴? 아니다. 이는 전직 공화당 상원의원이자 대선 주자로 나서기도 했던 존 맥케인이 〈월스트리트저널〉에 기고한 글에서 부시 정권을 상대로 아프가니스탄에서의 확전을 촉구하며 한 말이다. 다른 나라 국민의 생명도 미국인의 생명만큼이나 소중하다는 사실에 대한 인식은 그 어느 곳에서도 찾아볼 수 없다. 지구촌 평화운동이 유럽에서는 반미 운동으로 변해버렸다는 비난을 때로는 받기도 한다. 이는 잘못된 비난이다. 실상 반미주의의 중요한 축을 이루고 있는 것은 미국인 자신이다. 우리는 미국 정부, 그리고 일방적 태도의 미국 지도부가 추구하는 폭력적 노선에 동참하는 모든 국가의 정부를 상대로 정당한 비난을 제기하고 있는 것이다.

이라크 전쟁에 대한 논의는 책 한 권을 써도 모자라므로 여기서는 다루지 않도록 하겠다. 부시 행정부가 즉각 또 다른 전면전을 수행할 수는 없겠지만 부시 행정부가 추진하는 정책의 핵심이 되어버린 폭력과 전쟁의 성격이 얼마나 소름끼치는 것인지가 이라크 전쟁을 통해 명백히 밝혀졌다.

우리의 자세

'그들'이 행사하는 폭력의 면면에 대해 간략히 살펴보았으므로 이제는 '우리'가 행사하는 폭력에 대해 살펴보자. 나 스스로가 이 운동에 참여하고 있으며 나의 정치 활동은 나 자신의 신념에 기초하고 있고, 또한 우리가 행사하는 폭력은 누구에게도 위험한 것이 아니라는 믿음은 순진하고도 어리석은 것이 될 것이므로 나는 여기서 '우리'라는 표현을 사용하였다. 우리가 행사하는 폭력이 우리 자신에게, 그리고 우리가 지키려는 목표에 위험한 것이기 때문에 '그들'이 우리의 폭력 행사를 부추기고 있다는 그 이유만으로도 우리의 폭력은 위협이 될 수 있고, 또 그렇게 되고 말 것이다.

폭력을 행사하는 우리 측 사람이 잘못된 생각을 갖고 있는 것일 뿐 아니라 운동에 참여하고 있는 다른 사람과 우리 스스로 지키려는 목표에 매우 큰 악영향을 끼치고 있다는 것이 나의 주장이다. 이 주장을 뒷받침하는 이유는 다음과 같다.

● 폭력은 언론과 일반 대중의 관심이 운동에 참여하고 있는 99%가 전달하고자 하는 메시지가 아닌, 우리 가운데 극소수의 행동에만 치중되도록 만들어 우리의 주장이 일반 대중에게 전달되지 못하도록 한다.

그 결과 괴테보르그에서 나를 포함한 7명의 시위대 대표단과 로마노 프로디(이탈리아 총리), 자비에 솔라나(유럽연합 외교정책 대표), 요슈카 피셔(독일 외무장관), 그리고 스웨덴과 포르투갈 총리 사이에 설치되었던 대형 차단벽에 대한 긴 논쟁은 언론에서 전혀 다루어지지 않았던 것이다. 집회에 앞서 열렸던 여러 논의와 포럼, 평화적인 행동도 언론을 통해 알려지지 못했다.

700여 개 이탈리아 단체의 주최로 매우 다양한 주제에 대해 수없이 많은 토론회가 개최되었고, 참가자들이 자신의 목표와 입장에 대해 쉬지 않고 설명하며 토론을 나누었던 '제노바 사회포럼'에서도 같은 사태가 일어났다. 이 포럼이 막을 내리고 우리가 수일에 걸쳐 제안서를 작성하고 난 뒤에도 우리의 상대자들은 "당신들이 제안할 것이란 아무 것도 없다"는 말을 되풀이할 수 있었다. 하지만 전 세계의 관심은 언론이 집중해서 보도한 소수의 폭력 행위에만 맞추어졌고, 실제로 이들이 제안한 것은 아무것도 없었기 때문에 우리가 제안한 내용에 사람들의 관심을 모으기란 불가능한 일이었다.

2003년 G8 정상회담에 항의하기 위해 8만 명이나 되는 사람이 프랑스와 스위스 사이의 국경지대에 운집했을 때에도 〈뉴욕타임스〉는 몇몇 난동자들이 브리티시페트롤리엄 계열의 주유소를 파괴한 것만 보도하였다. 그것으로 이 집회에 대한 기사는 끝이었다. 그 모든 집회 행렬에도 불구하고 이 사건만이 유일한 기사거리였고, 소위 미국의 정론지라는 신문이 다룬 유일한 기사도 이것뿐이었다.

● 대중집회에서 발생하는 폭력 행위는 비민주적이다. 우리가 민주적 세계를 희구한다면 우선 우리의 운동이 민주적으로 운영되도록 노력해야 한다.

괴테보르그 집회를 위해서는 350개가량의 다양한 스웨덴 단체가 준비에 참여하였고, 제노바 포럼을 위해서는 이 두 배에 가까운 단체가 참여하였다. 프랑스에서 개최된 집회에서도 헤아릴 수 없이 많은 단체가 함께 참여하여 준비를 도왔다. 이 수많은 단체는 길고도 때로는 지난한 토론과정을 통해, 그리고 서로 양보하며 의견을 주고받는 과정을 통해, 그리고 함께 일해나가는 방식을 배워가며 힘들지만 민주적인 절차를 통해 합의에 도달할 수 있었다. 하지만 이른바 '블랙블록(Black Bloc)'으로 불리는 사람들과 이보다는 덜 조직된 형태의 폭력단체들은 이러한 절차를 경시하였다. 이들은 자신들만의 개인주의적이며 이기적이고 제멋대로인 의제를 들고서 대회 마지막 순간에야 모습을 나타낸다. 이 가운데 일부는 진보 집단의 명예를 실추시키고 싶어 안달이 나 있는, 유럽 전역에서 몰려든 '스킨헤드(파시스트)'들이다.

2003년 6월 제네바에서처럼 때로 이런 사람들은 하위문화를 이루기도 한다. 검은 가죽재킷을 걸치고 헤비메탈 풍으로 머리를 뾰족하게 세우고서 인생의 유일한 목표는 무언가를 때려 부수는 것뿐인 듯 보이는 취리히 출신 사람들처럼 말이다. 이들이 정치에 대해 조금이라도 관심이 있는지를 파악해보려면 권위 있는 심리학자나 인류학자에게 문의를 해봐야 할 듯하다.

마지막 순간에야 모습을 드러내는 또 다른 집단은 자신들이 정치적 동기를 바탕으로 행동한다고 주장한다. 그들은 자신들을 제외한 여타 모든 사람이 잠에서 깨어나지 못한 채 걸어 다니는 몽유병 환자(이들이 자신들의 웹사이트에서 사용한 표현이다)이며, 이들을 잠에서 깨우는 최선의 방법은 국가를 상대로 도발행위를 벌임으로써 국가의 억압적 참모습을 드러내는 것이라고 생각한다. 국가의 이러한 면모는 그다지 새로운 것이 아닐 수도 있지만 이들이 독선적이고도 남성 중심적 태도로 우리 모두의 선택과는 배치되는 행위를 벌이며 이런 '깨달음'을 우리에게도 강요하기 때문에 우리에게는 선택의 여지가 없다. 이들의 이러한 태도는 자신들이 다른 모든 사람들보다 '사태를 명확히 파악'하고 있기 때문에 무지한 대중에게 길을 가르쳐주어야만 한다고 주장하는 혁명기의 정당들을 떠올리게 한다. 고맙지만 사양하고 싶은 제안이다. 이런 사람들이 어떤 결과를 초래하는지는 역사의 경험을 통해 우리가 너무나 잘 알고 있다.

- 폭력 집단은 대개 비슷한 복장을 하고 마스크를 쓰기 때문에 경찰이나 파시스트의 잠입을 허용하기 쉽다.

이는 역사상 가장 오래된 수법 가운데 하나인데 우리의 시위 현장에서도 이런 경우는 계속 발생하고 있다. 심지어 때로는 검은 복장에 마스크를 쓴 경찰이 경찰용 차량에서 타고 내리는 모습이 목격되는 경우까지 있다. 이들이 시위대에 잠입하면 정부는 시위대가 얼마나 평화롭게 시위를 진행하는지는 상관없이 이들의 존재를 이용하여 시위대 전원에게 죄를 뒤집어씌워 연행할 수 있는 구실을 얻는다.

- 국가가 가장 강력한 힘을 발휘하는 영역, 즉 국가가 '정당한 폭력에 대한 독점권'을 행사하는 영역에서 국가를 상대하는 것은 전략적으로 현명하지 못한 일이다.

훌륭한 지휘관은 상대의 강점이 아닌 약점을 파고들기 위해 노력한다. 가투를 벌이며 시가지 이곳저곳에서 얼마만큼의 공간을 차지하는가 하는 문제는 우리의 전략적 목표가 될 수 없다. 이러한 행동은 청소년기에 나타나는 자아도취감과 허세의 표현에 지나지 않는다. 이러한 행위는 정치적으로 아무런 가치도 없을 뿐만 아니라 우리의 미래에 전혀 도움이 되지 못한다.

나는 '블랙블록'과 연계되어 있는 일부 웹사이트에 올라온 글을 읽고 깜짝 놀라면서도 동시에 슬픔을 느끼지 않을 수 없었다. 나는 이런 글을 쓴 사람들이 매우 어리고 또한 정서적으로 불안한 상태에 빠져 있으리라고 생각한다. 불과 몇 미터를 더 차지하기 위한 가투를 벌이는 집단에 속해 있을 것이 분명한 이 사람들은 '이러저러한 행위를 통해 내 스스로가 얼마나 강하게 느껴지는지'에 대해 강조하여 말한다. 솔직히 그런 느낌이 무슨 소용이란 말인가? 강한 힘을 얻는 듯 느끼고 경험하게 되는 찰나의 전율을 쫓는 것은 유아적 행위일 뿐이다. 우리가 추구하는 것은 정치적 운동이지 집단 진료가 아니다.

- 폭력은 많은 사람으로 하여금 대중집회에 참여하기를 주저하게 만든다.

우리는 넓은 기반을 갖추고 포용적인 운동, 또한 성, 직업, 세대, 인종 등을 뛰어넘는 운동을 만들어나가기를 희망한다. 우리의 운동을 건장하고 젊은 남성들만으로 이루어나갈 수는 없다. 물론 이들의 존재도 간절히 필요하기는 하지만 말이다. 제노바 행사가 끝난 뒤 나는 한 이탈리아 여성에게서 다음과 같은 편지를 받은 적이 있다. "한 사람의 시민으로서는 저도 제노바에 갈 수 있었으면 했지만, 한 아이의 어머니로서는 제가 그곳에 있지 않았다는 것이 다행으로 느껴집니다."

특히나 소수집단에 속한 사람들과 이민자들은 그렇지 않아도 항상 경찰의 괴롭힘을 받는 사람들이므로 대치 상황이 발생할 경우 자신이 첫 희생자가 될 것이 뻔한 일이기에 시위현장에 나오는 위험을 감수할 수 없다. 제노바와 괴테보르그에서처럼 소규모 상가와 자동차가 파괴되는 사태(이 가운데 일부는 경찰이 자행한 것이 틀림없다)가 발생하지 않으리라는 보장이 없다면 대부분의 노동조합도 우리의 대열에 참여하지 않으려 할 것이다. 우리는 이와 같은 사유재산 파괴행위에 반대해야 하는데, 이런 행위가 일반 시민의 생계수단과 차량을 대상으로 한 까닭에 특히 그러하다.

● 폭력을 행사하는 사람들의 주장과는 반대로 사람이나 재물에 대한 폭력은 자본주의를 약화시키는 것이 아니라 더욱 강화시킨다.

'계급의식'은 이러한 투쟁방식으로는 고양되지 않는다. 아무런 잘못도 없는 은행 직원이나 차량 주인, 또는 경찰에게 희생양의 이미지가 부여됨으로써 폭력의 대상이 된 이들에게 일반 대중이 연민을 갖게 된다. 우리가 잊지 말아야 할 사실은 경찰 자신도 그 절대다수가 근로대중의 일원이라는 점이다. 카를로 줄리아니에게 총격을 가하여 숨지게 만들었던 경찰도 사실은 시칠리아 출신의 가난하고 제대로 훈련도 받지 못한 21살 청년이었다. 이런 젊은이에게 실탄이 지급된 것부터가 문제였던 것이다. 미국에서 흑인 청년의 군 입대가 가지는 의미처럼 이 청년에게도 경찰이 된다는 것은 분명 사회적으로 한걸음 올라서는 일이었을 것이다.

바비 실을 포함하여 '블랙 팬더스(Black Panthers)'*에 가담했던 일부 인사들이 70년대에 자신이 벌였던 운동의 실패 원인을 분석하

---

　*　미국 내 흑인의 권리 보호를 목표로 1966년에 휴이 뉴튼과 바비 실이 설립한 정당 조직. 1960년대 후반에 전성기를 맞았으나 경찰과의 폭력적 갈등 양상이 심화되면서 1980년대 초반에 사실상 해체되었다. ─옮긴이

기 위해 최근에 미국에서 다시 한자리에 모인 적이 있었다. 이들이 내린 결론은 자신의 통제 수준 이상으로 번져버린 폭력 양상이 운동 실패의 주요 원인이었다는 것이었다. 경찰에 대한 정치적 지휘권을 가진 이들이 우리의 실패를 바라는 것이 아니고서야 왜 경찰로 하여금 '블랙블록'의 복장을 입고 싸움을 부추기도록 지시하겠는가?

하지만 이 모든 주장에도 불구하고 폭력 행사에 대한 끈질긴 유혹이 사라지지 않고 남아 있다는 사실을 직시해야 한다. 폭력 시위를 주제로 한 토론장에서 미국과 캐나다의 동지들은 이러한 점에 대해 자주 언급하곤 한다. 이미 앞에서 다루었던 체제의 '구조적 폭력' 문제는 뒤로 하더라도 이들은 북미 지역에서는 폭력적 거리 시위만이 언론의 주목을 받을 수 있는 유일한 방식이라고 주장한다. 한 뛰어난 베테랑 미국인 활동가는 나에게 편지를 보내어 조지 부시를 대통령 후보로 지목한 공화당 전당대회에 거의 10만 명에 가까운 시위대가 집결했지만 아무런 폭력 사태도 없었고 그 결과 언론 보도도 전혀 없었다는 내용을 전한 바 있다.

북미 지역의 일부 조직은 '열린 자세'로 '다문화적'이 되고자 하는 과도한 노력의 결과 '관용'을 지나치게 추구하여 자신들 스스로는 '전략의 다양화'라고 부르는 방식을 채택하기에 이르렀다. 이들은 폭력적인 것까지 포함한 다양한 전략이 한 시위 내에 공존할 수 있다고 주장한다. 하지만 불행히도 이러한 주장은 일부 분파로 하여금 마음대로 할 수 있도록 해주는 구실이 되고 말았다. 퀘벡에서 열린 '미주자유무역지역(FTAA)' 협정 체결 반대집회에 참가했던 한 인물은 전략의 다양화가 단지 '힘들게 이루어놓은 연대감을 손쉽게 허물어버리는 기제가 되어버렸다'고 밝힌 바 있다. 그는 퀘벡 시내에 있는 협정 회의장으로 들어갈 물품이 공급되는 길목을 가로막고 연좌농성을 벌인 사람들의 예를 들었다. 이들이 움직이지 않자 경찰은 이 시위대 사이에 잠입해 있던 경찰 대원들로 하여금 경찰을 향해 돌을 던지라는 지시를 내렸고, 그렇게 되자 경찰은 진압에 나설 수 있는 구실을 얻게 되었다. 후퇴하던 시위대는 경찰을 향해 돌을 던지던 사람들이 경찰 차량에 뛰어올라 사라지는 모습을 목격할 수 있었다.

이 청년은 멋진 필체로 다음과 같은 글을 남겼다. '나는 동지를 위해 선두에 설 각오가 충분히 되어 있다. 하지만 결국 경찰로 밝혀질, 전략의 다양화를 추구하는 사람들에게 힘을 실어주기 위해 최루탄과 경찰견, 곤봉, 고무총알, 물대포와 발길질에 맞서고 싶지는 않다.'

게다가 더 중요한 사항은 '전략의 다양화'가 필연적으로 목표의 분열을 반영한다는 점이다. 각기 다른 전략을 중심으로 각각의 조직이 자율성을 가지려 한다면 시위는 단일성을 잃게 될 것이며, 세상을 향해 분명한 메시지를 전달할 수 없을 것이다.

운동에 참여하고 있는 거의 모든 사람이 비폭력 운동방식을 채택하기로 결의하였으며, 2002년과 2003년에 치러진 대형 집회가 불미스러운 사건으로 얼룩지는 일은 없었지만 이런 문제는 언제든 다시 발생할 수 있으므로 우리는 폭력의 재발 방지를 위해 계속 노력해야 한다. 우리는 '자체적 감시 체제'를 개선하고 폭력적으로 행동하는 구성원이 우리 집회에 참가하지 못하도록 해야 한다. 이를 위해서는 어떻게 해야 할 것인가?

우선 첫째로는 시위의 목표 그 자체가 폭력 발생을 피할 수 없게 만드는 것은 아닌지 점검해야 한다. 시애틀에서 개최된 WTO 회의를 온종일 저지하는 일은 질서정연한 시민 불복종 운동을 통해 성취할 수 있었다. 하지만 당시 회의장은 시내 중심의 탁 트인 지대에 있었다. 제노바나 퀘벡의 경우처럼 회의장이 단단한 벽으로 둘러싸인 성채와 같은 곳 안에 있고 그 바깥을 다시 경찰이 둘러싸고 있는 상황이라면 비폭력적 방법으로 '회의를 저지한다'는 목표는 더 이상 상상할 수 없는 일이 되고 만다. 장원의 영주는 성 안에 있고 성벽 바깥에는 오합지졸 군중이 어쩔 줄 몰라 하며 서성이는 장면이 연출되는 것이다. 이렇게 되면 성채 바깥에 있는 사람들이 언제 폭력적으로 돌변할지는 예상할 수 없게 된다. 이런 상황에서는 목이 쉬도록 소리를 지르는 방법이 성공을 거둘 수도 있지만, 성벽을 공격하는 방법은 틀림없이 실패로 돌아갈 수밖에 없다.

　미국과 캐나다에서는 시위를 방해하지 않기로 약속한 '블랙블록' 사람들과 대화가 가능한 경우도 있었다. 하지만 유럽에서는 정확히 누구를 상대로 대화를 해야 할지 아는 사람조차 없어 보인다. 적어도 나는 그런 사람을 만나보지 못했다. 폭력 사용을 옹호하는 사람들은 때로는 나에게 욕설이나 포르노물을 이메일 용량이 가득 찰 정도로 보내오기도 한다. 하지만 이런 이메일은 언제나 익명으로 되어 있다. 나는 이들을 상대하기엔 너무 나이가 많다. 내가 제기하는 주장에 공감하는 좀 더 젊은 사람이 이들과 대화를 시도해주면 좋겠다.

　이들과 대화가 필요한 또 한 가지 이유는 1970년대에 독일과 이탈리아의 진보 운동을 괴멸상태로 몰아넣었던 '붉은 여단'* 식의

---

　* Brigate Rosse. 1970년 이탈리아에서 결성된 마르크스-레닌주의 테러 집단으로서 자본주의 국가 체제 전복을 목표로 활동했으며 1980년대 들어 소멸하였다. — 옮긴이

전략을 이들이 사용하게 될 가능성도 배제할 수 없기 때문이다. 이들은 분명 육체적 용감함을 지니고 있고, 우리는 이들의 용기를 틀림없이 건설적 방식으로 이용할 수 있다. 자신들의 주장처럼 이들이 정말 정치적인 면을 갖고 있다면 분명 이들과 논의가 가능할 것이다. 그리고 이들이 현재 제안하고 있는 해결책이 세계적 빈곤 문제나 환경 파괴와 같은 문제의 해결 및 자본주의 타파에 도움이 되지 않는다는 사실을 설득하는 일도 가능할 것이다.

저항의 방법이 지루한 것이어야 할 이유는 전혀 없다. 브라질 사람들은 멋진 시위를 벌일 줄 아는 특별한 재능이 있다. 창조적 비폭력 전통은 영국과 미국 그리고 인도에서 특히 강하게 남아 있다. 집회의 참여 정도를 다양화함으로써, 시민 불복종 운동을 펼치고 구속될 각오까지 할 수 있는 사람들과 집회가 끝난 후 아무 일 없이 귀가하길 원하는 사람들이 같은 집회에 참여하여 각기 다른 방식으로 시위에 기여하도록 할 수도 있다. 경찰의 거친 진압방식과 시위방해자의 분열 책동에도 불구하고 비폭력적 방식으로 대규모 정상회담을 중단시킬 수도 있다는 사실을 시애틀 집회는 여실히 보여주었다. 우리는 폭력을 둘러싼 논의만을 계속할 것이 아니라 각각의 상황에서 가장 효과적인 전술은 무엇일지에 대해 생각해야 한다.

마이클 무어 감독이 '멍청한 백인'들이라고 이름 붙인 사람들, 자신들이 세계를 지배할 수 있는 특별한 권한을 부여받았다고 생각하는 오만한 사람들을 보란 듯이 비웃어주는 그날이 오기를 나는 여러 해 동안 꿈꿔오고 있다. 앞으로 개최될 마지막 G8 정상회담— 그 이후로는 다시 모일 생각을 하지 못하게 될 것이므로—에서 나는 이런 방식의 집회를 하고 싶다. 수천 명이 모여 천둥치는 소리로 다 함께 이들을 향해 웃음을 날려주는 것이다. 서커스 음악에 맞추어 광대 복장을 하고 부시, 베를루스코니, 블레어의 가면을 쓰고서 말이다. 이 세 사람의 이름을 함께 들으면 마치 하나의 희극 공연단처럼 들린다. 내가 처음으로 이 생각을 제안한 이후에(아직까지는 성사시키지 못하고 있다) 나는 인도의 활동가들이 특히 극악한 지방정부에 대항하여 연좌농성하며 이런 웃음 시위를 펼친 적이 있다는 사실을 알게 되었다. 그리고 이들은 이러한 방식으로 지방정권을 몰락시킬 수 있었다.

특히 9·11 이후로 지구촌 정의실천 운동은 기로에 서 있다. 위기일발의 상황에 처해 있다고도 볼 수 있다. 일반인의 정서에 변화가 생긴 것이다. 우리가 진정한 의미의 대중운동이 되어 멈출 수 없는 세력이 되지 않는다면 주변부로 밀려나고, 심지어 범죄자로 몰려 세계화라는 거대 괴물의 발아래 짓밟히고 말 것이다. 성공할 것으로 예견되었으나 결국 좌초되고 만 운동은 과거에도 있었다. 우리도 그러한 가능성으로부터 자유로운 것은 아니다.

지금의 지구촌 정의실천 운동은 몇 가지 놀라운 성공을 거두었다. 2003년 2월 15일에는 깜짝 놀랄 만한, 그리고 예견되지도 않았던 일이 일어났다. 같은 날 수십 개 국가에서 수백만의 사람이 폭력적 사건의 발생 없이 행진에 참여한 것이다. 그리고 이때는 전쟁이 발생하기도 전이었다. 비록 전쟁은 막을 수 없었지만 이 운동은 그 자체로서 하나의 세력으로 남아 있다. 처음으로 유럽인, 미국인, 그리고 그 이외의 셀 수 없이 많은 이들이 이슬람 세계 사람들과 연대하여 상징적 행진에 참여한 것이다.

우리가 펼치고 있는 이 운동은 또한 논의의 상황에도 분명한 변화를 초래하였고 현재는 우리가 제기하는 이슈가 안건으로 채택되고 있다. 우리는 이제 무시할 수 없는 상대가 되었으며 적수는 우리의 목소리에 귀를 기울이지 않을 수 없다. 하지만 사실상 우리는 아직 아무런 승리도 이루지 못하고 있다. 세계은행, IMF, WTO의 심도 있는 개혁이나 실질적 채무탕감이 이루어지지도 않았고 금융시장의 투기를 잠재우지도 못하였으며 국제적 조세제도를 둘러싼 싸움에서도 승리를 거두지 못하였다. 조세피난처의 폐지도 아직 이루지 못하였고 큰 수익을 올리는 다국적기업의 폭력적 해고 제도를 막기 위한 법률도 만들지 못하였다. 즉 다국적 자본주의 세력은 흔들림 없이 버티고 있는 것이다.

하지만 많은 사람이 신자유주의적 세계화에 맞서 행동을 취하는 일에 '가능하다'는 결론을 내리고 있다. 5년 전만 하더라도 대체로 비관적이던 생각이 변한 것이다. 이러한 사실을 인식한 적수는 우리가 실질적인 승리를 쟁취하기 전에 우리를 쓰러뜨리고자 더 많은 시간과 에너지, 그리고 자금을 투입할 것이다. 우리의 운동을 불법화하고 참가자를 범법자로 만드는 것도 이들에게는 한 가지 방법이 될 것이다. 내가 이 글을 쓰고 있는 지금 이 순간 호세 보베가 프랑스 남부에서 또 한 번의 수감생활을 하고 있는 것도 그러한 까닭이다.

우리는 더 강해져야만 한다. 그렇지 않으면 결국 약해져 세력을 잃게 되고 말 것이다. 우리가 목표로 삼은 일, 역사상 그 누구도 해낸 적이 없는 이 일을 성취하기 위해서는 폭넓은, 그리고 전 세계적이며 장기적인 운동을 펼치는 것만이 유일한 방법이다.

운동 참가자들이 보편적으로 비폭력적 방식을 실천하게 되더라도 국가 또한 우리와 마찬가지 방식으로 행동하리라는 보장은 없다. 현재의 자본주의를 상대로 한 도전에서 우리가 조금이라도 승리를 거두고 있다면 당연히 적수의 보복이 있으리라는 점을 예상해야 한다. 이에 맞서기 위한 우리의 유일한 해결책은 더 강한 저항과 공격성을 보여주는 것이지만 이 공격성에는 규율이 갖추어져야 한다. 시위는 우리 운동의 참여자가 갈수록 늘어나고 있으며 그 결의가 갈수록 공고해지고 있음을 보여주는 신호가 되어야 한다. 폭력 행사는 나약함의 표출이다. 적수에게 우리의 강한 면모를 보여주자.

결론, 그리고
2003년 포르토 알레그레 연설

Another
world is
possible
if

변화를 위한 여러 제안은 실천상 어려운 정도와 수반해야 하는 노력 정도가 각기 다르다. 오래되어 모든 사람이 익숙해져버리고만 패악을 제거하기보다는 새로운 패악 발생을 막기가 더 쉽다. 이루려 하는 변화가 어떤 것이든 간에 그 목표가 비현실적이고 공상적이며 불가능한 것이라고 비웃는 적대자는 늘 있어왔음을 기억해야 한다.

오늘날 변화의 동력은 정당이나 정부지도자에게 있는 것이 아니라 지금의 자유주의적 세계화와는 다른 종류의 세계화를 추구하는 지구촌 정의실천 운동에서 찾을 수 있다. 여러 가지 사회운동이 왜 생겨나는지, 그리고 왜 차츰 열의를 잃고 소멸하게 되는지에 대해서는 그 누구도 정확히 알지 못한다. 나는 이 책이 우리의 운동에 활기와 생명력을 불어넣는 데 기여하기를 바란다.

나는 2003년에 개최된 세계사회포럼 3차 회의에서 자이간틴호(Gigantinho)—만 오천 명이 입장할 수 있는, 이름에 걸맞은 규모를 갖추고 있는 곳이다*—라는 강연장에서 연설해줄 것을 요청받았다. 회의 참석자들이 문제가 무엇인지에 대한 인식은 갖추었다고 판단되었기 때문에 그해 포르토 알레그레 포럼의 전체적 내용은 전략수립에 초점이 맞추어져 있었다. 많은 제안이 논의와 검토를 기다리고 있었다. 하지만 그 당시에도 그랬고 오늘날까지도 여전히 남아 있는 문제, 즉 여러 다른 문제 가운데서도 내가 여기서 다루고자 하는 문제는 바로 이런 제안을 어떻게 현실화할 것인가에 대한 것이다.

이 책을 거의 마무리할 무렵에야 나는 자파티스타 운동의 부사령관 마르코스가 '지금과는 다른 세상이 가능하다'는 슬로건을 처음 사용한 인물이었다는 사실을 알게 되었다. 뒤늦게나마 마르코스에게 감사의 말을 전하고 싶다. 이 책이 마르코스의 이름에 부끄럽지 않은 책이 되기를 바란다. 또한 그의 슬로건 뒤에 내가 덧붙인 '만약'으로 시작되는 글들이 그의 마음에도 들기를 바란다.**

나는 이 책 전반에 걸쳐 여러 제안을 하였는데, 이 책 자체가 포르토 알레그레에서 내가 했던 연설을 매우 길게 확대한 것이라고도 볼 수 있다. 그래서 내가 포르토 알레그레에서 했던 연설을 약간 편집하여 이 책의 결론으로 삼으려 한다. 이 연설은 다국적기업과 금융시장에 관련된 회의에서 했던 연설이다.

---

* 'gigantic'은 '굉장히 큰', '거대한'이라는 뜻이다.—옮긴이
** 원서에서 각 장의 제목은 '만약'이라는 의미의 'If'로 시작되고 있다.—옮긴이

친구들과 동지들에게

여러분, 주위를 한번 둘러보십시오. 우리가 이렇게 한자리에 모였다는 것 자체가 하나의 기적이라고 할 수 있습니다. 불과 5년 전까지만 하더라도 우리 중 가장 낙관적인 사람조차 우리의 운동이 이렇게 큰 규모를 이루고 지금처럼 광범위한 분야에 걸쳐 진행되리라고는 생각지 못했습니다. 역사적으로 보자면 시애틀 집회 이후 포르토 알레그레에서 개최된 세 번의 모임은 아무것도 아닐 수 있습니다. 하지만 이렇게 짧은 만남을 통해 우리 모두가 이룬 것은 숨이 막힐 정도로 놀라운 것들입니다. 따라서 우리는 우리가 이 자리에 이렇게 모여 있다는 사실, 그리고 우리의 운동이 지속되고 있다는 사실, 또한 세계사회포럼이 개최되고 있다는 사실 자체를 위대한 승리로 받아들여야 합니다.

2001년에 포르토 알레그레에서 처음 개최되었던 모임은 세계의 상황에 대한 분석이 그 목표였습니다. 2002년에 개최된 두 번째 모임에서는 변화를 이루기 위한 여러 제안을 만들어내는 데 초점이 모아졌습니다. 그리고 올해, 우리는 우리 모두가 염원하는 변화를 현실화하기 위한 전략에 대해 생각해보아야 합니다. 그런 까닭에 나는 이 자리에 계신 여러분이 다국적기업이나 금융시장 등에 대한 기초 지식은 갖추고 계실 것이라 생각합니다. 이제는 다국적기업이나 금융시장만을 상대하기 위한 전략이 아니라 우리의 운동 전반을 위한 전략에 대해 생각해보아야 합니다.

우선 설득과 권고로는 아무것도 이룰 수 없다는 점을 깨달아야 합니다. "이런저런 일이 반드시 이루어져야 한다"고 되풀이해서 말하는 것은 아무 소용이 없습니다. 가진 자들은 절대 우리에게 귀를 기울이려 하지 않으며 자신이 가진 것을 기꺼이 나누려 하지도 않을 것입니다. 지배계급에 속한 사람은 자신의 특권을 포기하지 않습니다. 사실 그들은 언제나 더 많은 것을 원할 뿐입니다. 그들이 만족하는 일이란 없습니다. 환경보호가 모든 사람에게 이로운 일이라고 해서 권력을 가진 자들이 이를 위해 어떤 행동을 취하는 일은 없을 것입니다. 그들은 노동자가 만들어낸 이익을 계속 빼앗으려 할 것이고, 가난에 빠져 있는 사람들의 상황이 아무리 심각해질지라도 자발적으로 돕는 일도 없을 것입니다. 간단히 말하면 인류의 고통이 아무리 커진다 할지라도 그 사실 자체로 인해 정책이나 사람의 태도에 변화가 일어나는 일은 없으리라는 것입니다.

이제부터 저는 매우 부정적이고도 냉혹한, 심지어 매우 소름끼치는 이야기를 하려 합니다. 그러기에 앞서 이러한 현실에도 불구하고 제 스스로가 본디 희망적인 사람이라는 점을 밝혀두려 합니다. 저는 우리가 21세기 초에 하나의 분수령을 넘었다고 생각합니다. 이 점을 설명하기 위해 송구스럽지만 제 책을 언급하겠습니다. 3년 전 나는 『루가노 리포트』라는 책을 쓴 바 있습니다. 근본적으로 변화된 세상의 필요성에 대해 이야기할 때에는, 우리가 노력하지 않는다면 미래 세계가 지금보다 오히려 더 나빠질 수도 있다는 점을 우선 염두에 두어야 합니다. 이러한 주장이 바로 『루가노 리포트』에 담겨 있는 내용입니다.

그 책에서 나는 지금 바로 이 순간 다보스포럼에 모여 있는 인물과 매우 흡사한 사람들이 일단의 전문가에게 보고서 작성을 의뢰하는 상황을 가정하였습니다. 이들이 전문가 집단에 던진 질문은 "우리가 21세기에도 자본주의를 수호할 수 있는 방법은 무엇인가?" 입니다. 다보스포럼 참가자와 같은 종류의 이 사람들은 자본주의가 계속해서 세계를 지배하고 번창해나갈 것을 확실하게 하길 원합니다. 자본주의가 신뢰할 수 있는 유일한 체제이며 자본주의 이외의 체제란 상상도 할 수 없다는 점을 이들은 어떻게 보장할 수 있을까요? 이 '천지만물의 지배자'들은 자신의 권력을 계속 유지하기 위해 해야 할 일이 무엇인지 알고 싶어 하는 것입니다.

오늘 저녁 우리가 묻고 있는 질문도 바로 그와 같은 질문이지만 우리는 이 질문을 정반대의 시각에서 던지고 있습니다. 현재와 같은 자본주의 체제의 승리를 막기 위해서는 어떻게 해야 할 것인지 질문하고 있는 것입니다. 우리의 삶과 공동체, 그리고 자연환경이 기업체와 금융시장의 뜻에 따라 지배되지 않도록 하기 위해 우리는 어떻게 해야 하는 것일까요?

'루가노 리포트'의 작성을 맡은 일단의 전문가는 우리로서는 매우 불쾌하게 받아들이지 않을 수 없는 결론에 이르게 됩니다. 이 전문가들은 세계인구가 대략 80억에 이르게 될 2020년이 되면 경제적, 생태계적, 사회적, 그리고 정치적인 그 모든 이유로 자본주의의 유지가 완전히 불가능해진다고 결론내립니다. 이런 이유로 상당수 사람들, 특히 최빈곤층에 속한 사람과 자본주의 체제에 통합되어 있지 않으며 통합될 수도 없는 사람은 가능한 모든 수단을 동원하여 최단시간 내에 제거해야만 한다는 결론을 내립니다. 선생과 기근, 그리고 질병이 통제되지 않은 채로 사람들의 목숨을 앗아가게 될 것입니다.

그렇기 때문에 우리가 이곳 포르토 알레그레에서 함축적으로 혹은 직설적으로 던지고 있는 질문은 더할 나위 없이 중요합니다. 현재의 체제를 우리가 변화시킬 수 있을 것인가 없을 것인가? 만약 변화를 일으키지 못한다면 우리가 『루가노 리포트』에서 그려진 것과 같은 상황에 처하게 되지 않을까 하는 심각한 우려를 피할 수 없습니다. 저는 현재의 우리가 앞서 다룬 끔찍한 사태에 직면하게 될 가능성이 그 어떤 시기보다 높은 시대에 살고 있다고 생각합니다. 제가 과장하고 있다는 생각이 드신다면 여러분의 주변에서 일어나고 있는 일을 한번 생각해보십시오. 갈수록 심각해지고 있는 에이즈로 인한 위기를 막기 위해 그 어떤 의미 있는 조치도 취해지지 않고 있다는 사실이 한 가지 징후입니다. 에이즈는 가난한 나라의 가난한 사람들 사이에서 거침없이 번지고 있습니다. 에이즈는 20세기의 흑사병과도 같은 것입니다.

『루가노 리포트』에 그려져 있는 상황이 현실이 될 수도 있음을 보여주는 또 다른 징후는 바로 협상을 통한 평화적 해결을 끌어내려는 노력은 거의 찾아볼 수 없는 상황에서 분쟁이 끊이지 않고 있다는 점입니다. 여러분은 모두 이스라엘과 팔레스타인을 떠올리시겠지만 사실 지금 이 순간에도 전 세계적으로 수십 개의 전쟁이 진행되고 있습니다. 한 가지 예만 보더라도 콩고와 자이레 간의 전쟁으로 삼백 만에서 사백 만 명이 목숨을 잃었으며, 정확한 사망자 수는 아무도 모르고 있습니다.

백악관과 미 국방성의 새로운 인사들은 '예방', 혹은 '선제' 전쟁이라는 자신들의 야만적 개념을 정당화하기 위해 9·11 테러를 이용하고 있습니다. 이라크가 아마도 그 첫 희생양이 될 것입니다. 평화운동 세력이 미국의 무법행위를 막지 못한다면 헤아릴 수 없이 많은 민간인 희생자가 발생할 것입니다.

기아 문제 또한 갈수록 심각해지고 있는 상황입니다. 1980년대에 각국 정부는 그 당시의 기아 문제를 2000년까지 절반 수준으로 낮추겠다고 약속한 바 있습니다. 하지만 오늘날 식량부족으로 고통 받는 사람의 숫자는 그 어느 때보다도 많은 것이 현실입니다. 최근 식량농업기구(FAO) 의장은 현재의 추세대로라면 지구상의 모든 기아 문제를 해결하는 데 150년이 걸릴 것이라는 추정을 밝힌 바 있습니다.

지금 말씀드린 현실과 이외의 수많은 정황을 볼 때 저는 『루가노 리포트』의 시나리오가 이미 진행 중이라는 생각을 갖게 됩니다. 어떤 음모론이 존재한다는 뜻은 아닙니다. 음모론 따위는 필요조차 없기 때문입니다. 현재 부와 권력을 쥐고 있는 사람들은 제가 『루가노 리포트』의 저자로 내세운 사람들과 마찬가지로 수억 명의 인구가 지구상에서 사라져도 된다는 결론을 분명히 내리고 있습니다. 수억 명에 달하는 이 사람들은 정기적 월급이 나오는 직장을 가진 것도 아니고 자본주의적 생산양식에는 아무런 기여도 하지 않고 있습니다. 이 사람들은 가진 돈이 없기 때문에 자본주의적 소비체제에도 기여하는 바가 없습니다. 이 사람들은 수익을 발생시키지도 않기 때문에 단지 잉여적 존재 혹은 경제체제의 방해물에 불과한 존재로만 인식되는 것입니다.

히틀러의 아우슈비츠와 같은 모델은 너무 노골적이고 비용도 많이 들며 결국 모든 사람의 저항과 거부반응을 불러일으킬 것이 뻔하기 때문에 그러한 방식이 이용되지는 않을 것입니다. 대신 어떤 특정인에게 명백한 비난을 제기하기 어렵게 만드는, 포스트모던하며 21세기적인 방식이 사용될 것입니다. 책임지는 사람은 아무도 없게 되는 것입니다. 끔찍한 일은 아무 이유 없이도 일어나기 마련이고 그런 일이 있더라도 우리의 인생은, 적어도 한동안은 그저 그렇게 흘러가는 것이니까요.

하지만 우리가 벌이고 있는 투쟁보다 더 중요한 것은 있을 수 없습니다. 저의 바람대로 여러분께서도 저의 판단에 공감하신다면 이 자리에 모인 우리 모두는 역사적 책임을 지지 않을 수 없습니다. 단언하건데 우리의 실패란 가정조차 할 수 없는 것입니다. 포르토 알레그레에서 벌어지고 있는 이 멋진 축제의 장 한가운데서도 우리는 냉정한 판단력과 통찰력을 견지할 줄 알아야 합니다. 19세기의 위대한 독일 사상가 헤겔은 다음과 같은 말을 남겼습니다. "역사가 우리에게 가르쳐주는 유일한 진실은 역사의 교훈을 제대로 받아들이는 사람이 아무도 없다는 점이다."

헤겔의 이 말이 틀렸음을 입증해 보이고 우리가 역사의 교훈을 배울 수 있음을, 또한 엄청난 가능성을 보였던 과거의 여러 운동이 적대자들에 의해, 혹은 자신들의 실수로 인해 좌절되고 말았던 역사가 바뀔 수 있다는 사실을 보여주도록 합시다. 이들 실패한 운동에 참여했던 사람도 권력에 저항하였고 그들 또한 자신이 살던 당시의 압제자를 상대로 싸웠으며, 다른 세상을 향한 큰 꿈을 품었습니다. 그들이 승리를 쟁취했다면 오늘날의 세상은 이미 모든 사람이 살기에 좀 더 나은 곳, 기아와 심각한 박탈이 사라진 곳, 그리고 모든 사람이 기본적 삶의 권리를 가진 곳이 되었을 것입니다. 따라서 우리가 지금 이곳 포르토 알레그레에 모일 필요성이 지금처럼 절실하지 않았을 것입니다. 그들이 성공했다면 우리는 자연과의 조화 속에 살 수 있게 되었을 것이며 민주적 원칙에 따른 자치가 가능했을 것입니다. 그러나 불행히도 오늘날의 현실은 그렇지 않습니다.

우리의 투쟁을 이번에는 승리로 이끌어야만 합니다. 우리 선배는 꿈도 꾸지 못했던 일을 우리가 목표로 하고 있다고 하더라도 말입니다. 우리는 기업 주도의 신자유주의적 세계화에 도전하고 있으며 그것도 바로 그들의 터전이라고 할 수 있는 전 세계를 무대로 그렇게 하고 있습니다. 따라서 우리는 각 지역이나 국가 단위에서뿐만 아니라 전 세계적 차원에서 노력을 기울여야 합니다. 진정으로 세계적인 차원의 정의실천운동을 펼치려는 노력은 인류 역사상 처음으로 전개되는 것입니다.

우리의 적수인 다국적기업은 마치 자신들이 율법 제정자인양 행세하고 있으며 금융시장은 스스로가 일반인에게 초래하는 재앙에 대해서는 전혀 신경을 쓰지 않습니다. 세계은행, IMF, WTO 등의 국제조직은 민주적 역량을 제고시키기보다는 이를 더 축소시키기 위한 노력을 펼치고 있습니다. 이 조직들은 현재의 세계체제를 이용하여 이미 이득을 보고 있는 사람들만을 위해 작동합니다. 따라서 우리는 민주체제 수립을 목표로 우리에 앞서 싸웠던 선배보다 훨씬 더 견고한 힘을 갖추고 현명하게 행동하여야 하며, 더욱 한 마음가짐을 가져야 합니다.

하지만 조심해야 할 것이 있습니다. 우리가 더욱 강해질수록 우리의 적도 우리를 파괴하기 위한 노력을 더욱 강하게 펼치리라는 사실입니다. 이는 지극히 당연한 일입니다. 우리가 목표로 하는 세계가 현실화된다면 그들은 자신의 권력, 부, 그리고 명예, 즉 모든 것을 잃게 될 것이기 때문입니다. 따라서 우리는 우리를 쓰러뜨리기 위한 그들의 전략에 주의를 기울여야 하며 경계를 늦추지 말아야 합니다.

또한 우리 자신의 실수로 인해 우리의 운동이 좌초되는 일이 발생하지 않도록 하기 위해 역사의 교훈에 관심을 가져야만 합니다. 다행히도 제가 보기에는 그런 모습이 전혀 나타나지 않고 있으며 오히려 그 반대의 현상이 벌어지고 있습니다. 오래지 않은 역사를 가진 우리의 운동은 놀라울 정도의 성숙도를 보이고 있으며 비폭력적으로 전개되어왔습니다. 바로 이런 이유로 우리의 폭력을 도발하려는 도전이 있으리라는 점 또한 분명 예상할 수 있습니다. 어떠한 일이 있더라도 우리는 이러한 도전에 슬기롭게 대처해야 하며 우리의 적대자들이 사용하는 폭력을 우리 스스로가 행동에 옮기는 일은 절대 없어야 합니다.

우리는 또한 공부해야 합니다. 활동가의 첫 번째 의무는 세계가 어떻게 작동하는지, 그리고 우리를 억압하는 기구가 어떤 방식으로 작동하는지에 대해 이해하는 것입니다. 오늘날에는 정치 자체가 과거보다 복잡한 양상을 띠고 있습니다. 제가 처음 활동을 시작했던 시절에는 "미국은 베트남에서 철수하라"고만 외쳐도 모두가 말뜻을 이해할 수 있었습니다. 하지만 오늘날 거리로 나가 WTO나 IMF에 대해 이야기하면 사람들은 전혀 이해하지 못할 것입니다. 따라서 우리의 운동에 대해 가르치고, 그렇게 함으로써 우리의 세력을 확장시키기 위해 우리는 공부해야만 합니다.

우리는 우리가 이루고자 하는 민주적 세계를 모델로 삼아 우리의 운동을 민주적으로 운영해올 수 있었습니다. 운동에 참여하는 인물 중에서 도덕적, 정치적, 지적 영웅이 탄생했고, 우리가 존경할 수 있는 상징적 단체도 있습니다. 이들은 우리에게 영감을 불어넣어주고, 또한 이들이 기업계 지도층과는 다른 모습을 보이고 있다는 사실은 매우 감사하게 받아들여야 합니다. 우리의 운동에는 명령을 하달하며 남에게 복종을 요구하는 위치에 있는 사람도 없고, 우리는 그런 사람을 필요로 하지도 않습니다. 우리는 네트워크의 네트워크로 이루어져 있기 때문입니다. 현재와 같은 상태가 계속될 수 있도록 노력해야 할 것입니다.

변화를 위한 제안을 제시하는 일이 우리의 책무 중 일부이지만, 받아들여질 수 있는 좋은 제안이 되려면 단지 그 내용이 좋을 뿐 아니라 반드시 오랜 기간 지속된 절박함의 결과로서 생겨난 것이어야만 합니다. 세력균형의 변화와 계급투쟁에 대한 지난날의 사상은 아직까지 유효합니다. 세력균형에 있어서 변화를 이루기 위해 우리는 연대를 형성해야 합니다. 비록 아직까지도 많은 개선의 여지가 있는 것은 사실이지만 우리의 운동은 생태학자, 여성단체, 소작농, 노동조합, 개발단체, 문화계 및 지성계 인사, 그리고 이제는 평화단체와 공동의 목표를 만들어나가는 등 이 부분에 있어서는 상당히 잘 해왔다고 볼 수 있습니다.

하지만 이러한 성공에도 불구하고 가장 어려운 처지에 놓인 사람과 우리 사회 내부의 이민자 집단이 우리의 운동에 항상 대표자를 참여시킬 수 있었던 것은 아닙니다. 아직까지 우리의 운동은 대체로 중산층 주도의 운동으로 남아 있으므로 우리보다 더 간절히 새로운 세상을 원하고 있지만 생존을 위해 대부분의 시간을 보내야 하는 처지에 놓인 사람을 향해서도 손을 내미는 노력을 해야 합니다.

지금까지 우리의 적수가 나타나는 곳에는 우리도 모습을 드러내 왔습니다. 지금 바로 이 순간에도 다보스에서는 우리의 동지가 금융권과 기업계 엘리트를 상대로 한 시위를 벌이고 있습니다. 그들이 나타나는 곳에 우리 모두가 아니라 우리 가운데 일부, 보통의 경우 그 장소에서 지리적으로 가까운 사람들만이 모습을 드러내야 한다는 점에 합의가 이루어져야 한다고 저는 생각합니다. 우리 모두가 아닌 우리 중 일부만이 그러한 장소에 모습을 나타내야 하는 것은 우리 가운데 다수가 여행경비를 충당하기 어렵거나 직장과 가족을 두고 떠나올 수 없는 조건에 놓여 있기 때문입니다.

게다가 서민들과 가장 가까이에서 활동을 펼치는 활동가 가운데 일부는 그 자신 스스로가 가장 가난한 계층에 속해 있는 까닭에 포르토 알레그레나 다른 주요 집회에 참여하지 못하는 경우가 많습니다. 제한된 우리의 물질적 자원을 이들과 어떻게 공유할 수 있을까요? 진정한 의미에서의 민중 참여를 위한 모금활동 시작에 대해 고민해보아야 하지 않을까요? 현재 많은 후원자들이 우리의 목표에 공감하고 있습니다.

때로 우리는 집회 참여자의 숫자로 언론에 인상을 남길 필요도 있습니다. 2002년 11월에 피렌체에서 개최된 '유럽 사회포럼'이 그런 경우였으며, 백만 명에 달하는 사람과 함께 평화와 정의를 위해 행진할 수 있는 대단한 기회가 되었습니다. 하지만 우리는 우리의 저항을 표출하기 위한 새로운 방식을 발견해야 하고 때로 이 과정은 상대적으로 적은 사람으로도 가능합니다.

비폭력이 우리의 기본적 입장이 되어야 한다는 점에 대해서는 이미 말씀드렸습니다. 하지만 평화적 태도가 반드시 지루한 것일 필요는 없습니다. 좀 더 다양한 색깔, 좀 더 예술적이고 창조적인 표현 방식을 이용하여 사람들의 관심을 끌 필요가 있습니다. 이러한 측면에서 우리는 브라질 사람들에게서 너무나 많은 것을 배울 수 있습니다. 그리고 우리가 저항의 대상으로 삼고 있는 사람들이 단지 우리의 경멸의 대상일 뿐 아니라 또한 조롱거리도 될 수 있다는 점을 기억해야 하겠습니다. 제가 꿈꾸는 일 가운데 하나는 수천 명이 한자리에 모여 이 오만한 자들을 향해 그저 웃음을 날리는 행사를 가지는 것입니다.

기자들은 우리가 정당으로 변모해야 하는 것은 아닌지에 대한 질문을 계속해서 던집니다. 저는 이 질문에 대해 단호하게 '아니오'라고 답변합니다. 우리의 운동은 매우 정치적인 것이고 따라서 우리의 활동 중 일부는 정치가 및 정당을 통해 이루어져야만 합니다. 하지만 우리가 펼치는 정치활동은 그들의 정치활동과는 분명히 구별됩니다. 기존의 정치는 분명 타협의 장으로서 기능합니다. 이러한 표현이 기존 정치인을 비난하는 것은 아닙니다. 그저 기존 정치계의 본래 성격이 그러할 뿐이라는 말입니다. 브라질의 룰라 대통령처럼 우리 가운데 한 사람이 정권을 잡는 경우에도 그 정권에 영향력을 행사하기 위해서는 독립된 시민단체의 역할이 필요한 것입니다.

우리에게 허락된 국제적 차원의 민주적 장이 없기 때문에 우리가 항상, 아니면 때때로라도 직접 국제적 활동을 벌이기는 힘듭니다. 따라서 우리는 이러한 민주적 장이 최소한으로나마 존재하고 있는 지역단위, 혹은 국가단위에서 영향력을 행사해야만 합니다. 각국 정부를 상대로 우리의 제안을 받아들이도록 만들어야 하는 것입니다. 각국 정부를 통하지 않는다면 우리가 어떻게 세계은행이나 IMF, 또는 WTO를 변화시키거나 폐지시킬 수 있겠습니까? 항의집회를 통해 간혹 열리는 회의를 중단시키는 일은 큰 상징적 의미를 지닐 수는 있겠으나 그런 기구가 사라지도록 만들 수는 없습니다. 우리는 구속력을 지닌 법률을 필요로 하는 것입니다.

우리가 안고 있는 주요한 문제 가운데 하나는 현존하는 국제법의 대부분이 다국적기업과 금융시장을 위하여 혹은 이들에 의해 만들어진 것이라는 점입니다. 법률의 도움을 받지 못한다면 우리는 시애틀 집회와 포르토 알레그레 포럼 같은 모임을 21세기가 끝날 때까지 계속해야만 할 것입니다. WTO는 법률제정의 권한을 갖고 있지만 우리 운동 세력은 정부를 통하지 않고서는 절대로 그렇게 할 수 없습니다.

　진정한 의미에서 정치적, 그리고 경제적 실험과 변화가 일어날 수 있는 장을 만들어야 합니다. 국제적 조세제도 도입이나 조세피난처 폐지, 빈곤국 부채탕감과 같은 계획을 근본적인 조치가 아니고 우리가 추진할 가치가 없는 단지 개량적인 방법에 불과하다고 말하는 사람도 있습니다. 저는 이러한 생각에 동의하지 않습니다. 만약 실행되기만 한다면 이 계획도 질적인 변화를 가져올 것이기 때문에 진정 혁명적인 것이 되리라 생각합니다. 조세제도의 변화와 재산의 재분배 과정을 통해 재산 분배의 양식 변화를 경험한 국가의 경우처럼 말입니다. 이러한 국가에서는 우익이 정권을 다시 차지할 때마다 부유층과 기업에 대한 세금을 낮춘다는 사실이 바로 이러한 주장을 뒷받침해줍니다.

　제 개인적인 이야기로 연설을 마무리할까 합니다. 베트남 반전 운동에 참여했던 시절 이래로 지금까지 제가 이렇게 희망적이었던 시절은 없었습니다. 지구촌 정의실천 운동의 밝은 미래에 제 자신이 확신을 갖고 있다는 점을 이 자리에서 분명히 밝히는 바입니다. 이 운동은 더 이상 어느 개인의 참여 여부에 의존하지 않습니다. 이들이 누가 되었든 간에 말입니다. 이 운동은 자생력을 갖게 되었습니다. 지구촌 정의실천 운동은 활력 있고 자립적인 운동이며, 각 부분이 서로 경쟁하거나 서로를 대체하지 않는 살아 있는 유기체처럼 발전하고 있습니다.

　세계사회포럼과 같은 매우 특별한 행사에 참여할 수 있는 기회를 얻은 우리는 이러한 기회에는 책임이 수반된다는 사실을 잊지 말아야 합니다. 우리 모두가 역사를 만들어간다는 사실을 기억합시다. 우리는 과거와 이어져 있습니다. 우리보다 앞서간 사람, 빈곤과 불의 그리고 압박에 맞서 무기를 손에 쥐고 싸웠던 수많은 사람의 이름을 욕되게 하지 말아야 할 책임이 우리에게는 있습니다. 이곳 포르토 알레그레에서 경험한 경이롭고도 행복한 바로 이 순간 우리가 "새로운 세계는 가능하다"라고 외칠 때, 우리의 희망, 일상의 노력, 그리고 결의를 통해 우리 스스로가 미래를 위한 가능성이 되는 것입니다.

이제 그러한 세계를 만들어나가도록 합시다.

주

1) 제미니아노 몬타나리(1633~1687), *Della Moneta, Trattato Mercantile* (1804년 판). 마르크스의 『정치경제학 비판』, 플레이아드, 『경제 I』, p. 414에서 재인용. 나는 질베르 리스트(Gilbert Rist)의 글을 통해 처음 접하였다.

2) 다음에 인용된 클리포드 램버그-카를로프스키의 말. "You don't get many of those to the shekel," *New Scientist*, 2001년 5월 26일자, p. 20. 또 다음을 보라. Nature; vol. 411, p. 487.

3) United Nations, *World Investment Report 2002*, Box and Table IV. 1, p. 90. 이 명단은 '부가가치'까지 고려한 것으로서 단순한 매출 기준 명단보다 정확하다. 일부 다른 기관들이 이보다 앞서 작성한 명단은 '매출'만을 기준으로 하였다. '매출'만이 기준으로 적용된 1995년에는 이미 49개 국가와 더불어 51개 기업이 명단에 올라 있다.

4) 이 인용문에 대한 문헌을 찾기 위해 내가 가진 자료를 모두 뒤졌으나 찾지 못하였다. 하지만 나는 2002년에 잘츠부르크에서 바네빅 회장과 토론을 벌이며 이 구절을 공개적으로 인용한 바 있다. 그때 그가 항의하거나 부인하지 않았기에 나는 이 인용문에 오류가 없다는 판단을

내렸다.

5) United Nations, *World Investment Report 2002*, p. 118.

6) Manuel Castells, "Internet and Internet Society," 〈예술, 과학, 기술 축제〉 기고문, 디나미카스 플루이다스(Dinamicas Fluidas), 마드리드, 2002.

7) 당시 미주개발은행(Inter-American Development Bank)에 근무하고 있던 경제학자 존 윌리엄슨이 '워싱턴 컨센서스'란 표현을 만들어낸 것으로 보통 알려져 있다.

8) Mark Weisbrot, Dean Banker, Egor Kraev, Judy Chen, "The Scorecard on Globalization 1980~2000: 20 years of diminished progress," Center for Economic and Policy Research, 2001년 7월. 반드시 읽어볼 만한 자료이다.

9) 다음을 보라. Mark Buchanan, "That's the Way the Money Goes," *New Scientist*, 2000년 8월 19일.

10) Giovanni Andrea Cornia, "Liberalization, Globalization and Income Distribution," UN University-WIDER (World Institute for Development Economic Research) Working Paper no. 157, Helsinki, 1999년 3월.

11) Sanjay G. Reddy and Thomas W. Pogge, "How Not to Count the Poor," 2002년 5월 1일. 다음 웹사이트에서 열람 가능하다. www.socialanalysis.org.

12) 최고경영자 티에리 데마레스트가 서명한 토탈 피나 엘프(Total Fina Elf)의 '안전 및 환경 관리 헌장' 중 일부 내용은 다음과 같다. "어떠한 경제적 고려도 작업상의 안전이나 환경보호에 대해서는 우선할 수 없다 … 본 기업은 작업상 안전 및 환경보호에 관련된 본사의 규정을 준수할 수 있는 역량을 기준으로 산업 및 상업 관계의 협력사를 선정한다."

13) 아담 스미스가 이런 생각들을 발전시켰던 것은 『국부론(*Wealth of*

Nations)』이 아니라 『도덕감정론(Theory of Moral Sentiments)』에서 였다.

14) Garrett Hardin, "The Tragedy of the Commons," Science, vol. 162, pp. 1243~8, 1968년 12월 13일.

15) 공유지 관리에 대한 훌륭한 종합적 연구를 살펴보려면 다음을 보라. Michael Goldman, ed., *Privatizing Nature: Political Struggles for the Global Commons*, Transnational Institute and Pluto Press: London, 1998. 내가 쓴 이 책의 서문은 내 웹사이트에서 열람할 수 있다. www.tni.org/george

16) 호주 국립 라디오 프로그램 '백그라운드 브리핑(Background Briefing)'에서 1991년 11월 10일에 방송한 호주 공영 방송국의 커스틴 개릿 기자와 래리 서머스의 인터뷰. 본문에 인용한 내용은 녹음된 방송 테이프를 참고하였다.

17) Wilfred Beckerman, *Small is Stupid: Blowing the Whistle on the Greens*, Duckworth: London 1995. 미국에서는 그 다음 해에 우익 성향의 자유주의 계열 연구소인 카토연구소가 다음 제목으로 출간하였다. *Through Green-Colored Glasses*.

18) P. M. Vitousek, P. R. Ehrlich and P. A. Matson, "Human appropriation of the products of photosynthesis," *Bioscience*, vol. 36, 1986, p. 68~73. 이들이 제시한 수치와 분석은 다음의 연구 결과에서도 확인되었다. S. Rojstaczer, S. M. Sterling and N. J. Moore, "Human appropriation of photosynthesis products," *Science*, no. 294, 2001, p. 2549sq.

19) 다음을 보라. Mathis Wackernagel and William Rees, *Our Ecological Footprint*, New Society Publishers: Gabriola Island, BC, Canada and Philadelphia, PA, 1996.

20) 다음 웹사이트를 보라. www.global-vision.org/city/footprint.html.

21) Patrick Viveret, *Les Nouveaux Facteurs de Richesse, Reconsidérons*

la Richesse. 다음 웹사이트도 보라. transversal.apinc.org 또는 www.place-publique.fr/esp/richesse/index.html.

22) Susan George and Fabrizio Sabelli, *Faith and Credit: The World Bank's Secular Empire*, Penguin and Westview Press: 1995.

23) David Hartridge, "What the General Agreement on Trade in Services(GATS) Can Do," 세계적 법률회사인 클리포드챈스가 1997년에 '은행업의 세계적 시장개방'을 주제로 개최한 심포지엄에서 한 발언 내용.

24) 1998년 7월 2일 브뤼셀에서 개최된 유럽위원회 주최의 서비스교역 컨퍼런스에서 당시 WTO 의장이던 레나토 루기에로의 발언 내용.

25) Franz Boas, *The Social Organization and the Secret Societies of the Kwakiutle Indians*, 1897.

26) United Nations, *World Investment Report 2002*, Table IV. 2, p. 89.

27) Ibid., 회계감사법인 프라이스워터하우스쿠퍼스의 자료를 인용한 내용, p. 132.

28) 자동차 업계의 과잉투자에 대한 자료 일부와 이 사례는 다음과 같은 훌륭한 책에서 얻을 수 있었다. William Greider, *One World, Ready or Not*, Simon & Schuster: New York, 1997.

29) Ibid, p. 119.

30) United Nations, *World Investment Report 2002*, Table I. 3, p. 12.

31) Joseph E. Stiglitz, *Globalization and its Discontents*, W. W. Norton: New York 1997.

32) Corporate European Observatory, *Europe Inc.*, Amsterdam, May 1997. 개정증보판, Pluto Press: London 2000.

33) Baron Daniel Janssen, "The Pace of Economic Change in Europe," 2000년 4월에 개최된 '3자위원회(Trilateral Commission)' 연례 총회에서 했던 연설. 다음을 참고하라. www.trilateral.org.

34) 미국정부의 '연방관보'는 미국특별무역대표부를 대신하여 미국무역

대표부의 정책에 대해 관심 있는 일반인들의 의견을 받고 있다. 이 의견들은 공개되어 있으며 '미국서비스업협의회' 의 웹사이트에서도 열람 가능하다. 이 의견들은 미국 서비스업계가 WTO나 북미지역에서 체결한 무역협정을 통해 얻으려 하는 것이 무엇인지 매우 극명하게 보여준다. 이에 해당하는 예는 협의회의 웹사이트(www.uscsi.org)에서 찾아볼 수 있다. 미국무역대표부의 2000년도 서비스 분야에 대한 '미국서비스업협의회' 의 견해 "1998년 8월 19일자 미 연방관보 게시물 '1999년 4분기 WTO 각료회의를 위한 미국 측 준비에 대한 공개논평 접수' 에 대한 답변" 및 이에 뒤이어진 논평들.

35) Susan George, "Vers une offensive am?ricaine sur less OGM", "Personne ne veut des OGM, sauf les industriel," *Le Monde diplomatique*, 2002년 5월과 2003년 4월.

36) 다음을 보라. *Greenpeace Guide to Anti-Environmental Organizations*, Odonian Press: Berkeley, CA, 1993.

37) www.esf.org

38) 국제상업회의소의 다음 선언문들, 즉 「1999년 6월 쾰른 정상회담장 발표문」, 1999년 5월 11일 '기업과 세계경제', 1998년 4월 3일 「WTO 2차 각료회담에 즈음한 세계 비즈니스 현안들」(문서번호 103/202)을 유럽위원회의 다음 문서들(예를 들어 레온 브리탄이 작성한)과 비교해보라. '1999년 4월 26일자. 133위원회 관련 참고자료. 주제: 1999년 5월 9일부터 10일까지 베를린에서 개최될 예정인 유럽연합 통상각료 간 비공식회담', 1999년 4월 29일 "세계화, 경제적 질서와 국제법, 그리고 유럽"을 주제로 한 허버트 배틀리너 심포지엄에서 레온 브리탄의 연설 " 'WTO 새천년라운드협상' 의 세계화에 대한 기여—유럽의 견해".

39) 나는 박사논문에서 자신들의 제품과 영업 전략이 제3세계의 영아사망률 및 영아발병률 증가와 관련이 없음을 입증하려는 네슬레의 거짓 연구와 주장을 분석한 바 있다. 내 박사논문은 다음의 책으로 출간되

었다. *Les Stratèges de la Faim*, Editions Grounauer: Geneva, 1981.

40) Christian Losson, et al., "Messes basses entre maîtres du monde," *Libération*, 2003년 8월 5일. '빌더베르그회담(빌더베르그는 이들이 50년 전에 처음으로 회담을 가졌던 호텔의 이름이다. 현재는 장소를 옮겨가며 모인다)'에 대한 정보를 싣고 있는 웹사이트는 여러 곳이 있으나 누가 참가하는지, 그리고 이들이 어떤 대화를 나누는지는 참가자들 이외에는 알 수 없다.

41) 다음을 보라. Walt Kelly, *The Pogo Papers 1952~53, Best of Pogo*, Simon and Schuster: New York, 1982.

42) 이 주제에 대한 뛰어난 저서로는 다음 책이 있다. Matt Ridley, *The Origins of Virtue*, Viking: New York, 1996.

43) William Pfaff: "White House Message: Refusing to treat allies as equals," *International Herald Tribune*, 2003년 7월 7일.

44) 멜라니 베스 올리비에로(Melanie Beth Oliviero)와 아델 시몬스(Adele Simmons)는 다음 책 제4장에서 이 이야기를 다루고 있다. Marlies Glasius, Mary Kaldor and Helmut Anheier, eds, *Global Civil Society 2002*, Oxford University Press: 2002.

45) 여기서 다룬 폭스뉴스의 경우는 수상경력을 가진 기자들의 기사가 삭제된 경우를 다룬 18편의 이야기 가운데 하나에 해당한다. Kristina Borjesson, ed. *Into the Buzzsaw*(Foreword by Gore Vidal), Prometheus Books: New York, 2002.

46) Jeane Kirkpatrick, "Establishing a Viable Human Rights Policy," 1981년 4월 4일 케년 대학(Kenyon College) 주최의 인권 컨퍼런스에서 발표한 논문.

47) Michael Benton, *When Life Nearly Died: The Greatest mass extinction of all time*, Thames and Hudson: London 2003. 조지 몬비옷의 글 「멸종의 조짐(Shadow of Extinction)」은 〈가디언〉의 2003년 7월 1일자에 실렸다.

48) 위의 몬비옷의 글과 다음을 참고하라. Robert Watson, *Report to the Sixth Conference*, United Nations Framework Convention on Climate Change, 2000년 11월 20일.

49) 다음을 보라. Fred Pearce, "An Ordinary Miracle," *New Scientist*, 2001년 2월 3일.

50) Michael Albert, *Parecon: Life after Capitalism*, Verso: London and New York, 2003.

51) 다음을 보라. 세계화지구촌포럼(International Forum on Globalization)의 웹사이트 www.ifg.org. *A Better World Is Possible*, 2000년.

52) 다음을 보라. 〈포브스〉 2003년 3월 17일자.

53) Greg Palast, *The Best Democracy Money Can Buy*, Pluto Press: London and Sterling, VA, 2002.

54) The World Bank, *Operations Evaluation Department Report.* 2003년 3월.

55) '제3세계 부채탕감을 위한 위원회'의 웹사이트(www.cadtm.org)에 간단히 정리되어 올라와 있는 공식자료를 바탕으로 만들어진 통계들을 살펴보라. 프랑스어로 되어 있으나 어렵지 않게 이해할 수 있다.

56) Susan George, *How the Other Half Dies: The real reasons for world hunger*, Penguin and Allanheld, Osmun: 1976.

57) 소르본에서 1978년에 발표하고 최우수평가(très honorable)를 받은 나의 논문은 제네바에 있는 개발학대학원(IUED)에서 당시 원장을 역임하고 계셨던 로이 프레이스베르크(Roy Preiswerk) 교수께서 관심을 보여주신 덕분에 이후 스위스에서 출간되었다. Susan George, *Les Stratège de la Faim*, Grounauer, Institut Universitaire d'Études de Développement, eds, University of Geneva, 1981.

58) Thomas Kuhn, *The Structure of Scientific Revolutions*, Harvard University Press: Cambridge, MA, 1962, rev. 1979.

59) 나는 다음 글에서 이 문제를 더욱 깊이 있게 다룬 바 있다. "Winning the War of Ideas," *Dissent*, Summer 1997. 나의 웹사이트에서도 관련 글들을 볼 수 있다.
60) Susan George and Fabrizio Sabelli, *Faith and Credit: The World Bank's Secular Empire*.
61) Susan George, *The Lugano Report*, Pluto Press: London, 1999.
62) 나 스스로가 가졌던 잘못된 생각은 어떤 것이었는지 다음 웹사이트에서 확인해볼 수 있다. www.tni.org/george
63) Justin Podur, "Consumption, Complicity and SUVBs," 2001년 12월 29일자 'ZNet' 논평.